Gesund kochen mit
Kräutern und Gewürzen

Gesund kochen mit Kräutern und Gewürzen

Über 200 Rezepte
mit ganz besonderer Würze

Reader's Digest

Inhalt

Geschichte der Würzaromen 6
Kochen mit Kräutern & Gewürzen 12
Die Heilkraft von Kräutern & Gewürzen 17
Die Top 20 der Kräuter & Gewürze 20
Register 296

Rezepte

Gemüse & Salate 24
Rind, Lamm & Schwein 76
Geflügel & Wild 128
Fisch & Meeresfrüchte 180
Desserts & Backen 232
Getränke & Würzmischungen 284

Geschichte der Würzaromen

Die alte Welt

Unsere Vorfahren in der Steinzeit sammelten die aromatischen Blätter von Pflanzen wegen ihrer Heilkraft, für Rituale, und um damit ihr Essen zu würzen. Aus dem gleichen Grund schätzten die Ägypter, Griechen und Römer duftende Gewürze.

> Die alten Ägypter tauchten ihr Brot in eine Mischung aus Kreuzkümmel, Koriander und zerstoßenen Nüssen – eine Tradition, die bis heute in der Würzmischung Dukkah weiterlebt.

Heilkräfte

Knoblauch und Ingwer schätzte man zuerst wegen ihrer medizinischen Eigenschaften. Im alten Ägypten gab man den Arbeitern der Pyramiden von Gizeh Knoblauch, um ihr Durchhaltevermögen zu stärken. Im alten Griechenland verzehrten ihn Athleten vor dem Wettkampf, während die Römer damit vielerlei Leiden behandelten, von Hundebissen bis zu Asthma. Auch der Einsatz von Ingwer bei Verdauungsproblemen datiert aus alten Zeiten. Im England des Mittelalters glaubte König Heinrich VIII., Ingwer könne die Pest abhalten; seine Tochter Elisabeth I. schätzte Knoblauch hingegen als Gewürz für Brot.

Selten und wertvoll

Vor mehr als 4000 Jahren transportierten Kamelkarawanen exotische Gewürzfrachten von Südasien an die Mittelmeerküsten. Immer wenn die Ware in den Basaren den Eigentümer wechselte, stieg der Preis. Ein Jahr oder noch später am Bestimmungsort angelangt war ihr Ursprung oft nur noch ein mystisches Rätsel, und sie waren so kostbar geworden, dass nur noch Könige – oder Pharaonen – sie sich leisten konnten. Um die Konkurrenz von diesem lukrativen Geschäft fernzuhalten, erfanden die arabischen Kaufleute, die das westliche Ende der Handelsroute kontrollierten, fantastische Märchen von fliegenden Schlangen, kreischenden Fledermäusen und angriffslustigen Adlern. Sie bewachten die Gewürzbäume und machten die Gewürzernte zum tödlichen Unterfangen, hieß es.

Würze für Leben und Jenseits

Höchstwahrscheinlich war das berauschende Aroma des asiatischen Gewürzmixes aus Zimt, Kreuzkümmel, Koriander, Muskatnuss und Gewürznelken in den Straßen des alten Ägyptens genauso intensiv wie auf seinen Märkten heute. Kräuter und Gewürze aromatisierten Hauptnahrungsmittel wie Brot und Bier, aber auch die Fleischgerichte der reichen Oberschicht. Die alten Ägypter verwendeten Cassia-Zimt, Anis, Kreuzkümmel und Majoran zum Mumifizieren und stellten Gewürzgefäße in die Gräber ihrer Pharaonen, um deren Reise ins Jenseits zu beschleunigen. Ihr Aroma war immer noch wahrnehmbar, als man Tutanchamuns Grab über 3000 Jahre später öffnete.

Griechenland und Rom

Die Griechen der Antike würzten ihr Essen mit frischem Oregano, Thymian, Koriander und Flohkraut, die sie oft zusammen mörserten. Ihre Brote aromatisierten sie mit Kümmel und Mohnsamen. Im 4. Jahrhundert v. Chr. verschafften ihnen die Eroberungen von Alexander dem Großen Zugang zu indischen Gewürzen, insbesondere zum hochgeschätzten Pfeffer. Um Kräuter rankten sich Mythen und Zauber – Thymian galt als Symbol für Mut, Rosmarin für Gedächtnis, sodass Schüler ihn bei Prüfungen im Haar trugen.

In Rom zählten auch Petersilie (die den Griechen zum Essen zu heilig war) und Selleriesamen zu den wichtigen Küchenkräutern. Im *Apicius*, einer antiken römischen Rezeptsammlung, verlangt fast jedes Rezept nach frischen Kräutern. Doch waren es eher die intensiveren Aromen von Gewürzen, die den römischen Gaumen anregten. Ägypten belieferte die römische Welt mit Kreuzkümmel und Koriander. Man kaute Kreuzkümmelsamen als Appetitanreger und würzte damit sowie mit Koriander, Anis und Pfeffer Essen und Wein.

> Das ganze Land [Arabien] ist von Gewürzduft erfüllt und verströmt einen wunderbar süßen Duft.
>
> HERODOT, GRIECHISCHER HISTORIKER

Nefertari bringt eine Opfergabe dar, Gemälde auf einer Grabwand. 19. Dynastie (1292–1197 v. Chr.).

Händler, die in Kamelkarawanen auf Marco Polos Spuren nach China reisen. Detail aus dem Katalanischen Weltatlas, ein Geschenk für Karl V. von Frankreich, um 1375.

Gewürzstraßen

Alte Handelsrouten, die von den Tropen Südostasiens fächerförmig nach Norden und Westen verliefen, trugen die Gewürze ans Mittelmeer und weiter nach Europa. Ihre exotische Herkunft blieb streng geheim, was diejenigen, die ihre Verbreitung kontrollierten, außerordentlich reich machte.

Gewürzinseln

Drei der wichtigsten Gewürze – Gewürznelke, Mazis (Muskatblüte) und Muskatnuss – wuchsen nur auf den sagenumwobenen Gewürzinseln, den Molukken. Zu diesem Inselarchipel gehören auch die heute indonesischen Banda-Inseln. Indien lieferte schwarzen Pfeffer. Das südwestliche Kerala, in dem zwei Regenzeiten für reiche Ernten sorgen, produzierte die beste Qualität. Cassia-Zimt kam aus China, echter Zimt, für den Höchstpreise gezahlt wurden, hingegen aus Sri Lanka.

Pfeffer – „Schwarzes Gold"

Im Mittelalter wurden Pfefferkörner als Zahlungsmittel akzeptiert und einzeln für Steuer, Mitgift und sogar für die Miete ausgezählt. Als man 1982 das englische Kriegsschiff *Mary Rose* hob, das 1545 nahe Portsmouth gesunken war, entdeckte man, dass alle Seeleute einen Beutel Pfefferkörner bei sich trugen. Sie waren so viel Wert wie die gleiche Menge Gold, aber wesentlich transportabler.

Die Kaufleute Venedigs

Im ganzen Mittelalter (von etwa 500 bis 1500 n. Chr.), verschaffte das diplomatische Geschick Venedigs mit den arabischen Händlern den venezianischen Kaufleuten exklusive Rechte am westlichen Ende jener Handelswege, auf denen Gewürze über die arabische Halbinsel nach Nordwesten gelangten. Venedig diktierte hohe Preise und wurde reich. Marco Polo war vielleicht der berühmteste venezianische Kaufmann. Er versuchte, mit Gewürzen und anderen Luxusgütern ein Vermögen zu machen; 24 Jahre (von 1271 bis 1295) dauerte seine Reise nach China und zurück.

Der Hunger nach Gewürzen

Im Mittelalter würzten arme Leute ihr Essen mit Wildkräutern, die wenigen Privilegierten gierten nach Gewürzen. Pfeffer half, den Geruch verdorbener Lebensmittel zu überdecken; Zimt war ein wichtiges Aroma und wurde in der Küche der Reichen großzügig verwendet. Medizinisch gesehen galt besonders die Muskatnuss als krankheitsvorbeugend, sogar gegen die Pest, was ihren Preis weiter nach oben trieb. 500 Gramm kosteten im späten Mittelalter so viel wie sieben fette Ochsen. Mit der gleichen Menge Ingwer konnte man ein Schaf bezahlen.

Durch das Nadelöhr der duftenden Handelshäuser Venedigs gelangten die Gewürze auf die Tische und in die Arzneischränke reicher Europäer.

Neue Welten

Im ausgehenden Mittelalter führte der Wunsch, das venezianische Gewürzmonopol zu brechen, zu großen Eroberungsfahrten. Man entdeckte neue Kontinente und Völker, und Gewürze wurden schließlich vom Luxusgut zu alltäglichen Würzmitteln.

Wettrennen um die Welt

1492 erreichte Christopher Columbus die Küsten Amerikas, mit ihrem „roten Pfeffer", den Chilis. Sie verwandelten die Küchen Spaniens, Afrikas und vor allem Südostasiens. 1497 segelte Vasco da Gama auf dem Weg nach Portugal um das Kap der Guten Hoffnung herum durch den Indischen Ozean, bis nach Kozhikode (Calicut), dem indischen Zugangshafen zum weltgrößten Anbaugebiet für schwarzen Pfeffer. Bald erreichte ein portugiesischer Gewürze-Segler nach dem anderen Lissabon. Der Pfefferpreis fiel auf ein Fünftel des venezianischen Preises.

Der Kampf um die Preise

Zwischen 1500 und 1800 führte der Kampf um die Kontrolle des Gewürznelken- und Muskatnusshandels zu erbitterten Konflikten zwischen Spanien, Portugal, England und den Niederlanden. 1602 eroberte die Niederländische Ostindien-Kompanie die kleinen, aber muskatnussreichen Banda-Inseln. Um sich Run, die kleinste der Banda-Inseln, zu sichern und ihre Herrschaft über den Muskatnussmarkt zu besiegeln, überließ die Kompanie eine kleine Besitzung auf der anderen Seite der Welt – Nieuw Amsterdam – den Engländern, die sie in New York umbenannten.

Um ihr Monopol zu schützen, zerstörten die Niederlande mehr als 70 Prozent der Gewürznelken-Bäume auf den Molukken und konzentrierten den Anbau auf einige der Nachbarinseln. Sie dominierten den Gewürzhandel bis in die 1770er-Jahre, als die Franzosen Gewürznelken-Sämlinge entwendeten und erfolgreich auf Mauritius einsetzten. 1810 eroberten die Briten die Banda-Inseln zurück und verschifften Muskatnuss-Sämlinge in ihre Kolonien. Die niederländische Kontrolle bröckelte und damit auch der Preis für Gewürznelken und Muskatnüsse.

Neue Gebiete

Nordamerika trat dem Gewürzhandel im 18. Jahrhundert bei, als ein Kaufmann aus Massachusetts begann, direkt mit Pfefferproduzenten auf Sumatra zu handeln. Salem wurde ein bedeutendes Gewürzzentrum und re-exportierte Pfeffer nach Europa. Das in den 1830ern in Texas entwickelte Chilipulver verbreitete die Chilischote in der Welt. Heute baut man exotische Gewürze, die einst allen, die den Handel kontrollierten, enormen Reichtum brachten, überall an, wo es Klima und Boden erlauben, und kein Land hält mehr ein Monopol darauf.

> Niederländische Siedler in Nordamerika ließen ihre Kühe auf eigens angebauten Schnittlauchweiden grasen, um Milch mit Schnittlaucharoma für ihren Käse zu gewinnen.

Gewürze werden auf Schiffe verladen; aus dem Reisebericht Marco Polos und Rustichellos, 13. Jh.

Gewürzbewegungen und die moderne Küche

Im Zeitalter der Entdeckungen wanderte der Zimt mit den spanischen Eroberern westwärts, nach Nord-, Mittel- und Südamerika. Vanille und Piment reisten in die Gegenrichtung, ebenso Chilischoten. Diese gelangten mit Portugiesen und Spaniern sogar noch weiter nach Osten, nach Afrika und Asien: Kontinente, auf denen Chili heute eines der Hauptaromen ist. Frankreich, das keinen direkten Zugang zu Gewürzen hatte, entwickelte deutlich andere Küchentraditionen als Spanien, Portugal, England und die Niederlande – Muskat wird hier zum Beispiel kaum verwendet. Kardamom reiste vor über 1000 Jahren mit den Wikingern zurück nach Norden und ist heute in Skandinavien für Fleischgerichte und Backwaren sehr beliebt.

Rote Laternen stehen in der chinesischen Kultur für Reichtum, Glück und Familientreffen.

Die malaysische Küche ist reich an grünem Blattgemüse und farbenprächtigen Chilischoten.

In Hoi An bieten Straßenküchen und Top-restaurants beste vietnamesische Gerichte an.

Nordasien & Südostasien

Die kräftigen Noten von Koriander, Zitronengras und Minze durchsetzen die komplexen Aromen der nord- und südostasiatischen Küche. Das Essen hier reicht von herzhaften Rindfleischgerichten und Schweinerippchen über Suppen bis zu Wokgerichten auf duftendem Jasminreis. Löffeln Sie eine cremige, malaysische Laksa-Suppe mit Kokosmilch, grillen Sie Fisch mit Thai-Basilikum im Bananenblatt und streuen Sie 5-Gewürze-Pulver in eine mongolisch inspirierte Lammpfanne. Die kulinarische Reise durch diese Ecke der Welt beginnt im Supermarkt und im Asienladen um die Ecke, mit leicht erhältlichen Zutaten und Würzmitteln – von Kardamom, Curry und Limette bis zu Schwarze-Bohnen-Paste und Sternanis.

Kochen mit Kräutern & Gewürzen

Im Allgemeinen bezeichnet man mit „Kräuter" die frischen und getrockneten grünen Pflanzenteile, vor allem Blätter und manchmal die Stiele. Gewürze stammen von anderen Teilen wie Rinde, Beeren, Stängel, Stamm und Wurzeln. Man trocknet sie, mitunter zerstößt oder mahlt man sie auch vor dem Kochen.

Die kulinarischen Möglichkeiten sind endlos. Wenn Sie diese aromareichen Schätze täglich verwenden, werden Sie bald merken, wie viel lebendiger Ihre Küche wird und wie Sie auch Ihrer Gesundheit Gutes tun.

> Ein Kraut ist eine Pflanze, die wegen ihres aromatischen Geschmacks oder ihrer medizinischen Eigenschaften geschätzt wird. Ihre Teile – Blüten, Früchte, Samen, Wurzeln oder Blätter – werden unterschiedlich eingesetzt.

Kräuter & Gewürze verwenden und lagern

Allgemein gilt, dass 1 Esslöffel frische Kräuter durch 1 Teelöffel getrocknete ersetzt werden kann. Frische Kräuter, die Sie nicht aufbrauchen, frieren Sie ein oder hängen sie zum Trocknen auf. Da getrocknete Kräuter jedoch „ausrauchen", sollten sie mindestens einmal jährlich ersetzt werden.

Kaufen

Kaufen Sie Trockengewürze und -kräuter in Läden, die ihre Ware offensichtlich gut umsetzen, und achten Sie auf das Haltbarkeitsdatum. Frische Kräuter und Gewürze sollten angenehm duften und appetitlich aussehen. Seltenere Sorten finden Sie in Spezialgeschäften, Asia-Shops oder indischen Lebensmittelmärkten.

Lagern

Meist denkt man, getrocknete Kräuter und Gewürze würden ewig halten. Die Aromen verfliegen jedoch mit der Zeit, insbesondere bei Würzpulvern. Kaufen Sie daher kleine Mengen, außer Sie verwenden regelmäßig viel von einem Kraut oder Gewürz, und behalten Sie die Haltbarkeitsangaben der Packungen im Blick. Falls Sie sie in schönere Gefäße umfüllen, sollten Sie sich das Kaufdatum merken oder aufschreiben. Im Zweifel entscheidet Ihre Nase. Wenn Sie keinen einigermaßen deutlichen Duft mehr wahrnehmen, ist der Geschmack bestimmt auch nicht mehr stark. Lagern Sie getrocknete Kräuter und Gewürze in einem kühlen Vorratsraum ohne direktes Licht.

Frische Kräuter können Sie locker in feuchtes Küchenpapier wickeln und bis zu einer Woche im Kühlschrank lagern. Alternativ stellen Sie sie an einem kühlen Ort in kaltes Wasser, wenn Sie sie in wenigen Tagen aufbrauchen.

Geben Sie getrocknete Kräuter beim Kochen zu, frische Kräuter erst am Schluss.

Kräuter selbst anbauen

Frische Kräuter lassen sich, aus Samen oder Setzlingen, leicht in Töpfen ziehen. Ein sonniger Balkon, Innenhof oder das Fensterbrett reichen als Stellplatz oft völlig aus. Wenn Sie einen Garten haben, sollten Sie Kräuter nahe der Küche anbauen, damit sie beim Kochen schnell zur Hand sind. Zitronengras und Gewürze wie Knoblauch, Ingwer und Kurkuma können Sie ebenfalls im Küchengarten ziehen oder als dekorativen Blickfang in den Garten setzen.

Vergessen Sie nicht, dass auch Kräuter eine Saison haben. Basilikum wächst im Winter nicht im Garten, und Korianderkraut schießt, wenn es sehr warm ist. Kräuter mit weichen Blättern sind meist einjährig, wohingegen widerstandsfähigere Pflanzen wie Rosmarin und Thymian mehrere Jahre alt werden können. Am aromatischsten sind alle Kräuter kurz vor der Blüte.

Kräuter für Tee

Kräuter als Tee (richtiger: Kräuteraufguss) zuzubereiten ist eine schöne Art, sie zu genießen. Dafür einfach eine Handvoll in einer Tasse mit kochendem Wasser übergießen und 5–10 Minuten ziehen lassen. Kräuter mit Zitrusaroma sind besonders gut. Verwenden Sie nur ein Kraut oder experimentieren Sie, um Ihre Lieblingsmischung zu finden. Versuchen Sie Zitronengras, Zitronenmyrte oder Zitronenverbene, allein oder kombiniert mit Salbei, Thymian oder Rosmarin.

Kräuter & Gewürze richtig verwenden

Gemahlene oder ganze Gewürze röstet man oft einige Sekunden in Öl oder trocken in der Pfanne, bevor andere Zutaten hinzukommen. So entfalten sie ihr ganzes Aroma, und die herbe Note, die Gewürze haben können, verschwindet. Sie dürfen aber nicht verbrennen, weil sie sonst bitter werden.

Getrocknete oder frische, holzigere Kräuter (wie Kräutersträußchen) gibt man langsam garenden Gerichten wie Suppen oder Eintöpfen meist zu Beginn zu, damit sie ihre Aromen nach und nach entfalten. Zartere frische Kräuter werden besser zum Schluss zugegeben, um Farbe, Form und Geschmack zu bewahren.

Kräuter mit Blättern, wie Basilikum, Korianderkraut, Petersilie und Minze, verwendet man gerne in größeren Mengen. Hacken Sie sie mit einem scharfen, großen Messer, damit sie keine Druckstellen bekommen, oder zerrupfen Sie die Blätter auf die gewünschte Größe.

Ganz oder gemahlen?

Manche Rezepte verlangen nach ganzen Gewürzen, andere nach gemahlenen. Einige ganze Gewürze, zum Beispiel Zimtstangen, sind groß und werden nicht mitgegessen. Andere, wie Kreuzkümmelsamen, sind klein und werden mitverzehrt. Durch Mahlen bekommen Gewürze noch mehr Geschmack, da es ihre Öle noch stärker freisetzt. Gewürze vor dem Mahlen zu rösten hilft, ihr Aroma weiter zu verstärken und abzurunden.

Gewürznotizen

Zu den Pflanzenteilen, aus denen Gewürze gewonnen werden, gehören Knospen, Beeren, Früchte, Wurzeln und Rinde. Gewürze werden in der Regel getrocknet, doch manche, wie Ingwer und Kurkuma, werden getrocknet und frisch verwendet.

> Manche Pflanzen, wie der Koriander, werden sowohl als Kraut (frische Blätter und essbare Wurzel) wie auch als Gewürz (Korianderkörner) vewendet.

Gewürze mahlen

Ein Mörser mit Stößel ist ein uraltes Werkzeug. Mit ihm lassen sich Gewürze zu Pulver vermahlen, frische Kräuter zu Pasten zerstoßen (wie Pestos oder Currypasten) oder andere Zutaten mischen oder mahlen. Wahrscheinlich war er eines der ersten Küchengeräte überhaupt.

Das moderne Äquivalent dazu ist eine kleine Küchenmaschine oder Gewürzmühle, obwohl es nicht leicht ist, ein Gerät zu finden, das für alle Aufgaben die richtige Größe hat: zu klein, und es passt nicht alles hinein, zu groß, und die Messer zerkleinern die Zutaten nicht ausreichend.

… was uns zurück zum Mörser bringt. Der Mörser selbst ist ein schweres Gefäß, und der Stößel das knüppelförmige Zerkleinerungswerkzeug dazu. Beides ist meist aus dem gleichen, schweren Material – Granit, Marmor, Keramik, Holz oder Gusseisen. Eine etwas angeraute Innenfläche hilft, Gewürze fein zu zerkleinern, doch muss sie jeweils sorgfältig gereinigt werden. Holz nimmt Aromen auf, und oft sind hölzerne Mörser auch nicht schwer genug. Am besten ist daher ein großes, tiefes Set aus Granit. Es ist für die meisten Arbeiten geeignet und leicht zu reinigen.

Test

Ernähren Sie sich gesund und abwechslungsreich?
Mit diesem Test finden Sie es heraus.

Kreuzen Sie bei jeder Nahrungsmittelgruppe die Antwort an, die am besten zutrifft.

Wie viele unterschiedliche Sorten dieser Nahrungsmittel essen Sie pro Woche?

Obst .... 3 oder weniger ☐ .. 4 oder 5 ☐ .. regelmäßig mehr als 5 verschiedene ☐

Gemüse & Kräuter .... 7 oder weniger ☐ .. 8 oder 9 ☐ .. regelmäßig mehr als 9 verschiedene ☐

Getreide & Hülsenfrüchte . 4 oder weniger ☐ .. 5 oder 6 ☐ .. regelmäßig mehr als 6 verschiedene ☐

Milchprodukte & Eier ...... 2 oder weniger ☐ .. 3 oder 4 ☐ .. regelmäßig mehr als 4 verschiedene ☐

Fleisch & Geflügel .... 2 oder weniger ☐ .. 3 oder 4 ☐ .. regelmäßig mehr als 4 verschiedene ☐

Fisch .... Ich esse Fisch nicht regelmäßig ☐ .... 1 ☐ .. regelmäßig mehr als 1 verschiedene ☐

Zählen Sie 0 Punkte pro Kreuz in der linken Spalte, 1 Punkt für die Mitte und 3 Punkte für die rechte Spalte. Wie erging es Ihnen?

Weniger als 6 Punkte: Ihre Ernährungsvielfalt liegt unter dem Durchschnitt. Ihnen könnten die Gesundheitsvorteile mancher Nahrungsmittel fehlen.

6–10 Punkte: Ihre Ernährung ist ziemlich abwechslungsreich, ließe sich aber noch verbessern.

Über 10 Punkte: Herzlichen Glückwunsch! Sie ernähren sich sehr vielseitig – doch achten Sie darauf, für optimales Wohlbefinden immer die gesunde Option zu wählen.

Egal wie Sie abgeschnitten haben: Mit Kräutern und Gewürzen ist es ganz einfach, die Ernährung abwechslungsreicher zu machen.

Wie viele verschiedene Nahrungsmittel essen Sie täglich? Mehr als 20? Wenn ja, ernähren Sie sich abwechslungsreich.

Die Heilkraft von Kräutern & Gewürzen

Viele Kräuter oder Gewürze, mit denen wir unser Essen würzen, sind die gleichen, wie sie seit Jahrhunderten in der Volksmedizin geschätzt werden. Manche sind reich an bestimmten Nährstoffen oder Antioxidantien oder helfen, die Stimmung aufzuhellen. Andere wirken vielleicht entzündungshemmend oder verdauungsberuhigend. Diese Gesundheitsvorteile können Sie täglich zu Hause nutzen, beim Kochen für sich selbst, für die Familie und für Freunde.

Gesund kochen mit Kräutern und Gewürzen

Die meisten Kräuter und Gewürze verwenden wir in sparsamen Mengen. Man mag kaum glauben, dass sie mehr können, als nur Geschmack zu geben.

Kräuter und Gewürze spielen eine wichtige Rolle für die Gesundheit. Zuallererst, indem sie mit ihren Aromen helfen, unser Essen abwechslungsreicher zu machen. Wissenschaftler betrachten Abwechslung heute als Schlüsselkomponente gesunder Ernährung. Wer sich variantenreich ernährt, erhöht die Chance, den ganzen Nährstoffbedarf zu decken. Machen Sie den Nahrungsvielfalts-Test (Seite 16), um festzustellen, wie es um Ihren Abwechslungsreichtum bestellt ist.

> Wenn Sie der Gesundheit wegen auf Salz verzichten, werden Sie es bei kräuterwürzigen Gerichten kaum vermissen.

Geschmack und Gesundheit

Geschmack ist einer der Hauptfaktoren dafür, dass Essen zum Genuss wird, und fehlt der Genuss, fällt es nicht leicht, sich vernünftig zu ernähren. Es gibt viele relativ ungesunde Wege, den Geschmack von Gerichten zu verbessern – zum Beispiel mit einem Übermaß an Salz, Zucker oder Fett. Kräuter und Gewürze helfen, ohne diese unerwünschten Extrazutaten unserem Essen ein leckeres Aroma zu geben.

Das Ziel dieses Buchs ist es, Ihnen neue und unterschiedliche Wege für den Einsatz von Kräutern und Gewürzen aufzuzeigen. Wir haben dabei nicht komplett auf Salz, Zucker oder Fette verzichtet, doch Sie werden oft sehen, wie Sie mithilfe von Kräutern oder Gewürzen besagte Zutaten reduzieren können, die man gemeinhin verwendet, um Essen geschmacklich aufzuwerten.

Einfache Tauschmöglichkeiten

Einige der hier gezeigten Tricks sind sehr einfach, wie eine Zitronen-Petersilien-Gremolata (Seite 100) zu Steak (anstatt das Fleisch zu salzen) oder eine Gewürzmischung zu gebratenem Hühnchen. Andere sind komplexer, zum Beispiel der im Ganzen gedämpfte Fisch mit Ingwer-Dressing (Seite 193), der so viel Geschmack und Aroma entwickelt, dass Sie das Fett, mit dem Fisch für gewöhnlich gegart wird, kaum vermissen werden. Auch Rezepte mit gemeinhin fetthaltigen Zutaten wie Sahne oder Speck haben wir überarbeitet, wie die schwarzen Bohnen (Seite 59), oder kräuterreiche Gerichte wie die Omelett-Roulade (Seite 36) und das Grüne-Göttin-Dressing (Seite 35). Beide sind fettarm, aber durch die großzügige Menge frischer Kräuter voller Geschmack. Bei Rezepten wie Gemüse-Quinoa-Curry (Seite 50), Ofengebackenen Gemüse-Samosas (Seite 33) und dem sahnigen Lammcurry (Seite 112) haben wir ganz auf Salz verzichtet. Selbst wenn Sie vielleicht erwarten, dass Curry salzig schmeckt: Sie werden bei diesem Rezept nicht merken, dass es fehlt – versprochen!

Genießen Sie es, mit Kräutern und Gewürzen zu kochen

Mit diesem Buch werden Sie entdecken, wie leicht es ist, Mahlzeiten zu kochen, die gesund und dabei alles andere als langweilig sind. Erlernen Sie neue, gesunde Kochtechniken und freuen Sie sich auf ungekannte Geschmackserlebnisse. Auch Ihre Familie wird profitieren! Sie alle werden überrascht sein, wie einfach es ist, ohne viel Fett, Zucker und Salz exzellent zu kochen. Es ist nicht nötig, komplett darauf zu verzichten, doch als Allheilmittel für fehlenden Geschmack haben Fett, Zucker und Salz ausgedient, wenn Sie wissen, wie man kreativ mit Kräutern und Gewürzen umgeht.

Vorteile für die Ernährung

Der Beitrag zur Ernährung, den Kräuter und Gewürze liefern, wird oft unterschätzt. Zu Unrecht, denn in Relation zu ihrem geringen Gewicht haben sie es ernährungstechnisch wirklich in sich.

> **Kochen Sie mit Piment, Zimt, Nelken, Chili, Kurkuma, Rosmarin und Oregano. Sie gehören zu den am höchsten konzentrierten Quellen für Antioxidantien.**

In Ihrer Kindheit wurden Sie vielleicht ermahnt, das Gemüse aufzuessen, damit Sie „groß und stark" werden – Kräuter sind eine konzentrierte Form davon. Für ein Gericht benötigen Sie vielleicht nur wenige Gramm Basilikum, doch verglichen mit der gleichen Menge grünem Salat haben Basilikumblätter dreimal so viel Eisen und Folsäure (für gesundes Blut), zehnmal so viel Vitamin C und Zink (für das Immunsystem), zehnmal so viel Calcium (für starke Knochen) und 20-mal so viel Betakarotin (für das Sehvermögen). Ähnliche Nährstoffprofile haben auch andere grüne Kräuter wie Petersilie, Minze, Oregano und Rosmarin.

Eventuell haben Sie schon einmal von den Gesundheitsvorteilen einer mediterranen Ernährungsweise gehört, bei der man weniger Fleisch und mehr Gemüse, Obst, Vollkorn, Hülsenfrüchte und Nüsse isst und Butter durch gesunde Fette wie Olivenöl ersetzt. Es heißt, sie reduziert das Risiko für chronische Erkrankungen, wie Bluthochdruck, Herzerkrankungen und Demenz. Was Sie vielleicht nicht wissen, ist, dass vieles davon vermutlich der hohen Nährstoffzufuhr durch die täglich verzehrten grünen Kräuter zu verdanken ist.

Safran

Unbezahlbares Glück! Nun, beinahe. Safran, die von Hand gepflückten Blütenstempel einer Krokusart, wird seit jeher als effektives, natürliches Antidepressivum geschätzt. Doch hat es einen hohen Preis: Mit bis zu 90 000 Euro pro Kilogramm (das Doppelte bis Dreifache des Goldpreises) ist Safran eine der teuersten Substanzen der Erde. Seine leuchtend gelbe Farbe erhält er aus antioxidativen Karotinoiden, denen auch eine entzündungssenkende Wirkung nachgesagt wird.

Eine Prise Gutes

Gewürze sollte man nicht in großen Mengen essen. Gewöhnen Sie sich jedoch an, beim Kochen öfter ein paar Kräuter und einen Teelöffel oder eine Prise Gewürze zuzugeben. Neben Aroma und Komplexität verleihen Sie Ihrem Essen damit auch therapeutischen Nutzen.

Nährstoffreiche Gewürze

Auch Gewürze sind reich an Nährstoffen: Bei den meisten handelt es sich um die Samen aromatischer Pflanzen, welche – in konzentrierter Form – jene Nährstoffe enthalten, die neue Pflanzen zum Wachsen bringen. Damit sind sie eine ausgezeichnete Mineralstoff- und Vitaminquelle. Kreuzkümmelsamen beispielsweise enthalten viel Calcium, Eisen, Magnesium und Vitamin A. Einige Gewürze entstammen anderen Pflanzenteilen, wie Rinde (Zimt, Cassia-Zimt), Frucht (Chili, Paprika, Piment), Wurzeln (Ingwer, Kurkuma) oder Blüten (Safran, Nelken). Sie alle enthalten nützliche Nährstoffe und Antioxidantien.

> **Nelken und Zimt als Antioxidantien, Ingwer gegen Entzündungen, Knoblauch und Kurkuma für ein geringeres Krebsrisiko. Viele Gewürze sind auch starke Bakterien- und Virenvernichter.**

Natürliches Heilen

Viele bekannte Kräuter und Gewürze werden seit Jahrhunderten in der Volksmedizin oder Naturheilkunde angewendet, da sie besonders wohltuende Effekte bei der Behandlung vieler Leiden haben. Doch müssen Sie nicht krank sein, um in diesen Genuss zu kommen.

Antioxidantien und Gesundheit

Mit Kräutern und Gewürzen zu kochen ist eine simple Methode, den Gehalt an Antioxidantien in der Ernährung anzuheben. Antioxidantien sind Substanzen, die Körperzellen vor Schäden schützen, die Immunabwehr verbessern, vor Krankheit schützen und manche der Vorgänge verhindern, die das Altern zu fördern scheinen. Es gibt sie bereits seit vielen Jahren als Nahrungsergänzungsmittel, doch deuten wissenschaftliche Forschungen zunehmend darauf hin, dass es gesünder ist, Antioxidantien mit dem Essen aufzunehmen. Das kommt daher, dass manche Antioxidantien in natürlicher Kombination besser zu funktionieren scheinen. Auch scheinen Kombinationen mehrerer verschiedener Kräuter in Speisen besser zu wirken als ein Kraut oder zwei alleine.

Die Top 20 der Kräuter & Gewürze

Kräuter und Gewürze sorgen für Geschmack. Viele von ihnen fördern zudem die Gesundheit. Auf den Seiten 20–23 finden Sie die Spitzenreiter: Kräuter und Gewürze, die voller Vitamine, Mineralstoffe und Antioxidantien stecken, sodass es sich lohnt, täglich eines oder mehrere davon zu verzehren.

„Iss dein Gemüse", sagte Ihre Mutter. Kräuter sind Gemüse in konzentrierter Form.

Basilikum

Basilikumblätter sind sehr vitamin- und mineralstoffreich und enthalten viele Antioxidantien. Sie liefern viel Eisen und Vitamin K, beides wichtig für die Blutgesundheit, dazu reichlich polyphenole Antioxidantien und Mineralstoffe. Ihre Eigenschaften sollen ein Grund für die gesundheitsschützende Wirkung der mediterranen Ernährung sein. Thai-Basilikum schmeckt anders als europäisches, enthält aber den gleichen Anteil gesundheitsschützender Substanzen. Untersucht wird auch, welche antibakterielle Kraft die ätherischen Öle von Basilikum haben.

Chili

Chilis wie Cayenne, Chipotle und Jalapeño gehören wie Peperoni und Gemüsepaprika zur Gattung der Paprika. Alle sind reich an Vitaminen und Antioxidantien mit starkem entzündungshemmenden Effekt, der sich günstig auf zu hohen Blutdruck und Herzleiden auswirken soll. Scharfe Chilis können auch beim Abnehmen helfen, da sie den Stoffwechsel leicht erhöhen, sodass er schneller Energie verbrennt. Frische Chilis sind eine ausgezeichnete Vitamin-C-Quelle. Die leuchtende Farbe zeigt auch den hohen Gehalt an Karotinoiden an, wie die augenschützenden Antioxidantien Lutein und Zeaxanthin.

Gewürznelken

Gewürznelken sind die getrockneten Knospen eines Baums aus der Familie der Myrtengewächse. Sie sind reich an Vitaminen, Mineralstoffen und Antioxidantien und enthalten Eugenol, eine Substanz mit antibakteriellen und betäubenden Eigenschaften. Auf einer Gewürznelke herumzubeißen ist seit jeher ein traditionelles Mittel gegen Zahnweh, da es das schmerzlindernde Eugenol löst. Eugenol hilft auch, Eingeweideparasiten abzutöten, die Durchfall verursachen. Es beruhigt die Magenschleimhaut und lindert Bauchschmerzen.

Ingwer und Galgant

Ingwer und Galgant werden seit jeher gegen Übelkeit eingesetzt: als Ingwertee, verdünntes Ginger Ale oder in Suppen. Ingweröl, eine der chemischen Substanzen im Ingwer, wird auf sein Potenzial gegen Entzündungen und für eine bessere Gehirnfunktion untersucht. Es soll Gedächtnisleistung und Denkgeschwindigkeit verbessern, und man erforscht derzeit, inwieweit Ingwer gegen Migräne hilft. Die entzündungshemmende Eigenschaft von Ingwer könnte auch gegen Schmerz und Schwellungen bei rheumatoider Arthritis wirksam sein.

Kardamom

Kardamom wird seit Langem im Ayurveda (der alten indischen Heilkunde und Lebenslehre) und in der Traditionellen Chinesischen Medizin (TCM) verwendet. Man glaubte, er lindere Halsentzündungen, Lungenkongestionen, Magen-Darm-Störungen und Gallensteine. Auch heute wird er ergänzend bei Verdauungsbeschwerden wie Übelkeit, Sodbrennen und Blähungen eingesetzt. Ihm werden auch aphrodisierende Kräfte nachgesagt. Neuere Untersuchungen deuten darauf hin, dass Kardamom hilft, das Immunsystem zu schützen. Er enthält viel Calcium, Magnesium und Kalium, Minerale für Herzgesundheit und Blutdruckkontrolle.

DIE TOP 20 DER KRÄUTER & GEWÜRZE   21

Knoblauch, Schnittlauch und Schalotten

Alle Knollengemüse der Zwiebelfamilie enthalten Allicin, das hilft, den Blutdruck und den Spiegel von „schlechtem" LDL-Cholesterol im Körper zu senken. Dazu verfügen sie über Quercetin, ein flavonoides Antioxidans. Man sagt ihm nach, dass es den Blutdruck normalisiert und Entzündungen lindert. Weitere Inhaltsstoffe sind Vitamin K und Folsäure – beides ist wichtig für gesundes Blut und Knochen. Das Foto zeigt Mitglieder der Familie: Frühlingszwiebel, Schalotten, Schnittlauch und Knoblauch.

Koriander

Korianderkörner werden seit jeher zur Beruhigung des Verdauungssystems und zur Linderung von Übelkeit, Durchfall und Blähungen eingesetzt. Ihre ätherischen Öle haben starke entzündungshemmende Eigenschaften, was diesen Effekt erklären mag. Koriander wirkt auch antibakteriell, was ihn in Pulverform bei Darminfektionen wertvoll macht. Die Körner waren traditioneller Bestandteil von Gewürzmischungen, mit denen man Nahrungsmittel vor dem Verderben bewahrte. Die Blätter der Pflanze (Korianderkraut) haben einen hohen Anteil an Phytonährstoffen. Viele davon sind starke Antioxidantien, die vor altersbedingten Schäden schützen. Dazu enthalten die Blätter auch reichlich Folsäure, Vitamin C und Eisen, die alle wichtig für das Blut und eine gesunde Immunfunktion sind.

Kreuzkümmel-, Dill-, Fenchel- und Kümmelsamen

Diese Samen aus der Familie der Doldenblütler enthalten ätherische Öle mit antibakteriellen und antikarzinogenen Eigenschaften. Dazu helfen sie bei Übelkeit und Blähungen und erfrischen den Atem, enthalten Ballaststoffe und sind eine ausgezeichnete Vitamin-C-Quelle für das Immunsystem. Vitamin C wirkt im Körper auch antioxidativ, indem es Gehirn und kardiovaskuläres System schützt. Diese Gewürze haben auch einen überraschend hohen Eisengehalt – ein wichtiger Nährstoff für die Gehirnfunktion und die Aufrechterhaltung der Energielevel.

Kurkuma

Seit Jahrhunderten wird die Kurkuma in der Volksmedizin als effektiver Entzündungshemmer eingesetzt. Das macht sie perfekt für eine wohltuende Suppe bei Erkältung. Sie ist auch reich an wichtigen Vitaminen und Mineralstoffen, die die Genesung beschleunigen. Die Wurzel soll das Fortschreiten von Demenz verhindern oder verlangsamen und wird aktuell auf ihre Wirkung bei Arthritis erforscht.

Minze

Alle Minzsorten enthalten die stark antioxidativ wirksamen Pflanzennährstoffe grüner Gemüsesorten sowie die entzündungshemmende Verbindung Phenylacrylsäure („Rosmarinsäure"). Der Verzehr von Minze könnte also das Risiko für Herzleiden und Demenz lindern. Ein weiterer Bestandteil aller Sorten ist Menthol, ein Dekongestivum in Husten- und Erkältungsarzneien. Pfefferminzöl beruhigt die Verdauung und unterstützt die Entleerung des Magen. Auf diese Weise ist es gegen Sodbrennen oder Übelkeit hilfreich.

Muskatnuss

Muskatnuss (der Samen eines immergrünen, mit der Magnolie verwandten Baums) und Mazis (die Kapsel des Samens) haben starke antibakterielle Eigenschaften. Wissenschaftler fanden heraus, dass sie verschiedene Bakterien in der Mundhöhle abtöten, die Karies verursachen. Die in der Muskatnuss aktive Substanz Myristicin hemmt nachweislich demenzfördernde Enzyme im Gehirn und verbessert die Gedächtnisleistung bei Mäusen. Neuere Untersuchungen erforschen jetzt ihr Potenzial als Antidepressivum.

Oregano, Majoran und Thymian

Diese Kräuter gehören alle zur selben Pflanzenfamilie. Sie sind ein fester Bestandteil der mediterranen Ernährung und reiche Quellen für Grüngemüse-Nährstoffe wie Folsäure, Betakarotin und Vitamin C. Thymian, Majoran und Oregano (auch Wilder Majoran genannt) enthalten Thymol, ein ätherisches Öl mit antibakteriellen und entzündungshemmender Wirkung. Es wird traditionell bei Husten eingesetzt und äußerlich bei Akne aufgetragen. Darüber hinaus wirkt Thymol auch antioxidativ. Sein Verzehr kann also den Körper vor Zellschäden schützen, die chronische Erkrankungen oder Krebs hervorrufen.

Petersilie

Petersilie ist vielleicht das beliebteste Kraut der Welt. Sie gibt Speisen ein willkommenes Aroma und bringt mit ihrem Gehalt an den Vitaminen A und C sowie Eisen viele Gesundheitsvorteile. Petersilie besitzt reichlich Antioxidantien, die den Körper vor Zellschäden schützen, und einige Verbindungen, die in Tierversuchen das Tumorwachstum hemmten und eventuell helfen können, karzinogene Substanzen im Essen zu neutralisieren.

Piment

Piment heißt auch Nelken- oder Jamaikapfeffer. Er enthält Eugenol, das schmerzlindernde ätherische Öl mit betäubenden und antibakteriellen Eigenschaften, das auch in der Gewürznelke vorkommt. Weitere ätherische Öle im Piment fördern die Darmaktion, stimulieren Verdauungsenzyme, lindern Magenverstimmungen und mindern Blähungen. Dazu enthält Piment Eisen für gesundes Blut und Kalium, das die Herzfrequenz und den Blutdruck mitreguliert.

Rosmarin

Rosmarin wird in Europa traditionell bei Verdauungs- und Menstruationsproblemen eingesetzt. Die Kräuterkunde assoziiert Rosmarin seit jeher mit dem Gedächtnis, und es wird angenommen, dass er wegen seiner Antioxidantien Gedächtnis und Denkleistung verbessert und das Gehirn vor Alterauswirkungen schützt. Frischer Rosmarin enthält auch entzündungshemmende Substanzen, die den Blutfluss zum Gehirn unterstützen können. Dies könnte der Grund für den Schutz vor alterungsbedingtem Gedächtnisverlust und für bessere Denkleistung sein, die man der Pflanze nachsagt.

Salbei

Wie der englische Name *sage* (Weiser) vermuten lässt, hat man den Salbei schon immer mit Weisheit und mentaler Schärfe assoziiert. Dies ist nicht nur ein Mythos, wie wissenschaftliche Untersuchungen zeigten: Salbeiextrakt verbessert die Gehirnfunktion von gesunden wie demenzkranken Menschen. Frischer Salbei enthält Thujon, ein ätherisches Öl, das die Aufmerksamkeitsspanne und Denkgeschwindigkeit verbessert, sowie Antioxidantien zum Schutz der Gehirnfunktion.

Schwarzer Pfeffer

Pfefferkörner sind eigentlich die getrockneten Beeren einer Kletterpflanze. Je nach Reifegrad der Beere hat der Pfeffer eine andere Farbe. Reifer schwarzer Pfeffer hat den höchsten Anteil an ätherischen Ölen sowie reichlich Vitamin A und C, die antioxidativ wirken. Die ätherischen Pfefferöle haben antibakterielle Eigenschaften, und traditionell verwendete man Pfeffer dafür, Lebensmittel vor dem Verderben zu schützen. Pfeffer kann auch eine normale Darmtätigkeit fördern, indem er die Verdauung stimuliert.

Senf

Senf entstammt der nährstoffreichen *Brassica*-Familie, zu der auch Brokkoli und Kohl gehören. Drei unterschiedliche Senfsorten produzieren schwarze, braune und gelbe Samen. Alle haben ein ähnliches Nährwertprofil, mit einem hohen Anteil wertvoller Phytonährstoffe und gesunder Omega-3-Säuren. Senf wirkt verdauungsstimulierend und kann helfen, das Immunsystem zu stärken, da er viel Selen enthält, eine wichtige Substanz für den antioxidativen Zellschutz und die Immunprozesse des Körpers.

Zimt

Gemahlener Zimt stammt aus der Rinde eines Baums aus der Familie der Lorbeergewächse. Er enthält extrem viele Antioxidantien, gilt als cholesterinsenkend und blutzuckerkontrollierend. Eines seiner ätherischen Öle, Eugenol, wirkt schmerzstillend und kommt auch in der Gewürznelke vor. Das mag erklären, warum Zimt seit jeher als effektives Naturheilmittel bei Migränekopfschmerz eingesetzt wird.

Zitronengras

Zitronengras, auch als „Fiebergras" bekannt, wird traditionell zur Fiebersenkung eingesetzt. Seine mild entwässernde Wirkung kann auch Wassereinlagerungen reduzieren, prämenstruelles Syndrom (PMS) lindern und Harnwegseffekte bekämpfen, mit mild antibakteriellem Effekt. Der regelmäßige Verzehr von Zitronengras könnte gegen Krebs und chronische Erkrankungen wirksam sein, da es sehr viele entzündungshemmende, antioxidative Substanzen enthält, wie Citral (das auch in Zitrusfrüchten vorkommt). Citral wird wissenschaftlich erforscht, weil es abnormales Zellwachstum zu verhindern scheint.

Gem

üse &
Salate

GEMÜSE & SALATE

Ihre Farbe macht diese Suppe im spanischen Stil zum attraktiven Auftakt jeder Abendeinladung. Paprikapulver verstärkt die Farbe und den intensiven Räuchergeschmack.

Röstpaprikasuppe mit Räucherpaprika

- 2 rote Zwiebeln, in Achtel geschnitten
- 1 EL (20 ml) Olivenöl
- 4 große rote Paprikaschoten (je 200–250 g), Kerne und Scheidewände entfernt, in große, flache Stücke geschnitten
- 8 reife Tomaten, halbiert
- 1 TL Räucherpaprika
- 500 ml salzreduzierte Gemüsebrühe oder Wasser
- Joghurt oder Sauerrahm zum Servieren
- frischer Schnittlauch, in feine Ringe geschnitten, und frisch gemahlener schwarzer Pfeffer zum Servieren

Zubereitungszeit 10 Minuten
Kochzeit 40 Minuten
Personen 4

1 Den Ofen auf 220 °C vorheizen. Ein Backblech mit Backpapier auslegen.

2 Die Zwiebelstücke im Olivenöl wenden und auf dem Backblech verteilen. Die Paprikastücke mit der Hautseite nach oben, die Tomatenhälften mit der Schnittfläche nach oben darauflegen. 25 bis 30 Minuten rösten, oder bis die Paprikahaut schwarz geworden ist.

3 Wenn das Gemüse etwas abgekühlt ist, Paprika und Tomaten häuten und die Häute entsorgen. Mit Zwiebeln und Räucherpaprika in die Küchenmaschine oder einen Standmixer füllen und cremig pürieren.

4 Die Suppe in einen großen Topf umfüllen. So viel Brühe dazugießen, bis sie die gewünschte Konsistenz hat, und durcherhitzen.

5 Mit einem Klecks Joghurt, Schnittlauchringen und schwarzem Pfeffer aus der Mühle servieren.

Pro Portion 722 kJ, 172 kcal, 8 g Eiweiß, 6 g Fett (<1 g gesättigte Fettsäuren), 21 g Kohlenhydrate (19 g Zucker), 8 g Ballaststoffe, 543 mg Natrium

TIPP Für eine glattere Suppe passieren Sie das Püree vor Zugabe der Brühe durch ein Haarsieb. Räucherpaprika ist dunkler als edelsüßer ungarischer Paprika (Billighersteller geben oft nur Rauchextrakt zu normalem Paprikapulver). Rote Zwiebeln schmecken mild bis süß und haben eine lila Schale.

RÄUCHERPAPRIKA FÜR TRADITIONELLEN SPANISCHEN RÄUCHERPAPRIKA WERDEN SCHOTEN DER SORTE PIMENTÓN DE LA VERA GETROCKNET, ÜBER HOLZFEUER GERÖSTET UND GEMAHLEN. PAPRIKASCHOTEN ENTHALTEN VIEL VITAMIN C, DAS BEIM TROCKNEN/RÄUCHERN JEDOCH ZUM GROSSTEIL ZERSTÖRT WIRD. ANDERE ANTIOXIDANTIEN SIND JEDOCH NOCH REICHLICH VORHANDEN.

GEMÜSE & SALATE

Eine schnelle Suppe, die an Winterabenden fein wärmt. Das italienische Rezept enthält viel Rosmarin, der sanft mitgegart wird, um sein blumiges Aroma zu entfalten.

Rosmarin-Kichererbsen-Suppe

ROSMARIN DIE KRÄUTERKUNDE ASSOZIIERT ROSMARIN SEIT JEHER MIT DEM GEDÄCHTNIS. ROSMARIN SOLL GEDÄCHTNIS UND DENKLEISTUNG VERBESSERN UND DAS GEHIRN VOR ALTERSAUSWIRKUNGEN SCHÜTZEN. DAZU ENTHÄLT ER AUCH ENTZÜNDUNGSHEMMENDE VERBINDUNGEN.

1 EL Olivenöl
2 Zwiebeln (ca. 250 g), fein gewürfelt
4 Knoblauchzehen, zerstoßen
5 Zweige frischer Rosmarin (je ca. 10 cm Länge)
250 ml salzreduzierte Gemüsebrühe oder Wasser
400 g frische, gehackte Tomaten oder 1 Dose stückige Tomaten
2 Dosen (je 400 g) Kichererbsen, abgetropft, oder 250 g getrocknete Kichererbsen, gegart
2 EL (40 ml) Olivenöl nativ extra
frisch gemahlener schwarzer Pfeffer

Zubereitungszeit 10 Minuten **Kochzeit** 15 Minuten **Personen** 4

1   Das Öl in einem großen Topf erhitzen und die Zwiebeln darin 4–5 Minuten dünsten, bis sie beginnen zu bräunen. Knoblauch und Rosmarinzweige zugeben und 1 Minute mitdünsten.

2   Brühe oder Wasser sowie Tomaten und Kichererbsen zugeben und 10 Minuten köcheln lassen. Die Rosmarinzweige herausnehmen. Von einem Zweig die Nadeln abzupfen und zum Garnieren aufheben.

3   Die Suppe in Teller schöpfen und mit den Rosmarinnadeln bestreuen. Mit Olivenöl beträufeln und Pfeffer darübermahlen.

Pro Portion 1133 kJ, 271 kcal, 12 g Eiweiß, 8 g Fett (1 g gesättigte Fettsäuren), 39 g Kohlenhydrate (12 g Zucker), 12 g Ballaststoffe, 341 mg Natrium

TIPP Sie können auch andere Hülsenfrüchte verwenden, doch ist die Kombination aus Rosmarin und den süßlichen Kichererbsen besonders gut. Reste gekochter Pasta oder Getreide in der Suppe machen aus ihr einen sättigenden Eintopf. Als Topping schmecken auch Parmesan oder etwas Pesto.

Tomaten-Thymian-Tartes

1 Platte gefrorener, fettreduzierter Blätterteig, leicht angetaut (ca. 30 × 35 cm)
2 TL Dijonsenf
4 Pflaumentomaten, in sehr dünne Scheiben geschnitten
50 g Ziegenkäse
2 TL frische Thymianblätter
1 TL Olivenöl nativ extra
1 TL Balsamessig-Creme (nach Geschmack)
frisch gemahlener schwarzer Pfeffer

Zubereitungszeit 20 Minuten **Kochzeit** 20 Minuten **Personen** 4

1. Den Ofen auf 200 °C vorheizen und ein Backblech mit Backpapier auslegen.
2. Mithilfe eines Untertellers (ca. 12 cm ⌀) 4 Kreise aus dem Teig ausschneiden. Eine Linie ca. 1 cm innerhalb der Teigränder markieren. Innerhalb der Linie den Teig mehrmals mit einer Gabel einstechen, mit Senf bestreichen und mit den Tomaten belegen.
3. Die Tartes 20 Minuten backen, bis der Teig goldbraun ist. Auf einem Kuchengitter etwas auskühlen lassen.
4. Den Ziegenkäse über die Tomaten krümeln und mit den Thymianblättchen bestreuen. Mit Olivenöl und Balsamessig-Creme (falls verwendet) beträufeln. Vor dem Servieren mit Pfeffer würzen.

Pro Portion 762 kJ, 182 kcal, 6 g Eiweiß, 8 g Fett (4 g gesättigte Fettsäuren), 24 g Kohlenhydrate (2 g Zucker), <1 g Ballaststoffe, 191 mg Natrium

TIPP Die Tomatenscheiben vor dem Belegen mit Küchenpapier trocken tupfen. Für kleine Kanapees den Teig in 16 Quadrate teilen und jedes mit einer Tomatenscheibe belegen.

Brunnenkressesalat mit Kerbel

8 rote Thai-Schalotten (ca. 200 g), geschält, in dicke Scheiben geschnitten
2 EL Olivenöl
30 g Walnüsse, grob gehackt
½ TL gemahlener weißer Pfeffer
2 EL schwarzer Balsamicoessig
2 EL Olivenöl nativ extra
1 Bund (250 g) Brunnenkresse, abgebraust, Stängel entfernt (150 g Blätter)
10 Zweige frischer Kerbel (ca. 10 g), zerzupft

Zubereitungszeit 15 Minuten, zzgl. 10 Minuten Abkühlzeit **Kochzeit** 35 Minuten **Personen** 4

1. Die Schalotten im Öl in einer Pfanne ca. 5 Minuten unter Rühren anbraten, bis sie brutzeln. Mit reduzierter Temperatur ca. 30 Minuten weiterdünsten, bis sie goldbraun und komplett weich sind. Walnüsse, weißen Pfeffer und Essig unterrühren und die Schalotten ca. 10 Minuten abkühlen lassen. Danach das Olivenöl unterrühren.
2. In der Zwischenzeit die Brunnenkresse mit dem Kerbel in einer großen Salatschüssel anrichten. Das Dressing darübergießen und vorsichtig unterheben, ohne die Blätter zu zermatschen. Sofort servieren.

Pro Portion 1017 kJ, 243 kcal, 4 g Eiweiß, 24 g Fett (3 g gesättigte Fettsäuren), 4 g Kohlenhydrate (4 g Zucker), 4 g Ballaststoffe, 82 mg Natrium

TIPP Ein schneller Ersatz für den Balsamico-Essig ist eine Mischung aus der gleichen Menge Rotwein und 1 EL braunem Rohrzucker.

THYMIAN SEINE BLÄTTER UND BLÜTEN ENTHALTEN EIN ÄTHERISCHES ÖL MIT ANTIBAKTERIELLER UND ENTZÜNDUNGSHEMMENDER WIRKUNG. THYMIAN KANN HELFEN, DEN BLUTDRUCK UND DAMIT DAS SCHLAGANFALLRISIKO ZU SENKEN.

Brunnenkresse ist dank ihres extrem hohen Gehalts an Vitaminen, Mineralstoffen und Antioxidantien ein Nährstoff-Kraftpaket.

Garam masala ist eine Würzmischung, meist mit Gewürznelken, Pfeffer, Zimt, Muskatnuss, Kardamom und Kümmel.

Samosas sind pikante, für gewöhnlich frittierte, indische Teigtäschchen mit Gemüse- oder Fleischfüllung. Hier backen wir sie als gesündere Alternative im Ofen.

Pikante Gemüse-Samosas

300 g Weizenmehl
3 EL Ghee oder Pflanzenöl
600 g Kartoffeln, geschält und in 1 cm große Würfel geschnitten
1 EL Pflanzenöl
1 große grüne Chilischote, entkernt und fein gehackt
2 TL fein geriebener frischer Ingwer
2 Knoblauchzehen, zerstoßen
1 TL Garam masala
1 TL gemahlener Fenchelsamen
1 TL gemahlener Koriander
1 TL Kreuzkümmelsamen
¼ TL gemahlene Kurkuma
¼ TL Chilipulver
75 g gefrorene Gartenerbsen
2 EL gehackte frische Korianderblätter
Olivenölspray

Minzjoghurt

200 g Joghurt
10 g frische Minzblätter, fein gehackt

Zubereitungszeit 40 Minuten zzgl. 30 Minuten Kühlzeit
Kochzeit 40 Minuten
Ergibt 12 Stück

1 Für den Teig Mehl und Ghee bzw. Pflanzenöl in eine große Schüssel geben. Mit den Fingerspitzen das Fett in das Mehl reiben, bis es gleichmäßig eingearbeitet ist. Ca. 125 ml Wasser zugießen und mit einem Messer unterhacken. Ein Stückchen Teig zwischen den Fingern zerdrücken; falls er zu trocken erscheint, noch etwas mehr Wasser zugeben. Den Teig mit den Händen zusammenschieben und kurz kneten, bis er fast geschmeidig ist. In Frischhaltefolie wickeln und für 30 Minuten in den Kühlschrank legen.

2 Den Ofen auf 200 °C vorheizen und ein großes Backblech mit Backpapier auslegen. Die Kartoffelwürfel über Wasserdampf garen, bis sie weich sind, aber noch Biss haben. Ohne Deckel beiseitestellen, damit sie etwas auskühlen.

3 Das Öl in einer tiefen Pfanne auf mittlerer Temperatur erhitzen. Chili, Ingwer und Knoblauch darin unter Rühren 1 Minute anbraten. Die Gewürze zugeben und unter Rühren ca. 30 Sekunden rösten, bis sie aromatisch duften. Kartoffeln und Erbsen untermischen. Zum Abkühlen beiseitestellen und dann das Korianderkraut unterheben.

4 Den Teig in 6 Portionen teilen und jede davon zu einer Kugel rollen. Eine Kugel auf einer leicht bemehlten Arbeitsfläche zu einem Kreis mit 18 cm ⌀ ausrollen. Die anderen Portionen in der Zwischenzeit in Frischhaltefolie wickeln. Die Teigscheibe quer halbieren. Von jeder Teighälfte die beiden Enden der geraden Kante aufeinanderlegen und fest zusammendrücken, sodass eine fest versiegelte Tüte entsteht.

5 Die Tüte in die Hand nehmen und mit Kartoffelmischung füllen. Den Teig über der offenen Seite zusammendrücken und dicht verschließen. Mit dieser Naht nach unten auf das Backblech setzen. Den restlichen Teig mit der übrigen Füllung genauso verarbeiten. Die Samosas leicht mit Öl besprühen und 20 Minuten backen, bis der Teig trocken ist und etwas Farbe hat. Joghurt und Minzblätter verrühren. Die Samosas warm, mit dem Joghurt, servieren.

Pro Portion 837 kJ, 200 kcal, 5 g Eiweiß, 8 g Fett (4 g gesättigte Fettsäuren), 26 g Kohlenhydrate (1 g Zucker), 2 g Ballaststoffe, 13 mg Natrium

KREUZKÜMMEL
WENN SIE IHR ESSEN MIT EISEN UND VITAMIN C ANREICHERN WOLLEN, SOLLTEN SIE KREUZKÜMMEL VERWENDEN. ER ENTHÄLT VON BEIDEM VIEL UND HILFT SO GEGEN ERKÄLTUNGEN.

Risotto ist ein norditalienisches Gericht, jede Region hat eigene Varianten. Dieses Rezept lehnt sich an das venezianische Risi e Bisi (Reis und Erbsen) an. Minze sorgt für Frische und harmoniert gut mit Erbsen, Zitrone und Feta-Käse.

Erbsen-Minze-Risotto mit Feta-Käse

1,25 l salzreduzierte Gemüsebrühe
1 EL Olivenöl
1 Zwiebel, fein gehackt
2 Knoblauchzehen, zerstoßen
350 g Risottoreis (z. B. Arborio)
150 g gefrorene Gartenerbsen
2 TL fein abgeriebene Schale von 1 Bio-Zitrone
2 EL gehackte frische Minze zzgl. etwas zum Garnieren
125 g fettreduzierter Feta-Käse

Zubereitungszeit 15 Minuten
Kochzeit 30 Minuten
Personen 4

1. Die Brühe in einem Topf auf kleiner Hitze zugedeckt zum Kochen bringen und sanft weiterköcheln lassen.
2. Das Öl auf mittlerer Hitze in einem großen Topf erhitzen. Die Zwiebel darin in ca. 5 Minuten glasig dünsten, aber nicht bräunen. Gelegentlich umrühren. Knoblauch und Reis zugeben und 1 Minute dünsten, bis die Reiskörner glänzen und mit dem Öl überzogen sind.
3. Die Brühe portionsweise (immer ca. 125 ml) und unter Rühren einkochen lassen. Es dauert 20–25 Minuten, bis die ganze Menge eingekocht und der Reis gar, aber noch cremig ist. Mit der letzten Kelle Brühe die Erbsen unterrühren.
4. Zitronenschale und Minze unterziehen. Den Risotto auf vorgewärmte Schalen verteilen, den Feta darüber zerkrümeln und mit Minze garnieren. Sofort servieren.

Pro Portion 1961 kJ, 468 kcal, 17 g Eiweiß, 11 g Fett (4 g gesättigte Fettsäuren), 74 g Kohlenhydrate (8 g Zucker), 3 g Ballaststoffe, 1629 mg Natrium

TIPP Nach Geschmack einige geschälte Garnelen mit den Erbsen unterheben.

MINZE HEUSCHNUPFENGEPLAGTEN KANN DIE MINZE LINDERUNG VERSCHAFFEN. DIE KRÄUTER DER MINZFAMILIE ENTHALTEN PHENYLACRYLSÄURE, EINE ENTZÜNDUNGSHEMMENDE VERBINDUNG. SIE WIRD DERZEIT HINSICHTLICH DER BEHANDLUNG JAHRESZEITLICHER ALLERGIEN WISSENSCHAFTLICH UNTERSUCHT.

Das „Green Goddess Dressing" wurde in den 1920er-Jahren in San Francisco erfunden, zur Feier einer Theaterproduktion gleichen Namens. Diese moderne Version ist fett- und salzärmer und dank der Avocado noch grüner.

Salat mit Grüne-Göttin-Dressing

10 g frische krause Petersilie

2 Lauch- oder Frühlingszwiebeln, in Ringe geschnitten, oder 10 g frischer Schnittlauch, gehackt

5 frische Estragonblätter

1 Knoblauchzehe

Saft von ½ Zitrone

2 Sardellenfilets (nach Geschmack)

125 ml Buttermilch oder Joghurt

½ mittelgroße Avocado (ca. 90 g)

frisch gemahlener schwarzer Pfeffer

ca. 150 g junger Spinat oder zerzupfter Blattsalat

Zubereitungszeit 10 Minuten
Kochzeit keine
Personen 4

1. Alle Zutaten außer Spinat bzw. Blattsalat in der Küchenmaschine oder im Standmixer cremig pürieren.

2. Die Spinat- oder Salatblätter in einer großen Schüssel arrangieren. Das Dressing darüberlöffeln und den Salat unterheben. Sofort servieren.

Pro Portion 298 kJ, 71 kcal, 3 g Eiweiß, 5 g Fett (1 g gesättigte Fettsäuren), 3 g Kohlenhydrate (3 g Zucker), 2 g Ballaststoffe, 29 mg Natrium

TIPP Probieren Sie verschiedene grüne Kräuterkombinationen: glatte Petersilie, Estragon, Korianderkraut, Basilikum und Bohnenkraut oder Petersilie, Estragon, Kerbel und Schnittlauch. Der Salat schmeckt gut zu gebratenem oder frittiertem Huhn oder zum Lamm aus dem Ofen mit Rosmarin-Gemüse (Seite 103).

PETERSILIE IST EINE KONZENTRIERTE QUELLE ALLER GRÜNGEMÜSE-VITAMINE UND MINERALSTOFFE. BEMERKENSWERT IST IHR GEHALT AN VITAMIN K UND C. BEIDES IST WICHTIG FÜR GESUNDE HAUT UND GESUNDES BLUT.

Mit Salat und Weißbrot serviert, wird diese Omelett-Rolle zu einer bekömmlichen kalten Mahlzeit an warmen Tagen. Bringen Sie eine beliebige Mischung grüner Lieblingskräuter darin unter.

Omelett-Roulade mit Kräuterfüllung

200 g fettarmer körniger Frischkäse, Quark oder abgetropfter Joghurt
1 Knoblauchzehe
1 Stängel frischer Dill
3 Stängel frische Petersilie
2 Stängel frischer Schnittlauch
10 frische Basilikumblätter (von ca. 2 Stängeln)
frisch gemahlener schwarzer Pfeffer
4 Eier
1 EL Rapsöl oder Olivenöl

Zubereitungszeit 15 Minuten **Kochzeit** 5 Minuten **Personen** 2

1. Den Frischkäse bzw. Quark oder Joghurt mit Knoblauch und Kräutern im Mixer oder in der Küchenmaschine cremig pürieren. Mit Pfeffer würzen und kalt stellen.
2. Die Eier in einer Schüssel mit der Gabel gründlich verschlagen.
3. Das Öl in einer Pfanne (30 cm ⌀) auf mittlerer Temperatur erhitzen. Die Eimischung hineingießen und ohne Rühren stocken lassen, bis die Oberfläche klebrig erscheint (ca. 3 Min.). Wenden und 1 Minute weiterbacken. Auf ein sauberes, großes Küchenbrett oder eine Servierplatte gleiten lassen. Etwas abkühlen lassen.
4. Das Omelett mit der Käsemischung bestreichen und fest aufrollen. Stramm in Frischhaltefolie einwickeln, damit die Roulade fest und kompakt wird, und bis zum Servieren im Kühlschrank lagern.
5. Die Roulade mit einem gezahnten Messer in Scheiben schneiden und anrichten.

Pro Portion 1323 kJ, 316 kcal, 31 g Eiweiß, 21 g Fett (5 g gesättigte Fettsäuren), 3 g Kohlenhydrate (2 g Zucker), <1 g Ballaststoffe, 265 mg Natrium

TIPP Wenn Sie es in einer größeren Pfanne braten, werden das Omelett und die Rolle dünner und ergeben aufgeschnitten attraktive Vorspeisenhäppchen. Gehackte Kräuter im Omelett-Teig geben der Rolle einen anderen Look.

KERBEL GEHÖRT ZUR PETERSILIENFAMILIE UND HAT ÄHNLICHE VERDAUUNGSBERUHIGENDE EIGENSCHAFTEN, DAZU REICHLICH EISEN UND ZINK. SEIN MILDES ANISAROMA PASST GUT ZU ELEGANTEN, UNAUFDRINGLICHEN GERICHTEN. IN DER FRANZÖSISCHEN KÜCHE GEHÖRT ER ZU DEN „FINES HERBES", DEN FEINEN KRÄUTERN, UND WIRD HÄUFIG FÜR OMELETTS UND SALATE VERWENDET.

Dieser Pie ähnelt einer griechischen Spanakopita, ist aber leichter, weil fettarmer Käse und Öl anstelle zerlassener Butter vewendet werden. Durch die vielen Kräuter erhält er ein noch frischeres Aroma.

Spinat-Kräuter-Pie

2 TL Olivenöl
4 Frühlingszwiebeln, in Scheibchen geschnitten
150 g fettreduzierter Feta, zerkrümelt
200 g fettreduzierter Ricotta, zerkrümelt
8 Eier, leicht verquirlt
1 große Prise Muskatnuss
frisch gemahlener schwarzer Pfeffer
2 Bund (ca. 250 g) Blattspinat, Stängel entfernt und geputzt
20 g frische Basilikumblätter, zerzupft
20 g frische Minzblätter, gehackt
10 g frische Dilldolden ohne Stängel, gehackt
2 EL frische Oreganoblättchen, gehackt
1 EL frische Thymianblätter, gehackt
16 Lagen Filoteig
Olivenölspray

Zubereitungszeit 25 Minuten
Kochzeit 1 Stunde
Personen 6

1. Den Ofen auf 180 °C vorheizen. Eine Auflaufform (ca. 30 × 20 × 5 cm ∅) leicht mit Öl einsprühen. Das Öl in einer kleinen Pfanne auf mittlerer Temperatur erhitzen. Die Frühlingszwiebeln darin ca. 3 Minuten andünsten, bis sie weich sind. In eine große Schüssel umfüllen und auskühlen lassen.

2. Käse und Eier zugeben und mit Muskatnuss und Pfeffer würzen.

3. Den Spinat gründlich waschen, fein schneiden und mit den Kräutern in die Schüssel geben. Die Masse mit dem Küchenspatel gleichmäßig verrühren.

4. Eine Teiglage auf die Arbeitsfläche legen. Die Teiglage mit Öl besprühen und eine weitere darauflegen, diese erneut mit Öl besprühen. Insgesamt 8 Teiglagen aufeinanderlegen. In die Form heben und den Boden sowie die Seiten damit auskleiden.

5. Die Füllung auf den Teig geben, überstehenden Teig nach innen klappen. Die restlichen Teiglagen besprühen, aufeinanderlegen und als Deckel daraufsetzen. Überstehenden Teig mit der Küchenschere abschneiden und die Ränder nach innen einschlagen. Die Oberfläche mit Öl besprühen und rautenförmig einschneiden. Den Pie in 50–60 Minuten knusprig und goldbraun backen.

Pro Portion 1570 kJ, 375 kcal, 24 g Eiweiß, 21 g Fett (7 g gesättigte Fettsäuren), 23 g Kohlenhydrate (2 g Zucker), 3 g Ballaststoffe, 703 mg Natrium

TIPP Sie können den Blattspinat durch Mangold (ohne Stängel) ersetzen, wenn Sie ihn lieber essen

THYMIAN, BASILIKUM, MINZE UND OREGANO GEHÖREN ALLE ZUR PFLANZENFAMILIE DER *LAMIACEAE* UND SIND KONZENTRIERTE QUELLEN VON FOLATEN, BETAKAROTIN UND VITAMIN C. MAN NIMMT AN, DASS DIE MEDITERRANE KÜCHE VIELE IHRER GESUNDHEITSVORTEILE DEM TÄGLICHEN VERZEHR DIESER KRÄUTER VERDANKT.

GEMÜSE & SALATE

Baharat ist eine orientalische Gewürzmischung auf Paprikabasis, die viele regionale Varianten kennt. Sie können die Mischung ebenfalls nach Geschmack anpassen, wie das die Köche des Nahen Ostens seit Generationen machen.

Gebackene Eier mit Tomaten und Baharat

1 EL Rapsöl oder mildes Olivenöl
2 Zwiebeln, gehackt
2 große Knoblauchzehen, fein zerstoßen
1,5 kg reife Tomaten (oder 2 Dosen je 800 g), gehackt
8 Eier
frischer Schnittlauch, in Röllchen geschnitten

Baharat
2 TL Paprikapulver
½ TL Korianderkörner
½ TL gemahlene Muskatnuss
½ TL Kreuzkümmelsamen
3 Gewürznelken
3 Pimentkörner
½ TL schwarze Pfefferkörner
3 Kardamomkapseln
½ TL Zimtpulver

Zubereitungszeit 20 Minuten
Kochzeit 35 Minuten
Personen 8

1. Für das Baharat alle Kräuter in der Gewürzmühle oder im Mörser fein zerstoßen. (Bei Verwendung einer Gewürzmühle die Kardamomsamen vorher aus den Kapseln lösen. Im Mörser lösen sie sich von selbst und können leicht entfernt werden.)

2. Den Ofen auf 220 °C vorheizen.

3. Das Öl in einem großen Topf auf mittlerer Temperatur erhitzen und die Zwiebeln unter Rühren darin braten, bis sie etwas Farbe annehmen. Den Knoblauch zugeben und 1 Minute mitbraten, dann das Baharat 1 Minute unterrühren, bis es stark duftet.

4. Die Tomaten zugeben und in ca. 20 Minuten zu einer dicken Sauce einkochen.

5. Die Tomatensauce auf 8 Auflaufförmchen (je 250 ml Fassungsvermögen) verteilen oder in eine große feuerfeste Form füllen, die zusätzlich 8 Eier fasst. Mit einem Esslöffel Mulden in die Sauce drücken und je ein Ei hineinschlagen.

6. 10 Minuten backen, bis das Eiweiß komplett gestockt ist (nach Geschmack 5 Minuten länger, damit auch die Eigelbe fest werden). Mit Schnittlauchröllchen bestreuen und servieren.

Pro Portion 559 kJ, 134 kcal, 9 g Eiweiß, 8 g Fett (2 g gesättigte Fettsäuren), 7 g Kohlenhydrate (5 g Zucker), 3 g Ballaststoffe, 83 mg Natrium

PIMENT ENTHÄLT EINE VERBINDUNG NAMENS EUGENOL, DIE LOKAL BETÄUBENDE UND ANTIBAKTERIELLE EIGENSCHAFTEN HAT. WEITERE ÄTHERISCHE ÖLE IM PIMENT FÖRDERN DIE DARMAKTION, STIMULIEREN VERDAUUNGSENZYME, LINDERN MAGENVERSTIMMUNGEN UND MINDERN BLÄHUNGEN.

Bei Pizza geht es nicht immer nur um Tomatensauce und geschmolzenen Käse. Versuchen Sie zur Abwechslung diese leichten, pikanten und nahöstlich inspirierten Varianten.

Fladenbrot-Pizza

1 kg Kürbis, in kleine Stücke geschnitten
Olivenölspray
225 g Weizenmehl
½ TL Backpulver
250 g Joghurt
1½ EL Olivenöl
½ Zwiebel, fein gehackt
1 Knoblauchzehe, zerstoßen
1 TL gemahlener Kreuzkümmel
1 TL gemahlener Koriander
¼ TL gemahlener Piment
1 Prise gemahlener Zimt

Zubereitungszeit 20 Minuten zzgl. 15 Minuten Ruhezeit
Kochzeit 30 Minuten **Personen** 4

1. Den Ofen auf 200 °C vorheizen. Ein Backblech mit Backpapier auslegen und den Kürbis darauf verteilen. Mit Olivenöl besprühen und 15 Minuten rösten.
2. Mehl und Backpulver in eine große Schüssel sieben und eine Mulde in die Mitte drücken. Joghurt und 1 Esslöffel Öl hineingeben und erst mit einem Holzkochlöffel, dann mit den Händen unter das Mehl arbeiten. Den Teig auf der leicht bemehlten Arbeitsfläche kneten, bis er geschmeidig ist. In 4 Portionen teilen und zu Kugeln rollen. In Frischhaltefolie gewickelt 15 Minuten ruhen lassen.
3. In der Zwischenzeit das restliche Öl auf mittlerer Temperatur in einer Pfanne erhitzen. Die Zwiebel darin ca. 3 Minuten dünsten. Knoblauch und Gewürze unterrühren und 1 Minute unter Rühren mitbraten. Abkühlen lassen und mit dem Kürbis vermengen.
4. Jede Teigkugel ca. 25 cm lang und 14 cm breit oval ausrollen. Auf leicht geölte Backbleche setzen und den Kürbis darauf verteilen. In 12–15 Minuten knusprig backen.

Pro Portion 1661 kJ, 397 kcal, 14 g Eiweiß, 12 g Fett (3 g gesättigte Fettsäuren), 58 g Kohlenhydrate (12 g Zucker), 5 g Ballaststoffe, 69 mg Natrium

Zatar-Pizza

2 TL (1 Beutel mit 7 g) Trockenhefe
300 g Weizenmehl
3 EL Olivenöl
80 g Joghurt
15 g frische Minzblätter
Laban, Oliven, Tomaten und Salatgurke

Zatar
1 EL getrockneter Thymian
1 EL Sesam
2 TL gemahlener Sumach

Zubereitungszeit 25 Minuten zzgl. 45 Minuten Gehzeit
Kochzeit 15 Minuten **Personen** 4

1. Die Hefe mit ca. 1 Teelöffel Mehl in 175 ml lauwarmem Wasser auflösen. 10 Minuten stehen lassen, bis sie schaumig wird. Das Mehl in eine große Schüssel sieben und eine Mulde in die Mitte drücken. Das Hefewasser hineingießen und erst mit einem Holzkochlöffel, dann mit den Händen unter das Mehl arbeiten. Den Teig auf der leicht bemehlten Arbeitsfläche 5 Minuten kneten, bis er weich und elastisch ist. In eine große, leicht geölte Schüssel legen und mit Folie abdecken. 45 Minuten gehen lassen, bis sich das Volumen verdoppelt hat.
2. Für das Zatar alle Zutaten im Mörser oder in der Gewürzmühle zu einem groben Pulver zerkleinern.
3. Den Ofen auf 200 °C vorheizen. Den Teig in 2 Portionen teilen. Jede Portion kurz durchkneten und kreisrund ausrollen (28 cm ⌀). Die Teigplatten auf leicht geölte Backbleche setzen und mit den Fingerkuppen Mulden hineindrücken. Mit dem restlichen Olivenöl einstreichen und das Zatar darüberstreuen. In 15 Minuten goldbraun backen. Joghurt und Minzblätter darüber verteilen und mit Laban, Oliven, Tomaten und Salatgurke servieren.

Pro Portion 1753 kJ, 419 kcal, 10 g Eiweiß, 17 g Fett (3 g gesättigte Fettsäuren), 56 g Kohlenhydrate (<1 g Zucker), 4 g Ballaststoffe, 16 mg Natrium

SUMACHBEEREN, GETROCKNET UND GEMAHLEN, ERGEBEN DIESES DUNKEL-ROTBRAUNE GEWÜRZ MIT SEINEM HOHEN ANTIOXIDANTIENGEHALT. SEINE TANNINE SOLLEN GEGEN ARTERIOSKLEROSE HELFEN UND SO DAS HERZ-KREISLAUF-SYSTEM SCHÜTZEN.

Blauschimmelkäse hat einen kräftigen, unverkennbaren Geschmack, den würziges Basilikum, Parmesan und Knoblauch in diesem italienisch angehauchten Rezept aber sehr gut ausgleichen.

Spinatfettuccine mit Blauschimmelkäse

250 g Spinatfettuccine
30 g junger Spinat
frische Basilikumblätter zum Servieren

Blauschimmelkäse-Pesto
30 g Pinienkerne
40 g frische Basilikumblätter (ca. 8 Stängel)
1 große Knoblauchzehe
25 g Parmesan
3 EL Olivenöl nativ extra
100 g Blauschimmelkäse

Zubereitungszeit 10 Minuten **Kochzeit** 10 Minuten **Personen** 4

1. Die Pasta in einen großen Topf mit kochendem Salzwasser geben und nach Packungsanleitung al dente garen. 4 Pastateller vorwärmen.

2. Für das Pesto die Pinienkerne in einer beschichteten Pfanne auf mittlerer Temperatur ca. 5 Minuten trocken rösten, bis sie goldbraun sind. Die Pfanne dabei öfter schwenken.

3. Pinienkerne, Basilikum, Knoblauch und Parmesan in der Küchenmaschine oder im Standmixer fein zerkleinern. So viel Öl angießen, dass die Mischung gut verarbeitbar bleibt. Den Blauschimmelkäse hineinkrümeln und kurz auf der Pulsstufe einarbeiten (zu langes Mixen macht die Masse klebrig).

4. Die gegarte Pasta abgießen und zurück in den Topf geben. Den Spinat unterheben, bis er zusammenfällt. Das Pesto hineinlöffeln und unterheben, bis die Pasta damit überzogen sind.

5. Auf den vorgewärmten Tellern verteilen und mit den Basilikumblättern garnieren.

Pro Portion 2208 kJ, 527 kcal, 18 g Eiweiß, 30 g Fett (9 g gesättigte Fettsäuren), 47 g Kohlenhydrate (2 g Zucker), 3 g Ballaststoffe, 383 mg Natrium

TIPP Blauschimmelkäse sind unterschiedlich kräftig. Wenn Ihnen eine sehr aromatische Sorte zu stark erscheint, geben Sie anfangs nur die Hälfte zu und probieren das Pesto, bevor Sie noch mehr unterarbeiten.

KNOBLAUCH VERBESSERN SIE DIE GESUNDHEIT IHRES HERZ-KREISLAUF-SYSTEMS, INDEM SIE VIEL KNOBLAUCH ESSEN! UNTERSUCHUNGEN ZEIGEN, DASS KNOBLAUCH HILFT, DEN BLUTDRUCK ZU SENKEN UND IN MANCHEN FÄLLEN SO EFFEKTIV WIRKT WIE MEDIKAMENTE.

Kürbis und Salbei sind zwar die klassische Kombination, doch können Sie die Gnocchi auch aus Süßkartoffeln zubereiten.

GEMÜSE & SALATE

Dieses klassische Herbstgericht stammt aus Norditalien. In der französischen Küche kommen Gnocchi oft mit goldbrauner Kruste auf den Tisch. Sie werden dafür zum Schluss in brutzelnder Salbeibutter angebraten.

Kürbis-Gnocchi mit Salbeibutter

500 g Kürbis, geschält und in 3 cm große Stücke geschnitten
1 EL Rapsöl oder mildes Olivenöl
1 Ei
100 g Parmesan
100 g Weizenmehl und etwas Mehl zum Rollen der Gnocchi
50 g Butter
Blätter von 6–8 Zweigen frischem Salbei (15–20 g)

Zubereitungszeit 20 Minuten
Kochzeit 25 Minuten
Personen 4 als Vorspeise

1. Den Ofen auf 180 °C vorheizen. Den Kürbis im Öl wenden und auf einem Backblech verteilen. Ca. 20 Minuten rösten.

2. Kürbis, Ei und Parmesan im Standmixer oder in der Küchenmaschine cremig pürieren. In eine Schüssel umfüllen und das Mehl sanft unterarbeiten, bis der Teig eben glatt ist (die Gnocchi werden sonst zäh). Den Teig ruhen lassen.

3. Inwischen einen großen Topf Wasser zum Kochen bringen. Butter und Salbeiblätter in eine große Pfanne geben, in der alle Gnocchi nebeneinander Platz haben.

4. Aus dem Teig walnussgroße Bällchen rollen. Falls nötig, weiteres Mehl verwenden, damit sie nicht kleben.

5. Die Gnocchi in das kochende Wasser einlegen. Sie sinken auf den Boden und steigen auf, wenn sie gar sind. Mit einem Schaumlöffel herausnehmen und auf einen Teller legen.

6. Butter und Salbei schaumig zerlassen und goldgelb bräunen. Dabei schrumpfen die Salbeiblätter und werden knusprig. Die Gnocchi in der Butter wenden, sodass sie gleichmäßig damit überzogen sind. Auf tiefe Teller verteilen und servieren.

Pro Portion 1727 kJ, 413 kcal, 17 g Eiweiß, 26 g Fett (13 g gesättigte Fettsäuren), 30 g Kohlenhydrate (4 g Zucker), 4 g Ballaststoffe, 468 mg Natrium

SALBEI WIE DER ENGLISCHE NAME „SAGE" (WEISER) ANDEUTET, HAT SALBEI SEIT JEHER EINEN BEZUG ZU WEISHEIT UND SCHARFSINN. DIE WISSENSCHAFT WIES NACH, DASS DARAN ETWAS WAHRES IST: ER ENTHÄLT DAS ÄTHERISCHE ÖL THUJON, DAS AUFMERKSAMKEITSSPANNE UND DENKGESCHWINDIGKEIT VERBESSERT.

Dieser pikante Reis ist eine gute Beilage für orientalische Gerichte, passt aber auch gut zum Brathuhn in Kräuterkruste mit Zitronen-Joghurt-Sauce (Seite 166).

Pikanter Würzreis

25 g Mandelblättchen
1 EL Olivenöl nativ extra
1 kleine braune Zwiebel, fein gewürfelt
¼ TL gemahlener Piment
¼ TL gemahlener Zimt
¼ TL gemahlener Koriander
¼ TL gemahlener Kreuzkümmel
¼ TL gemahlene Kurkuma
200 g Langkornreis, gründlich gespült
450 ml salzreduzierte Hühnerbrühe
10 g frische Korianderblätter zum Garnieren

Zubereitungszeit 10 Minuten
Kochzeit 25 Minuten
Personen 4

1 Den Ofen auf 180 °C vorheizen. Die Mandeln gleichmäßig auf einem Backblech ausbreiten und ca. 5 Minuten rösten, bis sie leicht goldbraun werden. Dabei ein- oder zweimal wenden, damit sie gleichmäßig bräunen.

2 Das Öl in einem großen Topf auf niedriger Temperatur erhitzen. Die Zwiebel 10 Minuten darin anschwitzen, bis sie weich ist.

3 Die Temperatur erhöhen. Piment, Zimt, Koriander, Kreuzkümmel, Kurkuma und Reis zugeben und 1–2 Minuten durchrühren, sodass der Reis mit Öl und Gewürzen überzogen ist. Die Brühe angießen und aufkochen. Die Temperatur senken und den Reis 10–12 Minuten köcheln lassen, oder bis er die Flüssigkeit aufgenommen hat.

4 Mit Röstmandeln und Korianderblättern bestreut servieren.

Pro Portion 1132 kJ, 271 kcal, 6 g Eiweiß, 8 g Fett (<1 g gesättigte Fettsäuren), 42 g Kohlenhydrate (2 g Zucker), 1 g Ballaststoffe, 280 mg Natrium

TIPP Anstatt Mandeln könnten Sie auch Pinienkerne verwenden.

PIMENT STAMMT VON EINEM BAUM DER MYRTEFAMILIE. DIE UNREIFEN BEEREN WERDEN NACH DEM PFLÜCKEN GETROCKNET UND ERGEBEN DAS KOCHGEWÜRZ PIMENT, AUCH ALS NELKEN- ODER JAMAIKAPFEFFER BEKANNT. PIMENT ENTHÄLT MINERALSTOFFE WIE EISEN UND MAGNESIUM, DIE DER STOFFWECHSEL BENÖTIGT, UM SEINE ENERGIEPEGEL HOCH ZU HALTEN.

Hier wird Blumenkohl mit anderen „herzgesunden" Zutaten wie Quinoa, Mandeln und Rucola kombiniert. Zimt, Piment und Kreuzkümmel sorgen für den pikanten Kick.

Pikante Quinoa mit Blumenkohl

75 g rote oder schwarze Quinoa oder eine farbige Mischung daraus

½ großer Blumenkohl, in kleine Röschen zerteilt

3 EL Olivenöl

60 g Mandelblättchen

1 braune Zwiebel, in dünne Scheiben geschnitten

2 Knoblauchzehen, zerstoßen

1 TL gemahlener Zimt

1 TL gemahlener Piment

1 TL gemahlener Kreuzkümmel

75 g Rosinen, in heißem Wasser eingeweicht, bis sie vollgesaugt sind

5 Stängel frische glatte oder krause Petersilie, fein gehackt

30 g Rucolablätter

Zubereitungszeit 10 Minuten
Kochzeit 20 Minuten
Personen 4

1. Den Ofen auf 170 °C vorheizen.
2. Die Quinoa in einem engmaschigen Sieb unter fließendem kalten Wasser gründlich spülen. In einem großen Topf in sprudelnd kochendem Wasser 12 Minuten kochen, bis die Körner weich sind. Durch das Sieb abgießen und abkühlen lassen. Gelegentlich durchmischen, damit die Hitze entweichen kann.
3. In der Zwischenzeit den Blumenkohl in 2 Esslöffeln Olivenöl wenden und auf einem Backblech ausbreiten. 15 Minuten rösten, bis er weich und gebräunt ist.
4. Die Mandeln in einer großen Pfanne 5 Minuten trocken rösten, bis sie goldbraun sind. Aus der Pfanne nehmen und beiseitestellen.
5. Das restliche Olivenöl in der Pfanne erhitzen. Zwiebel und Knoblauch darin glasig dünsten. Die Gewürze unterrühren und ca. 3 Minuten mitdünsten, bis sie duften.
6. Quinoa, Blumenkohl und alle restlichen Zutaten unter die Zwiebelmischung heben. Warm oder kalt servieren.

Pro Portion 1322 kJ, 316 kcal, 9 g Eiweiß, 23 g Fett (3 g gesättigte Fettsäuren), 19 g Kohlenhydrate (5 g Zucker), 6 g Ballaststoffe, 24 mg Natrium

PETERSILIE KOCHEN SIE MIT PETERSILIE, WENN SIE DEN ALTERUNGSPROZESS AUFHALTEN WOLLEN. SIE ENTHÄLT REICHLICH ANTIOXIDANTIEN, DIE VOR SCHÄDLICHEN FREIEN RADIKALEN SCHÜTZEN – MOLEKÜLE, DIE AUCH ZU HERZERKRANKUNG, KREBS, OSTEOPOROSE UND DEMENZ BEITRAGEN.

Ein Gericht wie ein Wunschkonzert. Wählen Sie die Gemüsesorten ganz nach Geschmack oder verwenden Sie mehr Brühe, wenn das Curry eher eine Suppe sein soll.

Gemüse-Quinoa-Curry mit Kurkuma und Chili

300 g geschälter Butternusskürbis
1 Steckrübe, geschält
2 mittelgroße Rote-Bete-Knollen, geschält
1 große Karotte, geschält
1 Zwiebel
3 mittelgroße Tomaten
1 EL Tamari (natürlich fermentierte Sojasauce)
Olivenölspray
1 TL Kreuzkümmelsamen
1 TL Fenchelsamen
1 EL Olivenöl
2 Knoblauchzehen, zerstoßen
2,5 cm frischer Ingwer, fein gerieben
1 TL edelsüßes Paprikapulver
1 TL gemahlene Kurkuma
½ TL Chilipulver
1 Prise gemahlener Zimt
200 g Quinoa, gründlich gespült
625 ml salzreduzierte Gemüsebrühe
3 Mangoldblätter, gehackt
80 g Joghurt
1 EL gehackte Minzblätter

Zubereitungszeit 30 Minuten
Kochzeit 1 Stunde
Personen 4

1 Den Ofen auf 180 °C vorheizen. 2 Backbleche mit Backpapier auslegen. Kürbis, Steckrübe, Rote Beten und Karotte in 2–3 cm große Würfel schneiden und auf einem Blech verteilen. Zwiebel und Tomaten grob hacken und auf dem anderen Blech ausbreiten.

2 Blech 1 mit Tamari beträufeln, mit Olivenöl besprühen und durchmischen. Zwiebeln und Tomaten ebenfalls einsprühen. Beides ca. 40 Minuten rösten, bis das Gemüse weich und goldbraun ist.

3 In der Zwischenzeit Kreuzkümmel und Fenchelsamen in einer Pfanne auf mittlerer Temperatur 2 Minuten trocken rösten, bis die Gewürze duften. In Mörser oder Gewürzmühle zu Pulver vermahlen.

4 Das Öl in einem großen Topf erhitzen. Knoblauch, Ingwer und Gewürze darin unter Rühren 1 Minute andünsten. Das Gemüse mit Quinoa und Brühe zugeben. Zugedeckt aufkochen, Hitze reduzieren und 15 Minuten köcheln lassen, bis die Quinoa fast weich ist.

5 Den Mangold unter das Curry heben und 3 Minuten mitgaren, bis er zusammenfällt und die Quinoa gar ist. Joghurt und Minze verrühren und je 1 Klecks auf das in Schüsseln servierte Curry setzen.

Pro Portion 1698 kJ, 406 kcal, 14 g Eiweiß, 11 g Fett (5 g gesättigte Fettsäuren), 64 g Kohlenhydrate (19 g Zucker), 12 g Ballaststoffe, 1022 mg Natrium

TIPP Wenn Sie das Glück haben, Rote Bete mit frischen Blättern zu bekommen, verwenden Sie diese anstelle des Mangolds.

KURKUMA WENN SIE IHR GEHIRN ANKURBELN WOLLEN, SOLLTEN SIE EIN CURRY GENIESSEN. KURKUMA VERLEIHT IHM NICHT NUR WÜRZE, SONDERN SOLL AUCH GEGEN DEMENZ UND DEREN FORTSCHREITEN WIRKEN. DIE ENTZÜNDUNGSHEMMENDE PFLANZE WIRD HEUTE AUCH AUF IHRE POTENZIELLE WIRKUNG GEGEN ARTHRITIS UNTERSUCHT.

Die Gewürzkombination gibt ein wärmendes, ausbalanciertes Aroma mit einem kleinen Chili-Kick als Schlussnote.

GEMÜSE & SALATE

Durch das Rösten, wobei der enthaltene Zucker leicht karamellisiert, treten die Aromen des Gemüses klarer hervor. Die Sommerkräuter Rosmarin und Thymian sind die ideale Ergänzung.

Kräuter-Polenta mit Ratatouille

THYMIAN THYMOL IST EINES DER CHARAKTERISTISCHSTEN ÖLE IM THYMIAN. ES IST EIN WIRKSTARKES ANTIOXIDANS, DAS AUCH BAKTERIEN UND PILZE ABTÖTEN KANN. ES SITZT IN DEN BLÄTTERN UND BLÜTEN DER PFLANZE.

1 große rote Paprikaschote
1 große gelbe Paprikaschote
1 große rote Zwiebel, in Spalten geschnitten
1 mittelgroße Aubergine, in 3 cm große Würfel geschnitten
1 große Zucchini, in 2–3 cm große Würfel geschnitten
250 g Kirschtomaten
1 EL Olivenöl und etwas Öl zum Bestreichen
750 ml salzreduzierte Gemüsebrühe
150 g Polenta (Maisgrieß)
25 g fein geriebener Parmesan
1 EL gehackte Rosmarinnadeln
2 TL Thymianblätter
30 g frischer junger Spinat zum Servieren (nach Geschmack)

Zubereitungszeit 30 Minuten **Kochzeit** 1 Stunde **Personen** 4

1 Den Ofen auf 190 °C vorheizen und 2 Backbleche mit Backpapier auslegen.

2 Die Paprikaschoten in große, flache Stücke schneiden. Kerne und Scheidewände entfernen. Mit der Haut nach oben auf ein Blech legen. Das restliche Gemüse auf dem anderen Blech mischen und mit Öl beträufeln. Darin wenden, damit es gleichmäßig überzogen ist. Beide Bleche in den Ofen schieben.

3 Die Paprika 45 Minuten rösten, bis sie weich sind. Aus dem Ofen nehmen, mit Aluminiumfolie abdecken und abkühlen lassen. Die Paprika häuten. Das Mischgemüse ca. 1 Stunde rösten, bis es weich ist und etwas Farbe angenommen hat.

4 Eine runde Kuchenform (20 cm ⌀) mit Aluminiumfolie auskleiden. Die Brühe in einem mittelgroßen Topf zum Kochen bringen. Den Maisgrieß langsam einrieseln lassen. Dabei ständig in der gleichen Richtung umrühren. Die Temperatur stark senken und die Polenta unter Rühren 5 Minuten dick und cremig kochen. Parmesan und Kräuter unterziehen. In die vorbereitete Kuchenform gießen, glatt streichen und 30 Minuten fest werden lassen.

5 Einen Grill vorheizen. Die Polenta in 8 Stücke schneiden. Mit Öl bestreichen und pro Seite 5 Minuten grillen, bis die Stücke knusprig sind und leichte Grillstreifen haben. Mit Röstgemüse und, falls verwendet, mit Spinat servieren.

Pro Portion 1196 kJ, 286 kcal, 9 g Eiweiß, 10 g Fett (3 g gesättigte Fettsäuren), 40 g Kohlenhydrate (11 g Zucker), 6 g Ballaststoffe, 880 mg Natrium

Kichererbsen-Patties

- 2½ EL Rapsöl
- 1 Zwiebel, fein gehackt
- 2 Knoblauchzehen, zerstoßen
- 2 TL Garam masala
- 1 TL Kreuzkümmelsamen
- 2 Dosen (je 400 g) Kichererbsen, gespült und abgetropft
- 20 g frische Semmelbrösel
- 1 Ei
- 10 g Korianderblätter, gehackt
- Tomaten-Chutney (siehe rechts)
- Kräuter-Avocado-Salat (Seite 73)

Zubereitungszeit 20 Minuten **Kochzeit** 15 Minuten
Personen 4

1. 1 Esslöffel Rapsöl in einer großen Pfanne auf mittlerer Temperatur erhitzen. Die Zwiebel darin 5 Minuten weich und goldgelb anschwitzen. Knoblauch, Garam masala und Kreuzkümmel 1 Minute unter Rühren mitdünsten. Beiseitestellen und leicht abkühlen lassen.
2. Kichererbsen, Semmelbrösel, Ei, Koriander und die Zwiebelmischung in der Küchenmaschine zu einer weitgehend glatten Masse zerkleinern.
3. Den Teig zu 12 gleich großen Talern formen. Eine große Pfanne mit Küchenpapier auswischen und 1 Esslöffel Öl auf mittlerer Temperatur erhitzen. So viele Taler, wie locker in die Pfanne passen, 3–4 Minuten pro Seite darin braten, bis sie goldbraun sind. Auf einen Teller heben und zum Warmhalten locker mit Aluminiumfolie abdecken.
4. Die Taler im restlichen Öl fertig braten. Mit Tomaten-Chutney und Kräuter-Avocado-Salat servieren.

Pro Portion 1140 kJ, 272 kcal, 11 g Eiweiß, 16 g Fett (2 g gesättigte Fettsäuren), 23 g Kohlenhydrate (2 g Zucker), 7 g Ballaststoffe, 359 mg Natrium

Tomaten-Chutney

- 2 EL Olivenöl
- 2 Knoblauchzehen, zerstoßen
- 1 Schalotte, sehr fein gehackt
- 2 EL geriebener frischer Ingwer
- ½ TL Senfkörner
- 125 ml Apfelessig
- 1 Dose (800 g) Pflaumentomaten, abgetropft und gehackt
- 100 g brauner Zucker
- 1 TL gemahlener Kreuzkümmel
- ½ TL getrocknete rote Chiliflocken

Zubereitungszeit 15 Minuten **Kochzeit** 1 Stunde 5 Minuten
Ergibt ca. 500 ml

1. Das Öl in einem großen Topf sanft erhitzen. Knoblauch, Schalotte und Ingwer darin 2–3 Minuten anschwitzen. Die Senfkörner zugeben und 2 Minuten mitgaren.
2. Essig, Tomaten, Zucker, Kreuzkümmel und Chiliflocken unterrühren. Ohne Deckel 45–60 Minuten köcheln lassen, bis die Mischung die Konsistenz von Ketchup hat. Gelegentlich umrühren.
3. Abkühlen lassen, in Schraubgläser löffeln und im Kühlschrank aufbewahren (hält bis zu 2 Wochen).

Pro Portion 311 kJ, 74 kcal, <1 g Eiweiß, 3 g Fett (<1 g gesättigte Fettsäuren), 11 g Kohlenhydrate (11 g Zucker), <1 g Ballaststoffe, 28 mg Natrium

TIPP Senfkörner stammen aus der gleichen antikarzinogen wirkenden Pflanzenfamilie wie Brokkoli und Grünkohl.

GARAM MASALA HEISST, TROTZ SEINES MILDEN GESCHMACKS, „SCHARFE WÜRZMISCHUNG". DAS „SCHARF" BEZIEHT SICH AUF DIE WÄRMENDE WIRKUNG IN DER TRADITIONELLEN AYURVEDA-MEDIZIN. GARAM MASALA SOLL FÜR EINE GUTE VERDAUUNG SORGEN, DIE ENERGIE HOCHHALTEN UND DAS DENKVERMÖGEN STEIGERN.

Kreuzkümmel und Garam masala verbessern den Geschmack der Kichererbsen, Chili im Tomaten-Chutney bringen etwas Schärfe.

Gedämpftes Gemüse mit Salbei-Walnuss-Pilaw

Hier bestimmen Kräuter alle Teile des Gerichts: Das gedämpfte Gemüse wird von Thymian und Oregano verzaubert, Salbei verleiht der Quinoa eine erdige Note und Petersilie macht das Dressing strahlend grün.

- 6 große Zweige frischer Thymian
- 6 große Zweige frischer Oregano
- 300 g Mini- oder Snackkarotten, geputzt, geschält und längs halbiert
- 125 g Spargel, küchenfertig geschält und geputzt
- 250 g Brokkolini (Spargelbrokkoli)
- 200 g gelbe Pattison-Zucchini, in Scheiben (nach Geschmack)

Salbei-Walnuss-Pilaw

- 200 g dreifarbige Quinoa
- 1 EL Olivenöl
- 1 kleine Zwiebel, in feine Scheiben geschnitten
- 450 ml Gemüsebrühe
- 1 EL zerkleinerte Salbeiblätter
- 50 g Walnüsse, geröstet und gehackt

Petersilien-Tahini-Dressing

- 2 EL Zitronensaft
- 1 EL Tahini
- 20 g glatte Petersilienblätter
- 1 kleine Knoblauchzehe

Zubereitungszeit 30 Minuten
Kochzeit 30 Minuten
Personen 4

1. Für den Pilaw die Quinoa in ein feines Sieb füllen. Unter kaltem Wasser gründlich spülen und abtropfen lassen. Das Öl in einem großen Topf mittelstark erhitzen und die Zwiebel darin in ca. 5 Minuten weich dünsten. Quinoa und Brühe unterrühren und aufkochen.

2. Die Temperatur reduzieren und die Quinoa 15–20 Minuten garen, bis sie die Flüssigkeit aufgenommen hat und gar ist. Vom Herd nehmen und abgedeckt 5 Minuten quellen lassen. Salbei und Walnüsse unterheben.

3. Für das Dressing alle Zutaten mit 1 Esslöffel Wasser in der Küchenmaschine cremig aufschlagen. Beiseitestellen.

4. Die Thymian- und Oreganozweige auf dem Einsatz eines Dämpftopfs verteilen. Die Karotten darauflegen, den Deckel aufsetzen und über kochendem Wasser 4 Minuten dämpfen. Das restliche Gemüse zugeben und weitere 3–4 Minuten dämpfen, bis alles Gemüse weich ist.

5. Das Gemüse mit dem Dressing beträufeln und mit der Quinoa servieren.

Pro Portion 1781 kJ, 425 kcal, 16 g Eiweiß, 19 g Fett (5 g gesättigte Fettsäuren), 48 g Kohlenhydrate (10 g Zucker), 12 g Ballaststoffe, 660 mg Natrium

SALBEI TRÄGT DEN GATTUNGSNAMEN *SALVIA*, WAS SO VIEL WIE „GERETTET" HEISST. ER SPIEGELT DEN EINSATZ DER PFLANZE ZUR DESINFEKTION UND ALS SCHMERZSTILLER IN DER VOLKSMEDIZIN WIDER. FRISCHER SALBEI IM ESSEN ODER ALS TEE SOLL SICH WOHLTUEND AUF STIMMUNG UND GEDÄCHTNISLEISTUNG AUSWIRKEN.

Dieses aromatische Reisgericht ist eine großartige Beilage zu Fleisch oder Geflügel. Mit ein paar Erbsen, Linsen oder schwarzen Bohnen wird aus dem Reis eine eigenständige, sättigende vegetarische Mahlzeit.

Portugiesischer Reis

- 1 EL Olivenöl
- ½ Zwiebel, gewürfelt
- 3 Knoblauchzehen, zerstoßen
- 1 grüne oder rote Paprikaschote, gewürfelt
- ⅛ TL getrocknete rote Chiliflocken
- 1 Tomate, gehackt
- ½ TL Paprikapulver
- frisch gemahlener schwarzer Pfeffer
- 200 g Basmatireis, gespült
- 1 Lorbeerblatt
- 1 EL fein gehackte frische Petersilienblätter
- 1 EL fein gehackte Korianderblätter

Zubereitungszeit 10 Minuten
Kochzeit 20 Minuten
Personen 4

1. Das Öl auf schwacher Hitze in einem großen Topf erhitzen. Die Zwiebel darin 2–3 Minuten anschwitzen, bis sie glasig wird. Knoblauch und Paprika unterrühren und 5 Minuten mitdünsten. Chiliflocken, Tomate, Paprika und Pfeffer dazugeben und 1–2 Minuten weiterdünsten, bis die Tomate weich, aber nicht verkocht ist.

2. Den Basmatireis, 375 ml Wasser und das Lorbeerblatt unterrühren. Nach Geschmack mit weiterem Pfeffer würzen. Die Temperatur erhöhen, bis das Wasser stark kocht, dann wieder senken und den Reis mit Deckel 20 Minuten garen, bis er das Wasser komplett aufgenommen hat und weich ist.

3. Petersilie und Koriander unterziehen und den Reis mit einer Gabel auflockern.

Pro Portion 809 kJ, 193 kcal, 6 g Eiweiß, ‹1 g Fett (‹1 g gesättigte Fettsäuren), 41 g Kohlenhydrate (2 g Zucker), 2 g Ballaststoffe, 6 mg Natrium

TIPP Mit Peri-Peri-Brathuhn servieren (Seite 134).

KNOBLAUCH ALLICIN (IM KNOBLAUCH) UND QUERCETIN (IN ZWIEBELN) SENKEN ERWIESENERMASSEN DAS „SCHLECHTE" LDL-CHOLESTEROL IM BLUT. DIE WÜRZKOMBINATION KÖNNTE HELFEN, DAS RISIKO FÜR HERZ-KREISLAUF-ERKRANKUNGEN UND SCHLAGANFÄLLE ZU SENKEN.

Servieren Sie dieses herzhafte Gericht mit Reis als Hauptmahlzeit. Auch lateinamerikanische Gerichte wie Carne asada (Seite 91) schmecken hervorragend dazu.

Bohnen mit Speck, Schalotten und Räucherpaprika

- 1 EL Rapsöl oder mildes Olivenöl
- 3 große asiatische rote Schalotten (125 g), geschält und in feine Scheiben geschnitten
- 2 Knoblauchzehen, zerstoßen
- 1 EL Räucherpaprika
- 60 g Frühstücksspeck oder Pancetta, gewürfelt
- 1 Dose (400 g) schwarze Bohnen oder 165 g Trockenbohnen, gekocht
- 30 g Korianderkrautwurzeln und -stängel, gehackt
- 25 g Petersilienstängel, gehackt

Zubereitungszeit 10 Minuten
Kochzeit 10 Minuten
Personen 4 als Beilage

1. Das Öl auf mittlerer Temperatur in einem großen Topf erhitzen. Die Schalotten in ca. 5 Minuten darin glasig dünsten. Den Knoblauch zugeben und 1 Minute weiterdünsten.
2. Paprika und Speckwürfel unterziehen und unter Rühren ca. 2 Minuten mitbraten, bis das Fett ausgelassen ist.
3. Die Bohnen zugeben und 2 Minuten mitgaren, bis sie durcherhitzt und gut vermengt sind.
4. Die Kräuter unterheben und servieren.

Pro Portion 852 kJ, 204 kcal, 16 g Eiweiß, 7 g Fett (1 g gesättigte Fettsäuren), 33 g Kohlenhydrate (2 g Zucker), 15 g Ballaststoffe, 218 mg Natrium

RÄUCHERPAPRIKA ENTSTAMMT DER GLEICHEN FAMILIE WIE GEMÜSEPAPRIKA UND CHILISCHOTEN. DIE SCHOTEN WERDEN DAFÜR GERÄUCHERT, GETROCKNET UND VERMAHLEN. ER ENTHÄLT EINE REIHE ANTIOXIDATIVER KAROTINOIDE, DIE IHM AUCH DIE KRÄFTIGE FARBE VERLEIHEN.

Diese Gewürzkombination ist mild und süß. Geben Sie eine Prise Cayennepfeffer zu, wenn Sie mehr Schärfe wünschen, oder reichen Sie Harissa-Paste, die jeder selbst portioniert, zu dem Gericht.

Marokkanisches Gemüse mit Kräuter-Couscous

- 1 EL Olivenöl
- 1 Zwiebel, quer und längs halbiert
- 2 TL fein geriebener frischer Ingwer
- 1 TL gemahlener Koriander
- 1 TL gemahlener Kreuzkümmel
- ½ TL gemahlene Kurkuma
- ¼ TL gemahlener Piment
- 500 ml Gemüsebrühe
- je 1 große Karotte und Pastinake, in dicke Stifte geschnitten
- 400 g Süßkartoffeln, gewürfelt
- 1 große rote Paprikaschote, in 3 cm große Stücke geschnitten
- 150 g grüne Bohnen, küchenfertig geputzt und halbiert
- 100 g Joghurt
- 2 EL Mandelblättchen, geröstet

Kräuter-Couscous

- 200 g Couscous
- 2 TL Olivenöl nativ extra
- 2 TL fein abgeriebene Schale einer Bio-Zitrone
- 10 g frische Korianderkrautblättchen, gehackt

Zubereitungszeit 30 Minuten
Kochzeit 30 Minuten
Personen 4

1. Das Öl in einem schweren Topf auf mittlerer Temperatur erhitzen. Die Zwiebel ca. 5 Minuten darin dünsten, dann Ingwer und Gewürze unterrühren und 30 Minuten unter Rühren weitergaren.

2. Die Brühe angießen und den Bodensatz vom Topfboden lösen. Karotte und Pastinake dazugeben, den Deckel aufsetzen und die Brühe zum Köcheln bringen. Nach 5 Minuten Süßkartoffeln und Paprika zugeben, weitere 10 Minuten später die Bohnen. Nochmals 5 Minuten garen, bis das Gemüse weich ist.

3. In der Zwischenzeit den Couscous in eine große ofenfeste Schüssel füllen und mit 300 ml kochendem Wasser aufgießen. Dicht verschließen und 5 Minuten quellen lassen, bis er das ganze Wasser aufgenommen hat. Mit Olivenöl beträufeln und mit Zitronenschale bestreuen. Mit einer Gabel auflockern. Etwas abkühlen lassen, dann die Korianderblättchen unterziehen.

4. Das Gemüse auf dem Couscous anrichten. Mit einem Klecks Joghurt garnieren und mit einigen Mandeln bestreuen.

Pro Portion 1205 kJ, 288 kcal, 8 g Eiweiß, 12 g Fett (3 g gesättigte Fettsäuren), 38 g Kohlenhydrate (14 g Zucker), 5 g Ballaststoffe, 727 mg Natrium

TIPP Das Gericht als Hauptgericht mit 1 Dose Kichererbsen servieren oder als Beilage zu gegrilltem Huhn, Rind oder Lamm.

KORIANDERKRAUT UND -KÖRNER ENTHALTEN MINERALSTOFFE WIE EISEN, DAS WICHTIG FÜR DIE ENERGIEVERSORGUNG DES KÖRPERS DURCH DAS BLUT IST. DIE ANTIOXIDANTIEN IM KORIANDER HELFEN, DAS KARDIOVASKULÄRE SYSTEM ZU SCHÜTZEN UND DEN BLUTDRUCK ZU REGULIEREN.

GEMÜSE & SALATE   63

Quinoa hat einen tollen Biss und ist der ideale Proteinlieferant für diese frische Kombination aus Minze und Feta. Zerkleinern Sie nur die großen Minzblätter und verwenden Sie die kleinen ganz.

Zucchinisalat mit Quinoa und Minze

200 g Quinoa
2 große Zucchini
20 g frische Minzblätter, zerzupft
100 g fettreduzierter Feta, zerkrümelt
2 EL Olivenöl nativ extra
2 TL fein abgeriebene Schale von 1 Bio-Zitrone
1½ EL Zitronensaft
½ TL getrocknete rote Chiliflocken

Zubereitungszeit 15 Minuten **Kochzeit** 12 Minuten **Personen** 6

1 Die Quinoa in einem feinen Sieb unter fließendem kalten Wasser gründlich spülen, dann in sprudelnd kochendem Wasser in 12 Minuten weich garen. Abgießen und abkühlen lassen. Einige Male auflockern, damit die Hitze entweichen kann.

2 Die Zucchini mit einem Julienneschäler in Streifen schneiden oder grob raspeln. Mit Quinoa, Minze und Feta in einer Schüssel vermengen.

3 Für das Dressing Öl sowie Zitronenschale und -saft mit den Chiliflocken in ein Schraubglas füllen, fest verschließen und durch Schütteln gut vermengen. Unter den Salat ziehen.

Pro Portion 950 kJ, 227 kcal, 10 g Eiweiß, 11 g Fett (5 g gesättigte Fettsäuren), 23 g Kohlenhydrate (1 g Zucker), 4 g Ballaststoffe, 187 mg Natrium

TIPP Den Salat als Beilage zu Lamm oder Huhn servieren oder Kichererbsen für ein vegetarisches Hauptgericht unterheben.

MINZE EINE NÄHRSTOFFREICHE ERNÄHRUNG IST WICHTIG, AUCH WENN MAN SICH NICHT SO GUT FÜHLT. DIESES LEICHTE, ERFRISCHENDE GERICHT ENTHÄLT DURCH DIE QUINOA VIEL EIWEISS UND DAZU LINDERNDE, ENTZÜNDUNGSHEMMENDE MINZE. MINZE KANN ZUDEM GEGEN ÜBELKEIT HELFEN – ROH VERZEHRT UND AUCH IN FORM VON MINZÖL IN DER AROMATHERAPIE.

Linsen-Petersilien-Salat mit geschmorten Tomaten

200 g Kirschtomaten am Stengel
200 g Puy-Linsen oder eine ähnliche Sorte
1 Lorbeerblatt
2 EL Olivenöl nativ extra
1 EL Weißweinessig
1 TL Dijonsenf
1 kleine, rote Zwiebel, fein gehackt
1 großes Bund (75 g) glatte Petersilie, Blättchen abgezupft
1 EL frische Estragonblätter, gehackt
125 g Ziegenkäse, zerkrümelt
Vollkornbaguette zum Servieren

Zubereitungszeit 30 Minuten **Kochzeit** 45 Minuten
Personen 4

1 Den Ofen auf 160 °C vorheizen. Ein Backblech mit Backpapier auslegen und die Tomaten darauf verteilen. In ca. 45 Minuten weich schmoren. Abkühlen lassen.

2 Die Linsen spülen und abtropfen lassen. In einem Topf kochendem Wasser mit dem Lorbeerblatt in 20–25 Minuten weich garen. Abgießen und abkühlen lassen.

3 Öl, Essig und Senf in ein Schraubglas füllen. Verschließen und schütteln, bis ein cremiges Dressing entsteht.

4 Linsen, Zwiebel, Petersilie, Estragon und Ziegenkäse in einer großen Schüssel mischen. Das Dressing vorsichtig unterziehen. Den Salat auf Teller verteilen und mit den Tomaten belegen. Mit Weißbrot servieren.

Pro Portion 1382 kJ, 330 kcal, 19 g Eiweiß, 20 g Fett (8 g gesättigte Fettsäuren), 21 g Kohlenhydrate (3 g Zucker), 8 g Ballaststoffe, 207 mg Natrium

TIPP Wenn Sie keinen frischen Estragon bekommen, ersetzen Sie den Weißweinessig durch Estragonessig.

Tomaten-Bocconcini-Salat mit Basilikumöl

40 g frische Basilikumblätter
20 g glatte Petersilienblätter
80 ml Olivenöl nativ extra
500 g reife Tomaten, in Scheiben geschnitten
125 g Boccincini (kleine Mozzarella-Kugeln), in Hälften gezupft
frisch gemahlener schwarzer Pfeffer
Vollkornbaguette zum Servieren

Zubereitungszeit 20 Minuten zzgl. 2 Stunden Abtropfzeit **Kochzeit** keine **Personen** 6

1 Eine Schüssel mit Eiswasser bereitstellen. Basilikum und Petersilie in eine ofenfeste Form legen und mit kochendem Wasser übergießen. 30 Sekunden ziehen lassen, abgießen und in das Eiswasser kippen, damit die Blätter schnell abkühlen. Aus der Schüssel nehmen und zwischen Küchenpapier trocknen. Dabei das überschüssige Wasser ausdrücken.

2 Die Kräuter mit dem Öl in einer kleinen Küchenmaschine fein zerhacken. Durch ein Sieb 2 Stunden in eine Schüssel abseihen, bis das Öl durchgelaufen ist.

3 Tomaten und Bocconcini auf einer Servierplatte anrichten. Mit dem Öl beträufeln und mit Pfeffer würzen. Das Brot dazu reichen und die Sauce damit auftunken.

Pro Portion 681 kJ, 163 kcal, 5 g Eiweiß, 15 g Fett (4 g gesättigte Fettsäuren), 2 g Kohlenhydrate (2 g Zucker), 1 g Ballaststoffe, 66 mg Natrium

TIPP Sie können die Kräuter mit dem Löffelrücken ausdrücken, um noch mehr Öl zu gewinnen. Arbeiten Sie aber vorsichtig, um nicht zu viele feste Teile mit durchzudrücken.

PETERSILIE DIE VOLKSMEDIZIN VERWENDET PETERSILIE SCHON LANGE BEI MAGENBESCHWERDEN. NEUERE STUDIEN ZEIGEN EBENSO, DASS PETERSILIE EFFEKTIV GEGEN SODBRENNEN, ÜBELKEIT UND ERBRECHEN HILFT. DAZU KÖNNTE DAS KRAUT AUCH GEGEN EXTREM HOHEN BLUTZUCKER WIRKSAM SEIN.

Mit Kräutern aromatisierte Öle sind toll für Salate. Verwenden Sie Basilikumöl für den Tomatensalat und ersetzen Sie beim Linsensalat frischen Estragon und Weißweinessig durch Estragonessig.

Durch frische Kräuter gewinnt jeder Kartoffelsalat. Wir verwenden Petersilie und Salbei; Dill, Estragon, Schnittlauch oder Minze würden sich auch eignen. Wer's knackig mag, gibt Stangensellerie oder gehackte Walnüsse dazu.

Kartoffel-Eier-Salat

1 kg kleine, gleichmäßig große neue Kartoffeln
3 kleine Eier, Raumtemperatur
20 g glatte Petersilienblätter, gehackt
2 EL grob gehackte Salbeiblätter
2 EL gehackter Schnittlauch
Saft von 1 Zitrone
200 g Crème fraîche
sehr frische Petersilien- und Salbeiblätter zum Garnieren

Zubereitungszeit 10 Minuten
Kochzeit 15 Minuten
Personen 6–8

1 Die Kartoffeln in einem großen Topf, mit kaltem Wasser bedeckt, aufsetzen. Aufkochen und in 10–15 Minuten weich garen. Abgießen und kurz abkühlen lassen.

2 In der Zwischenzeit die Eier in einem kleinen Topf mit kaltem Wasser aufkochen. Die Temperatur reduzieren und 8 Minuten köcheln lassen. Vom Herd nehmen, mit kaltem Wasser im Topf abschrecken, damit sie nicht weitergaren. Etwas abkühlen lassen, schälen und halbieren.

3 Kartoffeln und Eier in eine große Schüssel geben. Für das Dressing Petersilie, Salbei, Schnittlauch, Zitronensaft und Crème fraîche verrühren. Das Dressing über die Kartoffeln und Eier gießen und vorsichtig unterheben. Den Salat mit Petersilie und Salbei bestreut servieren.

Pro Portion 1167 kJ, 279 kcal, 8 g Eiweiß, 17 g Fett (11 g gesättigte Fettsäuren), 24 g Kohlenhydrate (2 g Zucker), 5 g Ballaststoffe, 48 mg Natrium

TIPP Für einen farbenfrohen Salat lila Kartoffeln und (orangefarbene) Süßkartoffeln anstatt der Eier verwenden. Als Alternative zur Crème fraîche bieten sich Sauerrahm, Joghurt oder Eiermayonnaise an.

SALBEI WIRKT ENTZÜNDUNGSHEMMEND UND ANTIMIKROBIELL. DIE KRÄUTERMEDIZIN SETZT IHN GEGEN HALSSCHMERZEN EIN. ER SOLL AUCH EINEN POSITIVEN EFFEKT AUF GEIST, GEDÄCHTNIS UND DIE STIMMUNG HABEN. SALBEI IST EINE GUTE QUELLE FÜR VITAMIN A, FOLAT, CALCIUM, EISEN UND DIE B-VITAMINE.

GEMÜSE & SALATE

Safran verleiht dem Salat Farbe und ein unverwechselbares, leicht süßes Aroma. Safran kommt ursprünglich wohl aus Griechenland; heute ist er eine häufige Zutat in nordafrikanischen und orientalischen Gerichten.

Hähnchen-Fenchel-Salat

2 Hähnchenbrüste (je 300 g), ohne Haut
1 Romanasalat, Blätter in mundgerechte Stücke zerzupft
1 Fenchelknolle, in sehr feine Scheiben geschnitten (Fenchelgrün aufheben)
6 Radieschen, in sehr feine Scheiben geschnitten
2 EL frische Kerbelblätter
50 g Granatapfelkerne

Orangen-Safran-Vinaigrette

2 Orangen
1 TL Honig
¼ TL Safranfäden
1 EL Olivenöl nativ extra
2 TL Weißweinessig

Zubereitungszeit 25 Minuten **Kochzeit** 15 Minuten **Personen** 4

1. Für die Vinaigrette von der Orange die Schale inklusive der weißen Haut schneiden. Dabei die Frucht in der Handfläche über einer Schüssel halten, um den Saft aufzufangen. Mit einem kleinen, scharfen Messer die „Filets" aus den Häutchen lösen und für den Salat beiseitestellen. Die Orangenreste fest in der Hand ausdrücken. 2 Esslöffel Saft abmessen und mit dem Honig in einer kleinen Schüssel verrühren. In einem kleinen Topf oder in der Mikrowelle leicht anwärmen und den Safran zugeben. Bis zur weiteren Verwendung ziehen lassen.
2. In der Zwischenzeit das Hähnchenfleisch in einem Topf mit simmerndem Wasser legen. Nochmals leicht aufkochen und auf kleiner bis mittlerer Hitze 15 Minuten garen. Auf einen Teller legen und etwas abkühlen lassen, dann zerzupfen.
3. Salatblätter, Fenchel, Radieschen, Orangenfilets und das Hähnchen auf einem Servierteller anrichten.
4. Die Orangen-Safran-Mischung mit Öl und Essig aufschlagen und über den Salat träufeln. Den Salat mit Kerbel, Granatapfelkernen und dem Fenchelgrün bestreut servieren.

Pro Portion 1270 kJ, 303 kcal, 34 g Eiweiß, 13 g Fett (3 g gesättigte Fettsäuren), 12 g Kohlenhydrate (12 g Zucker), 4 g Ballaststoffe, 125 mg Natrium

TIPP Wenn Ihr Fenchel kein Grün mehr hat, verwenden Sie 1 Esslöffel Dill.

FENCHEL IST EIN WINTERHARTES, BALLASTSTOFFREICHES KRAUT. ES ENTHÄLT VITAMIN C, DAS FÜR DIE ZELLGESUNDHEIT UND DAS IMMUNSYSTEM DES KÖRPERS WICHTIG IST. VITAMIN C WIRKT IM KÖRPER AUCH ALS ANTIOXIDANS UND SCHÜTZT GEHIRN, HAUT UND DAS HERZ-KREISLAUF-SYSTEM VOR SCHADEN.

Dieser Salat ist eine leichte vegetarische Hauptmahlzeit oder eine schöne Beilage zu Fleischgerichten. Er ist im ganzen Mittelmeerraum und im Nahen Osten beliebt und hat ein warmes, nussiges Aroma.

Warmer Kichererbsensalat

150 g getrocknete Kichererbsen
1 EL Olivenöl
1 TL gemahlener Kreuzkümmel
½ TL mildes Paprikapulver
¼ TL Chilipulver
250 g Kirschtomaten, halbiert
1 kleine, rote Zwiebel, halbiert und in feine Scheiben geschnitten
1 rote Paprikaschote, in dünne Streifen geschnitten
60 g junger Spinat
2 TL Rotweinessig
frische glatte Petersilienblätter zum Garnieren

Zubereitungszeit 20 Minuten zzgl. Einweichzeit über Nacht
Kochzeit 45 Minuten
Personen 4

1. Die Kichererbsen in einer großen Schüssel mit reichlich Wasser bedecken und 8 Stunden oder über Nacht einweichen. Abgießen und in einen großen Topf umfüllen. Mit kaltem Wasser aufgießen, aufkochen und 40 Minuten garen, bis sie weich sind. Abgießen und gründlich abtropfen lassen.

2. Das Öl in einer Pfanne auf mittlerer Temperatur erhitzen. Gewürze und Kichererbsen zugeben und 2 Minuten in der Pfanne umrühren und durchschwenken. In eine große Schüssel umfüllen und etwas abkühlen lassen.

3. Die restlichen Zutaten außer der Petersilie zugeben und durch Schwenken vermischen. Mit Petersilie bestreuen und servieren.

Pro Portion 785 kJ, 187 kcal, 8 g Eiweiß, 7 g Fett (<1 g gesättigte Fettsäuren), 25 g Kohlenhydrate (6 g Zucker), 8 g Ballaststoffe, 23 mg Natrium

TIPP Wenn Sie lieber Kichererbsen aus der Dose verwenden, sollten Sie eine Marke ohne Salz wählen. Vor der Verwendung abgießen, dann mit Schritt 2 weitermachen.

KREUZKÜMMELSAMEN GEHÖREN ZUR PETERSILIENFAMILIE, MIT ANDEREN ANIS-VERWANDTEN WIE FENCHEL UND DILL. DAS ÖL DIESER SAATEN KANN DIE VERDAUUNG BERUHIGEN. GEMAHLENER KREUZKÜMMEL ENTHÄLT ZUDEM EISEN FÜR GESUNDES BLUT UND IMMUNABWEHR. KREUZKÜMMEL LIEFERT REICHLICH VITAMIN C GEGEN ERKÄLTUNGEN UND GRIPPE.

Eine leichtere Version dieses Traditionsrezepts erhalten Sie, wenn Sie Grüngemüse wie Mangold oder Grünkohl mit Knoblauch und Chili einige Minuten in etwas Olivenöl dünsten. Mit einem Spritzer Zitronensaft servieren.

Senfblätter nach Südstaatenart

4 Bund braune Senfblätter, Rote-Bete- oder Grünkohlblätter, Stängel ausgeschnitten und in Stücke gezupft

50 g fetter Speck oder Entenfett

250 ml Brühe, idealerweise salzige Schinkenbrühe

½ TL weißer Pfeffer

1 TL brauner Zucker oder Zuckerrohr-Melasse

Zubereitungszeit 15 Minuten
Kochzeit 2–3 Stunden
Personen 6

1. Das Blattgemüse im Spülbecken oder in einer Schüssel mit viel Wasser waschen und mindestens 10 Minuten einweichen. Mit frischem Wasser abspülen und abtropfen lassen.

2. Das Fett in einem großen, schweren Topf mit Deckel zerlassen. Das Blattgemüse einlegen und rundum im Fett wenden.

3. Die Hälfte der Brühe angießen. Mit Pfeffer und Zucker würzen, den Deckel aufsetzen und die Hitze so niedrig wie möglich stellen. 2–3 Stunden sanft köcheln lassen. Regelmäßig umrühren und gegebenenfalls Brühe nachgießen. Der Topfboden muss immer bedeckt sein. Das Gemüse sollte zum Schluss völlig weichgekocht sein, mit kräftigem Speckaroma. Zu einer Mahlzeit im Südstaatenstil servieren.

Pro Portion 951 kJ, 227 kcal, 8 g Eiweiß, 14 g Fett (4 g gesättigte Fettsäuren), 24 g Kohlenhydrate (<1 g Zucker), 5 g Ballaststoffe, 309 mg Natrium

TIPP Das Gemüse zu Brathuhn mit Salsa nach Südstaatenart (Seite 146) servieren. Brauner Senf ist ein Kind der nährstoffreichen *Brassicaceae*-Familie, zu der alle Kohlarten gehören. Der hohe Vitamin-C-Gehalt verliert sich in diesem Gericht zwar beim langen Kochen, doch viele andere Antioxidantien bleiben erhalten, inklusive Indol, Sulforaphan, Karotin, Lutein, Zeaxanthin und der Flavonoide. Blattgemüse enthält zudem viel Eisen.

WEISSER PFEFFER HILFT, DIE VERDAUUNG ZU VERBESSERN. ER STIMULIERT DIE GESCHMACKSKNOSPEN, WAS DIE VERDAUUNGSSÄFTE MIT ANREGT. AUSSERDEM KANN ER ÜBELKEIT LINDERN UND LIEFERT MANGAN, EISEN, VITAMIN K UND BALLASTSTOFFE.

Frischer Sauerampfer sorgt in diesem wunderbaren Beilagensalat für ein zitronenfrisches Aroma, das gut zur Avocado passt. Servieren Sie ihn zu Kichererbsen-Patties und Tomaten-Chutney (Seite 54).

Kräuter-Avocado-Salat mit Sauerampfer und Petersilie

2 EL Olivenöl nativ extra
1½ EL Zitronensaft
1 kleine Knoblauchzehe, angedrückt
1 Avocado
1 Bund (100 g) Sauerampfer, Blätter zerzupft
½ Eichblattsalat
20 g frische glatte Petersilienblätter

Zubereitungszeit 10 Minuten
Kochzeit keine
Personen 6

1. Öl, Zitronensaft und Knoblauch in einer kleinen Schüssel verrühren und 10 Minuten ziehen lassen, damit sich die Aromen verbinden.

2. Die Avocado halbieren und entsteinen. Das Fruchtfleisch aus der Schale lösen und klein schneiden. Sauerampfer, Salatblätter und Petersilie in einer Schüssel vermengen. Die Avocadostücke darauflegen.

3. Das Dressing, ohne die Knoblauchzehe, über den Salat träufeln. Unterheben und sofort servieren.

Pro Portion 610 kJ, 146 kcal, 1 g Eiweiß, 15 g Fett (3 g gesättigte Fettsäuren), 1 g Kohlenhydrate (<1 g Zucker), 1 g Ballaststoffe, 4 mg Natrium

TIPP Das Rezept mit frischen Kräutern aus dem Garten abwandeln. Pflücken Sie die Kräuter, wenn sie am besten sind, und verwenden Sie sie sofort.

SAUERAMPFER HAT EIN HERB-ZITRONIGES AROMA UND EINE KONSISTENZ WIE SPINAT. ALS PASTE AUF DIE HAUT AUFGETRAGEN WIRD ER IN DER VOLKSMEDIZIN TRADITIONELL GEGEN HAUTAUSSCHLÄGE, HAUTINFEKTIONEN UND FIEBERBLÄSCHEN EINGESETZT. SAUERAMPFER ENTHÄLT ANTIOXIDANTIEN UND VITAMIN C. BEIDES HILFT, INFEKTIONEN VON INNEN HERAUS ZU BEKÄMPFEN.

Diese leuchtenden Farben der italienischen Amalfiküste finden sich in der Keramik wieder.

Traditionen, regionale Zutaten und viel Leidenschaft kennzeichnen die italienische Küche.

Der **Mittelmeerraum**

Die über Tausende Jahre tradierte mediterrane Küche schöpft aus dem Überfluss an Sonne und Schätzen des Meeres. Aus unzähligen Kräutern und Gemüsesorten enstanden aromareiche Kombinationen, wie Tomaten und Basilikum, Spinat und Oregano oder Rosmarin und Salbei. Fisch und andere Meerestiere gibt es reichlich – gefüllt, aus dem Ofen oder gegrillt, im Ganzen oder zerteilt, wie in der berühmten französischen Bouillabaisse. Jeder Anrainerstaat prägte seine eigene mediterrane Heimküche, die aus einfachen Zutaten stilprägende Gerichte entwickelte: sättigende Pasta in Italien und bäuerliche Gerichte mit Schafskäse in Griechenland; kühn gewürzte Suppen in Spanien und perfekt geschmorte Hähnchengerichte, superbe Saucen und Omelettes in Frankreich.

Die griechische Insel Santorin ist ein Fest für alle Sinne.

Rind,
& Sc

Lamm
hwein

Pho ist eine Rindernudelsuppe aus dem Norden Vietnams. Sie steckt voller nährstoffreicher Aromastoffe und Kräuter, wie dem Vietnamesischen Koriander.

Pho

600 g Kurzrippensteak vom Rind
2 ganze Sternanisfrüchte
2 TL fein geriebener frischer Ingwer
2 Knoblauchzehen, zerstoßen
60 ml salzreduzierte Sojasauce
150 g Glasnudeln
90 g Bohnensprossen
20 g frische Korianderblätter (ca. 5 Zweige)
20 g Blätter von frischem Vietnamesischen Koriander (ca. 5 Zweige)
2 Frühlingszwiebeln, in dünne Scheiben geschnitten
1 frische, lange rote Chili, in dünne Scheiben geschnitten
2 EL Fischsauce
Limettenspalten zum Servieren

Rinderbrühe

1 kg Rinderknochen
1 Zwiebel, grob gehackt
1 Stange Staudensellerie, grob gehackt
1 mittelgroße Karotte, grob gehackt

Zubereitungszeit 20 Minuten
Kochzeit 4 Stunden 10 Minuten
Personen 4

1 Für die Rinderbrühe den Ofen auf 200 °C vorheizen. Die Knochen auf einem Backblech 1 Stunde bräunen. Knochen, Zwiebel, Sellerie, Karotte und 3,5 l Wasser in einem großen Topf aufkochen. Die Temperatur reduzieren und mit Deckel 2 Stunden simmern lassen. Zwischendurch den Schaum abschöpfen. Die Brühe durch ein mit Küchenmusselin ausgelegtes Sieb abseihen. (Alternativ die Brühe aus Suppenwürfeln für 1,5 l Rinderbrühe zubereiten.)

2 Die Brühe mit weiteren 500 ml Wasser zurück in den Topf füllen und erhitzen. Rindfleisch, Sternanis, Ingwer, Knoblauch und Sojasauce zugeben und aufkochen. Die Temperatur reduzieren und mit Deckel 30 Minuten köcheln lassen. Deckel abnehmen und 30 Minuten weiterköcheln lassen, bis das Rindfleisch zart ist.

3 In der Zwischenzeit die Nudeln in einer ofenfesten Form mit kochendem Wasser übergießen und 5 Minuten ziehen lassen. Sprossen, beide Korianderarten, Frühlingszwiebeln und Chili in einer mittelgroßen Schüssel vermengen.

4 Das Rindfleisch aus dem Topf heben. Die Brühe nochmals durch Musselin abseihen und die Feststoffe entfernen. Das Fleisch von Fett und Sehnen entfernen, dünn aufschneiden und in die Brühe geben. Aufkochen und die Fischsauce unterrühren. Die Nudeln auf Suppenschalen aufteilen und die Brühe hineinschöpfen. Die Sprossenmischung darüberstreuen und die Suppe mit Limettenspalten servieren.

Pro Portion 11876 kJ, 448 kcal, 46 g Eiweiß, 10 g Fett (4 g gesättigte Fettsäuren), 42 g Kohlenhydrate (4 g Zucker), 2 g Ballaststoffe, 3461 mg Natrium

VIETNAMESISCHER KORIANDER HEISST AUCH LAKSA-KRAUT, WEGEN SEINER VERWENDUNG IN DER SUPPE „LAKSA". ER WIRD TRADITIONELL VON MÖNCHEN VERWENDET, UM GELASSENHEIT ZU FÖRDERN UND DIE LIBIDO EINZUBREMSEN. UNKLAR IST ALLERDINGS, OB ER DAS WIRKLICH TUT. SEINE ÄTHERISCHEN ÖLE HABEN MIT SICHERHEIT EINE ENTZÜNDUNGSHEMMENDE WIRKUNG.

Vietnamesischer Koriander ist ein intensives, pfeffriges und spitzblättriges Kraut, das Sie in Asien-Shops bekommen.

Grüne Pfefferkörner geben Rindfleisch ein scharfwürziges, frisches Aroma. Sie sind milder als schwarzer Pfeffer. Im Handel gibt es sie getrocknet oder eingelegt.

Roastbeef mit grünem Pfeffer

GRÜNER PFEFFER
GRÜNER PFEFFER WIRD UNREIF GEERNTET; GETROCKNET ERGIBT ER SCHWARZE PFEFFERKÖRNER. GETROCKNETER GRÜNER PFEFFER BLEIBT DURCH KONSERVIERUNGSMITTEL ODER GEFRIERTROCKNUNG FRISCH. BEIDE VARIANTEN ENTHALTEN ÄHNLICHE MENGEN AN ANTIOXIDANTIEN UND ANTIBAKTERIELLEN STOFFEN UND WIRKEN VERDAUUNGSFÖRDERND.

10 g getrocknete grüne Pfefferkörner
1,5 kg Rinderfilet (oder Lendenbraten), Fett und Sehnen entfernt
3 EL Olivenöl
gedämpfter Spargel und gelbe Pattison-Zucchini (Ufo-Zucchini) zum Servieren
frischer Schnittlauch, gehackt, zum Servieren

Meerrettichcreme
200 g Crème fraîche
2 EL gehackter frischer Schnittlauch oder Rosmarin
1 EL fein geriebener frischer Meerrettich oder Meerrettich aus dem Glas
fein abgeriebene Schale und Saft von ½ Bio-Zitrone

Zubereitungszeit 20 Minuten **Kochzeit** 45 Minuten zzgl. Ruhezeit **Personen** 6–8

1   Den Ofen auf 160 °C vorheizen. Den grünen Pfeffer grob mahlen oder zerstoßen.

2   Die Filetspitzen einschlagen, damit der Filetstrang gleichmäßig dick wird und in 5-cm-Abständen mit Küchengarn abbinden. Mit 2 Esslöffel Öl bestreichen und im Pfeffer wälzen. Den Pfeffer so festdrücken, dass er kleben bleibt.

3   Das restliche Öl in einer großen, schweren Pfanne auf starker Temperatur erhitzen. Das Rind einlegen und rundum anbräunen, ca. 1–2 Minuten pro Seite.

4   Den Braten auf einen Rost legen und über einem Backblech einschieben. Braten, bis das Fleisch den gewünschten Gargrad erreicht hat (35 Minuten für rare; 45 Minuten für medium). Herausnehmen und locker mit Aluminiumfolie abdecken. Vor dem Aufschneiden zum Ruhen beiseitestellen.

5   Für die Meerrettichcreme die Crème fraîche mit Schnittlauch, Meerrettich sowie Zitronenschale und -saft in einer Schüssel verrühren.

6   Das Roastbeef in dicke Scheiben schneiden. Mit der Creme und dem gedämpften Gemüse servieren. Schnittlauchröllchen dazu reichen.

Pro Portion 2261 kJ, 540 kcal, 54 g Eiweiß, 35 g Fett (2 g gesättigte Fettsäuren), 2 g Kohlenhydrate (1 g Zucker), <1 g Ballaststoffe, 137 mg Natrium

TIPP Alternativ können Sie das Rind ohne Pfeffer rösten und mit Grüner-Pfeffer-Sauce servieren. Dafür das Rindfleisch nach Schritt 3 aus der Pfanne nehmen. Die Temperatur auf mittlere Hitze reduzieren und den Bratensatz in der Pfanne mit 60 ml Rotwein lösen. 1–2 Minuten einkochen. 125 ml Rinderbrühe oder Wasser zugießen und 3–4 Minuten reduzieren. 50 g eingelegten grünen Pfeffer ohne die Flüssigkeit und 125 g Crème fraîche unterrühren. 1 Minute durchkochen, dann die Sauce über das Fleisch löffeln und servieren.

Zugegeben, diese Cannelloni machen etwas Arbeit. Doch es lohnt sich, besonders wenn man für viele kocht.

Cannelloni mit Käsesauce

375 g frische Lasagneblätter
Tomaten-Oregano-Sauce (Seite 295)

Rindfleischfüllung

2 EL Olivenöl

750 g Rinderhack

1 große Zwiebel, fein gehackt

1 mittelgroße Karotte, fein gewürfelt

1 Dose (400 g) gehackte Tomaten

250 ml salzreduzierte Rinderbrühe

1 EL frische gehackte Oreganoblättchen

1 EL frische gehackte Rosmarinnadeln

Käsesauce

60 ml Olivenöl

50 g Weizenmehl

250 ml Milch

250 ml salzreduzierte Hühner- oder Gemüsebrühe

1 TL gemahlene Muskatnuss

150 g Cheddar, gerieben

25 g Parmesan, fein gerieben

Zubereitungszeit 40 Minuten zzgl. 10 Minuten Ruhezeit
Kochzeit 1 Stunde **Personen** 6–8

1. Für die Rindfleischfüllung 1 Esslöffel Öl in einer Pfanne mit hohem Rand stark erhitzen. Das Rinderhack ca. 2 Minuten darin anbraten. Die Flüssigkeit verkochen lassen und das Fleisch unter Rühren ca. 2 Minuten weiterbraten, bis es bräunt. In eine Schüssel umfüllen und beiseitestellen.

2. Die Temperatur auf mittlere Hitze reduzieren. Die Pfanne erneut erhitzen. 1 Esslöffel Öl, Zwiebel und Karotten zufügen und 2 Minuten anschwitzen, bis die Zwiebel weich ist. Tomaten und Fleisch zugeben und gut unterrühren. Die Brühe angießen, Oregano und Rosmarin einrühren. Auf niedriger bis mittlerer Temperatur ohne Deckel 15 Minuten köcheln lassen, bis der Großteil der Flüssigkeit verkocht ist.

3. Für die Käsesauce Öl und Mehl auf mittlerer Hitze in einem Topf unter Rühren ca. 30 Sekunden erhitzen. Milch und Brühe langsam zugießen und alles zu einer glatten Masse verrühren. Mit Muskatnuss würzen. Weiterrühren, bis die Sauce aufkocht und andickt. Vom Herd nehmen und den Käse unterziehen.

4. Den Ofen auf 180 °C vorheizen. 2 Esslöffel Rindfleischfüllung in einer großen, rechteckigen Auflaufform verstreichen.

5. Jedes Lasagneblatt quer halbieren. Auf ein Brett legen und je 50 g Rindfleischfüllung auf eine Kante häufeln. Die Pasta mit der Füllung aufrollen und in die Form legen. Alle Lasagneblätter auf diese Weise verarbeiten.

6. Die Tomaten-Oregano-Sauce über die Pasta gießen, bis sie bedeckt ist. Die Käsesauce darübergießen. Die Form locker mit Aluminiumfolie abdecken. Die Cannelloni 20 Minuten backen, dann ohne Folie weitere 15 Minuten bräunen. Aus dem Ofen nehmen und vor dem Servieren 10 Minuten ruhen lassen.

Pro Portion 3464 kJ, 827 kcal, 48 g Eiweiß, 35 g Fett (12 g gesättigte Fettsäuren), 80 g Kohlenhydrate (15 g Zucker), 9 g Ballaststoffe, 784 mg Natrium

TIPP Braten Sie das Rinderhack etwas trockener, als Sie es normalerweise für Pastasauce tun würden. Die Cannelloni lassen sich dann leichter füllen und aufrollen. Wenn Sie die Lasagneblätter in Frischhaltefolie wickeln und in der Mikrowelle auf 850 Watt (Hoch) 1 Minute erhitzen, lassen sie sich leichter trennen.

MAJORAN FALLS SIE SICH BEIM ÄLTERWERDEN GEDANKEN ÜBER KNOCHENDICHTE UND DEMENZ MACHEN, SOLLTEN SIE MIT MAJORAN (*ORIGANUM MAJORANA*) WÜRZEN, DA ER SEHR VIEL VITAMIN K ENTHÄLT.

Frischer Oregano und Rosmarin geben der Fleischfüllung und der Tomatensauce eine schöne Kräuternote; Muskatnuss verfeinert die reichhaltige Käsesauce.

Es gibt viele Zubereitungsmethoden für Chili. Experimentieren Sie, um Ihr eigenes Lieblingsrezept zu finden. Dunkle, bittersüße Schokolade gibt pikanten Gerichten eine schöne Aromanote und passt gut zu Chili.

Chili con Carne

150 g getrocknete schwarze Bohnen
2 TL Pflanzenöl
1,5 kg Kurzrippensteak vom Rind, küchenfertig gesäubert, in 2 cm große Würfel geschnitten
1 Zwiebel, fein gehackt
1 rote Paprikaschote, fein gehackt
3 TL gemahlener Kreuzkümmel
3 TL gemahlener Koriander
1 TL Chilipulver
½ TL Räucherpaprika
1 Dose (400 g) gewürfelte Tomaten
250 ml salzreduzierte Rinderbrühe
1 TL getrockneter Oregano
20 g dunkle Schokolade (80 % Kakaoanteil), gehackt
300 g Langkornreis
frische Korianderblätter zum Servieren

Zubereitungszeit 30 Minuten zzgl. Einweichzeit über Nacht
Kochzeit 1 Stunde 50 Minuten
Personen 6

1 Die Bohnen in einer großen Schüssel mit reichlich kaltem Wasser bedecken. 8 Stunden oder über Nacht einweichen. Abgießen und in einem großen Topf mit kaltem Wasser zum Kochen bringen. 50 Minuten köcheln lassen, bis sie gar sind. Gründlich abgießen.

2 1 Teelöffel Öl in einem großen Topf stark erhitzen und das Fleisch in 3–4 Portionen ca. 3 Minuten pro Portion braten. Wenden, bis es rundum gebräunt ist. Beiseitestellen.

3 Die Temperatur auf mittlere Hitze reduzieren. Das restliche Öl, Zwiebel und Paprika zugeben und 5 Minuten braten, bis die Zwiebel weich und goldbraun ist. Gelegentlich umrühren. Kreuzkümmel, Koriander, Chili und Paprika unterrühren und ½ Minute weiterbraten. Tomaten und Brühe einrühren.

4 Das Fleisch zurück in die Pfanne geben und den Oregano unterrühren. Auf sehr kleiner Temperatur zugedeckt ca. 1 Stunde garen. Gelegentlich umrühren. Die Bohnen 30 Minuten mitgaren. Kurz vor dem Servieren die Schokolade unterrühren.

5 Den Reis in einem großen Topf Wasser 15 Minuten sprudelnd garen, bis er weich ist, dann abgießen. Das Chili, mit Koriander bestreut, mit dem Reis servieren.

Pro Portion 2612 kJ, 624 kcal, 58 g Eiweiß, 15 g Fett (6 g gesättigte Fettsäuren), 65 g Kohlenhydrate (5 g Zucker), 6 g Ballaststoffe, 342 mg Natrium

TIPP Bei Dosenbohnen brauchen Sie 1 Dose (400 g), ohne weiteres Salz. Vor Verwendung spülen und abtropfen lassen.

PAPRIKASCHOTEN UND CHILIPAPRIKA GEHÖREN, WIE DIE GIFTIGE SCHWARZE TOLLKIRSCHE, ZUR FAMILIE DER NACHTSCHATTENGEWÄCHSE. SIE SIND JEDOCH BEIDE NICHT GIFTIG – IM GEGENTEIL: DURCH IHREN HOHEN ANTEIL AN ANTIOXIDANTIEN UND VITAMINEN SIND SIE EINE GESUNDE ERGÄNZUNG DES SPEISEPLANS.

Kümmel passt gut zu den süßen, salzigen, scharfen und betörenden Aromen vieler Gerichte nach Shanghai-Art. In diesem Rezept geht er mit Rindfleisch, Karotten und Frühlingszwiebeln eine fabelhafte Liaison ein.

Rindfleisch „Shanghai" mit Karotten und Kümmel

500 g Rumpsteak
3 TL Öl
1 EL Kümmelsamen
1 große Karotte, geschält und in sehr feine Streifen geschnitten
8 cm frischer Ingwer, geschält und in sehr feine Streifen geschnitten
1 kleine, rote Chili, halbiert, entkernt und fein gehackt
1 EL salzreduzierte Sojasauce
1 EL Hoisin-Sauce
1 EL Sesamöl
4 Frühlingszwiebeln, in sehr feine Streifen geschnitten
gedämpfter Reis oder Kopfsalatblätter zum Servieren

Zubereitungszeit 15 Minuten
Kochzeit 10 Minuten
Personen 4

1 Das Fleisch in dünne Scheibchen oder Streifen schneiden und mit 2 Teelöffel Öl vermengen. Einen Wok oder eine schwere Pfanne stark erhitzen. Das restliche Öl 10 Sekunden darin heiß werden lassen und den Kümmel 30 Sekunden andünsten, bis er duftet. Karotte, Ingwer und Chili unterrühren. 1 Minute rühren, dann in eine Schüssel umfüllen.

2 Den Wok erneut stark erhitzen und das Fleisch in 3 Portionen jeweils 2–3 Minuten braten. Die fertigen Portionen beiseitestellen und den Wok jeweils wieder neu erhitzen.

3 Das Rindfleisch zurück in den Wok geben und unter Rühren die Soja- und Hoisin-Sauce unterrühren (1 Minute). Karotte, Ingwer, Chili und Kümmel zugeben und ½ Minute durcherhitzen. Sesamöl und Frühlingszwiebeln unterheben. Sofort mit Reis oder in die Salatblätter gehäuft servieren.

Pro Portion 1205 kJ, 288 kcal, 29 g Eiweiß, 16 g Fett (4 g gesättigte Fettsäuren), 8 g Kohlenhydrate (4 g Zucker), 3 g Ballaststoffe, 337 mg Natrium

TIPP Beim Pfannenrühren den Wok immer stark aufheizen und erneut erhitzen, bevor Sie Fleisch oder Gemüse portionsweise zugeben. Dadurch gart und bräunt das Fleisch gleichmäßig, und das Gemüse bleibt knackig und behält seine Farbe.

KÜMMEL ENTHÄLT VIELE BALLASTSTOFFE, ABER AUCH REICHLICH MINERALSTOFFE WIE EISEN, MAGNESIUM UND ZINK ZUR AUFRECHTERHALTUNG DER ENERGIELEVEL.

Dieses hocharomatische Schmorgericht ist typisch für die Eintöpfe Nordchinas. Das süße Aroma von Sternanis spielt oft eine Hauptrolle in den Speisen der Region und verleiht ihnen einen unvergleichlichen Geschmack.

Geschmorte Rinderrippchen in Schwarze-Bohnen-Sauce

1 kg kurze Rinderrippchen, in zwei Teilen
1 EL Öl
1 kleine Zwiebel, fein gehackt
3 große Knoblauchzehen, in feine Scheiben geschnitten
2 Stücke frischer Ingwer (je ca. 6 cm), geschält und in dünne Scheiben geschnitten
125 g Schwarze-Bohnen-Paste
80 ml chinesischer Reiswein
1 EL salzreduzierte Sojasauce
500 ml salzreduzierte Rinderbrühe
3 ganze Sternanisfrüchte
frisch gemahlener schwarzer Pfeffer
½ Bund frischer Schnittknoblauch, gehackt, zum Servieren
gedämpfter Reis, asiatisches grünes Wokgemüse und Enoki-Pilze zum Servieren

Zubereitungszeit 20 Minuten
Kochzeit 2 Stunden 45 Minuten
Personen 4

1. Den Ofen auf 200 °C vorheizen. Die Rippchen 30 Minuten auf einem Blech im Ofen bräunen. Herausnehmen und die Temperatur auf 180 °C reduzieren. Die Rippchen in 3 oder 4 Stücke teilen.

2. Das Öl in einer großen, feuerfesten Kasserolle auf schwacher bis mittlerer Temperatur erhitzen. Die Zwiebel hineingeben und 1–2 Minuten anschwitzen, bis sie weich ist. Gelegentlich umrühren. Knoblauch und Ingwer zugeben und 1 Minute mitdünsten.

3. Bohnenpaste, Reiswein, Sojasauce und Brühe einrühren. Aufkochen und die Temperatur wieder stark reduzieren. Den Sternanis zugeben und kräftig pfeffern. Die Rippchen in die Kasserolle legen und mit der Sauce vermengen. Mit Deckel im Ofen ca. 2 Stunden garen, bis das Fleisch sehr weich ist. Gelegentlich umrühren und, falls nötig, Wasser angießen, sodass die Rippchen gerade bedeckt sind.

4. Den Deckel abnehmen und weitere 15 Minuten im Ofen schmoren, um die Sauce etwas einzukochen. Mit dem Schnittknoblauch garnieren. Dazu gedämpften Reis, Wokgemüse und Enoki-Pilze servieren.

Pro Portion 1599 kJ, 382 kcal, 31 g Eiweiß, 18 g Fett (5 g gesättigte Fettsäuren), 18 g Kohlenhydrate (9 g Zucker), 2 g Ballaststoffe, 2260 mg Natrium

STERNANIS DIE SHIKIMISÄURE VON STERNANIS UND DAS QUERCETIN IN DEN ZWIEBELN ERGEBEN HIER EINE SPEZIELLE KOMBINATION AUS ANTIOXIDANTIEN. IN EINER STUDIE TESTETEN ITALIENISCHE WISSENSCHAFTLER SHIKIMISÄURE ALLEINE UND IN KOMBINATION MIT QUERCETIN UND STELLTEN FEST, DASS NUR BEIDES ZUSAMMEN DIE IMMUNREAKTION DES KÖRPERS VERBESSERTE.

Hamburger sind beliebter denn je. Wir verwenden hier frischwürzige Kräuter, scharfen Ingwer und wärmende Gewürze, aber andere Kombinationen sind auch einen Versuch wert.

Kräuter-Burger

- 3 dicke Scheiben Weißbrot
- 500 g mageres Rinderhack
- 1 kleine, rote Zwiebel, fein gehackt
- 3 EL frische glatte Petersilie, gehackt
- 3 EL frische Oreganoblättchen, gehackt
- 1 EL frische Rosmarinnadeln, gehackt
- 1 Knoblauchzehe, zerstoßen
- 4 cm frischer Ingwer, geschält und fein gerieben
- 1 EL Olivenöl oder Olivenölspray
- 2 TL zerstoßener schwarzer Pfeffer
- 2 TL Kreuzkümmelsamen
- Saatenbrötchen, Salatblätter, Tomatenscheiben, Zwiebelringe und Joghurt zum Servieren

Zubereitungszeit 15 Minuten zzgl. 25 Minuten Ruhezeit
Kochzeit 15 Minuten
Personen 6

1 Das Weißbrot entrinden und in kleine Stückchen zerzupfen. In einer Schüssel mit 125 ml Wasser übergießen. 10 Minuten beiseitestellen, bis das Brot die meiste Flüssigkeit aufgesogt hat. Mit einer Gabel zu einer geschmeidigen Masse verarbeiten.

2 Hackfleisch, Zwiebel, Kräuter, Knoblauch und Ingwer in eine große Schüssel geben und mit der Brotmasse vermischen. Nicht zu lange kneten, sonst werden die Burger zäh.

3 Den Fleischteig mit feuchten Händen zu 6 möglichst gleich großen Bällchen rollen und vorsichtig flach drücken. Leicht mit Öl bestreichen oder besprühen. Jeden Burger mit einer Mischung aus Pfeffer und Kreuzkümmel bestreuen und im Kühlschrank in 10 bis 15 Minuten fest werden lassen.

4 Einen Grill oder eine Grillpfanne auf mittlere bis starke Temperatur aufheizen. Die Burger einlegen und die Temperatur auf mittleren Hitze reduzieren. Pro Seite 6–7 Minuten braten, bzw. bis das Fleisch gründlich durchgegart ist. Nur einmal wenden. Auf den Saatenbrötchen mit Salat, Tomate, Zwiebeln und Joghurt servieren.

Pro Portion 759 kJ, 181 kcal, 19 g Eiweiß, 7 g Fett (3 g gesättigte Fettsäuren), 11 g Kohlenhydrate (<1 g Zucker), 2 g Ballaststoffe, 141 mg Natrium

TIPP Versuchen Sie verschiedene frische Kräuter, wie frische Minze oder Korianderkraut, und gemahlenen Kreuzkümmel oder Piment im Fleisch.

OREGANO KRÄUTER UND GEWÜRZE IM BURGER KÖNNEN HELFEN, DIE GESUNDHEIT ZU SCHÜTZEN. IN EINER NEUEREN UNTERSUCHUNG GAB MAN KRÄUTER UND GEWÜRZE ZUM FLEISCHTEIG. DER GEHALT AN KARZINOGENEN VERBINDUNGEN WIE MALONDIALDEHYD, GEBILDET BEIM HOLZKOHLE- ODER PFANNENGRILLEN, SANK DADURCH.

Mexikanischer Oregano ist nicht mit der Mittelmeervariante verwandt, sondern eine Pflanzenart der Eisenkrautgewächse.

RIND, LAMM & SCHWEIN

Carne asada bedeutet „gegrilltes Fleisch". Traditionellerweise ist damit Rindfleisch gemeint, gewürzt mit Kreuzkümmel, Mexikanischem Oregano und Chilipulver.

Carne asada

- 4 Rindersteaks je 225 g, wie Flanksteak, Porterhouse- oder ausgelöstes Rib-Eye-Steak
- 4 weiche Weizen- oder Maistortillas, zum Servieren angewärmt
- Blattsalat und frische Korianderblätter zum Servieren

Mexikanische Marinade
- 2 TL gemahlener Kreuzkümmel
- 2 TL Cayennepfeffer, Chilipulver oder Chipotle-Pulver (geräucherte Jalapeño-Schoten)
- 2 TL getrockneter Oregano oder Mexikanischer Oregano
- 2 TL getrockneter Thymian
- 2 TL Knoblauchpulver
- ½ TL frisch gemahlener schwarzer Pfeffer

Salsa
- 2 EL Olivenöl nativ extra
- 1 kleine Knoblauchzehe, zerstoßen
- 1 TL Kreuzkümmelsamen
- 100 g rote Gemüsepaprika oder Pimiento-de-Padrón-Chilis, in Scheiben geschnitten
- 1 eingelegte Jalapeño-Pfefferschote, fein gehackt
- fein abgeriebene Schale und Saft von 2 Bio-Limetten
- 15 g Korianderblätter

Zubereitungszeit 20 Minuten zzgl. 10 Minuten Marinierzeit
Kochzeit 10 Minuten
Personen 4

1. Die Steaks, wenn nötig, zuschneiden und von Fett und Sehnen befreien. Die Marinadezutaten in einer kleinen Schüssel vermengen. Mit den Fingern in die Steaks massieren. 10 Minuten marinieren oder über Nacht im Kühlschrank einlegen.

2. Eine Grillpfanne stark vorheizen. Die Steaks auflegen und ohne Wenden garen, bis sie auf der Oberseite zu „schwitzen" beginnen. Die Steaks wenden und bis zum gewünschten Gargrad fertig grillen. Mit der Fleischzange den Gargrad überprüfen: Sie sind rare (blutig), wenn das Fleisch sehr weich ist, und medium, wenn es elastisch, aber noch weich ist. (Flanksteaks können zäh werden, wenn man sie zu lange brät; medium ist ausreichend.)

3. Die Steaks vom Grill nehmen und 4 Minuten ruhen lassen. In der Zwischenzeit die Salsa-Zutaten in einer Schüssel verrühren. Die Steaks dünn gegen die Faser aufschneiden. Den Bratensaft und die Salsa darüberträufeln. Mit Tortillas, Salatstreifen und Korianderblättern servieren.

Pro Portion 1965 kJ, 469 kcal, 54 g Eiweiß, 27 g Fett (8 g gesättigte Fettsäuren), 7 g Kohlenhydrate (1 g Zucker), 2 g Ballaststoffe, 310 mg Natrium

TIPP Das Geheimnis dieses Rezepts ist, wie bei allen Steakzubereitungen, die Ruhezeit. Der Fleischsaft, der sich beim Garen in der Mitte des Fleischstücks sammelt, kann sich in wenigen Minuten wieder gleichmäßig im Fleisch verteilen. Die Steaks werden saftiger und zarter. Auch beim Aufschneiden tritt dann nur sehr wenig Fleischsaft aus.

CHIPOTLE-CHILIS PIMIENTO DE PADRÓN UND CHIPOTLE SIND CHILISORTEN. WIE ALLE MITGLIEDER DER PAPRIKAFAMILIE HABEN SIE EINEN HOHEN GEHALT AN KAROTINOIDEN, DIE VOR ALTERSBEDINGTER SEHSCHWÄCHE SCHÜTZEN.

Zitronengras ist in der asiatischen Küche weit verbreitet, in Indien wird es auch gegen Erkältungen und Husten eingesetzt. Es schmeckt zart zitronig und kann getrocknet und vermahlen oder frisch verwendet werden.

Rindfleischspieße vom Grill

1 Stängel Zitronengras, nur den blassen Teil, in feine Ringe geschnitten
1 frische, lange rote Chilischote, grob gehackt
2,5 cm frischer Ingwer, geschält und grob gehackt
2 Knoblauchzehen, halbiert
2 EL Limettensaft
1 EL geriebener Palmzucker, Jaggery-Zucker oder brauner Rohrohrzucker
1 EL Fischsauce
1 EL Pflanzenöl
700 g Rumpsteak, in 3 cm große Würfel geschnitten
Olivenölspray
Limettenspalten zum Servieren
8 Holz- oder Bambusspieße

Zubereitungszeit 15 Minuten zzgl. 6 Stunden Marinierzeit **Kochzeit** 10 Minuten **Personen** 4

1 Zitronengras, Chili, Ingwer und Knoblauch in der Küchenmaschine oder im Mixer zu einer groben Paste verarbeiten. Limettensaft, Zucker, Fischsauce und Öl dazugießen und cremig pürieren. Die Marinade mit etwas Wasser strecken, falls sie zu dick erscheint.

2 Das Fleisch in einer mittelgroßen Schüssel mit der Marinade vermengen. Abdecken und im Kühlschrank 6 Stunden oder über Nacht ziehen lassen.

3 Holz- oder Bambusspieße 30 Minuten in Wasser einweichen, damit sie beim Grillen nicht verbrennen.

4 Eine Grillpfanne auf mittlere bis starke Temperatur aufheizen. Das Fleisch auf die Spieße stecken und leicht mit Öl besprühen. 8–10 Minuten bis zum gewünschten Gargrad grillen, dabei 2- bis 3-mal wenden. Mit Limettenspalten servieren.

Pro Portion 1219 kJ, 291 kcal, 39 g Eiweiß, 13 g Fett (4 g gesättigte Fettsäuren), 6 g Kohlenhydrate (4 g Zucker), ‹1 g Ballaststoffe, 540 mg Natrium

TIPP Die Spieße passen gut zu gedämpftem Reis und gedämpften Zuckerschoten. Mehr Saté-Charakter bekommen Sie durch 2 Esslöffel grobe Erdnussbutter und 80 ml Kokoscreme in der Marinade.

ZITRONENGRAS WIRD DERZEIT AUF SEINE WIRKUNG IN DER KREBSBEHANDLUNG UNTERSUCHT. ES LIEFERT CITRAL, DAS AUCH IN ZITRUSFRÜCHTEN ENTHALTEN IST. ES SCHEINT DAZU BEIZUTRAGEN, DAS WACHSTUM ABNORMALER ZELLEN IM KÖRPER ZU STOPPEN.

Sie können das Fleisch auch auf geviertelte Zitronengrasstängel stecken.

Steaks mit Chimichurri und Süßkartoffel-Wedges

Chimichurri ist eine pikante argentinische Würzzubereitung, die zu jedem Fleisch serviert werden kann. Den Oregano könnten Sie auch durch Korianderkraut ersetzen.

- 3 kleine, längliche Süßkartoffeln (je ca. 175 g)
- Olivenölspray
- 1 TL Räucherpaprika
- 1 TL Zwiebelpulver
- 4 Porterhouse- oder Rib-Eye-Steaks, küchenfertig
- gemischte Blattsalate zum Servieren

Chimichurri

- 1 Bund (75 g) frische glatte Petersilie, Blätter fein gehackt
- 1 Bund (25 g) frischer Oregano, Blätter fein gehackt
- 3 Knoblauchzehen, fein gehackt
- 60 ml Olivenöl nativ extra
- 1½ EL Weißweinessig
- 1 TL getrocknete rote Chiliflocken
- frisch gemahlener schwarzer Pfeffer

Zubereitungszeit 25 Minuten
Kochzeit 30 Minuten
Personen 4

1. Den Ofen auf 200 °C vorheizen. Ein Backblech mit Backpapier auslegen. Die Süßkartoffeln längs vierteln, dann jedes Stück quer halbieren. Auf dem Backblech verteilen und leicht mit Öl besprühen. Paprika und Zwiebelpulver vermengen und über die Kartoffeln streuen, dann die Stücke darin wenden. Die Kartoffelstücke gleichmäßig auf dem Blech verteilen und 30 Minuten backen, bis sie weich und leicht gebräunt sind.

2. Für das Chimichurri alle Zutaten in einer kleinen Schüssel verrühren. Nach Geschmack pfeffern. Abdecken und beiseitestellen.

3. Eine schwere Pfanne auf mittlerer bis starker Temperatur erhitzen. Die Steaks mit Öl besprühen und 2–3 Minuten medium oder bis zum gewünschten Gargrad braten. Auf einen vorgewärmten Teller legen, locker mit Aluminiumfolie abdecken und 5 Minuten ruhen lassen. Die Steaks mit Chimichurri, Süßkartoffelspalten und Salatblättern servieren.

Pro Portion 1459 kJ, 348 kcal, 23 g Eiweiß, 20 g Fett (4 g gesättigte Fettsäuren), 20 g Kohlenhydrate (8 g Zucker), 4 g Ballaststoffe, 68 mg Natrium

TIPP Das Chimichurri bis zu 1 Stunde im Voraus zubereiten und bei Zimmertemperatur ziehen lassen, damit sich die Aromen gut vermengen. Die Reste abdecken und bis zu 3 Tage im Kühlschrank aufbewahren.

OREGANO, AUCH WILDER MAJORAN ODER GEMEINER OREGANO (*OREGANUM VULGARE*), ENTHÄLT DIE ANTIBAKTERIELLEN ÖLE THYMOL UND CARVACROL. THYMOL HAT AUCH STARKE ANTIOXIDATIVE EIGENSCHAFTEN UND SCHÜTZT DEN KÖRPER VOR ZELLSCHÄDEN, DIE CHRONISCHE ERKRANKUNGEN, KREBS ODER DEMENZ BEGÜNSTIGEN KÖNNTEN.

Das Gericht aus den amerikanische Südstaaten wird hier mit weniger Zucker und ganz ohne Salz zubereitet. Das langsame Garen ergibt einen unschlagbaren Geschmack.

Sweet Pulled Beaf

- 1 Zwiebel, in feine Scheiben geschnitten
- 1 Dose (400 g) stückige Tomaten
- 1 EL Apfelessig
- 1 EL reiner Ahornsirup
- 2 Knoblauchzehen, zerstoßen
- 1 frisches oder getrocknetes Lorbeerblatt
- 2 TL gemahlener Kreuzkümmel
- ½ TL Cayennepfeffer
- 1 kg Rinderschulter, küchenfertig
- 8 Vollkorn-Weizenbrötchen und Barbecuesauce zum Servieren

Kohlsalat

- 125 g Weißkohl, fein zerkleinert
- 1 kleine Karotte, grob gerieben
- 1 EL Joghurt
- 1 EL fettreduzierte Vollei-Mayonnaise
- 1 EL frischer Schnittlauch, gehackt

Zubereitungszeit 20 Minuten
Kochzeit 5 Stunden 15 Minuten
Personen 8

1. Den Ofen auf 140 °C vorheizen. Zwiebel, Tomaten, Essig und Ahornsirup sowie 125 ml Wasser in einen Bräter füllen.
2. Knoblauch und Gewürze vermengen und das Fleisch rundum damit einreiben. In den Bräter setzen und diesen mit Aluminiumfolie dicht verschließen. Den Braten 5 Stunden schmoren, bis man das Fleisch mit einer Gabel zerpflücken kann.
3. Für den Kohlsalat alle Zutaten in einer Schüssel vermischen.
4. Den Braten auf einen Teller legen und mit der Folie abdecken. Den Bratenfond mit allen Zutaten aus dem Bräter vorsichtig in einen mittelgroßen Topf gießen. Auf starker Hitze zum Kochen bringen und ohne Deckel 15 Minuten reduzieren und andicken lassen.
5. In der Zwischenzeit das Fleisch zurück in den Bräter legen und mit zwei Gabeln zerpflücken. Fett abschneiden und wegwerfen. Den reduzierten Bratenfond darübergießen und untermischen, bis das Fleisch gleichmäßig bedeckt ist. Das Pulled Beef auf den Brötchen verteilen, den Kohlsalat darauf arrangieren und mit Barbecuesauce servieren.

Pro Portion 797 kJ, 190 kcal, 28 g Eiweiß, 6 g Fett (3 g gesättigte Fettsäuren), 7 g Kohlenhydrate (6 g Zucker), 2 g Ballaststoffe, 133 mg Natrium

TIPP Dies ist eine großartige Methode, um viele Gäste satt zu bekommen. Die Kochzeit ist zwar lang, aber das Gericht gart quasi von alleine. Traditionell verwendet man Ochsenbrust, die Schulter funktioniert aber auch und ist weniger fett. Mit guter gekaufter oder selbst gemachter Barbecuesauce servieren (siehe Seite 295).

CAYENNEPFEFFER ERHÄLT MAN DURCH TROCKNEN UND VERMAHLEN LANGER SCHARFER CHILISCHOTEN. WIE ANDERE PAPRIKA ENTHALTEN SIE VITAMINE, MINERALSTOFFE UND ANTIOXIDANTIEN. DAS CAPSAICIN DER CHILIS IST EIN GUTES ÄUSSERLICH AUFZUTRAGENDES SCHMERZMITTEL, DA ES DIE NERVEN DARAN HINDERT, SCHMERZSIGNALE ZU ÜBERTRAGEN.

Gulasch braucht Paprika, für Farbe und Geschmack. Edelsüßes Paprikapulver schmeckt mild-fruchtig und nicht so pikant wie scharfes Paprikapulver.

Kalbsgulasch

EDELSÜSSES PAPRIKAPULVER GEWINNT MAN AUS GETROCKNETEN, VERMAHLENEN GEMÜSEPAPRIKA DER *CAPSICUM*-FAMILIE, VON MILD BIS SCHARF. SEINE FARBE DEUTET AUF EINEN HOHEN GEHALT AN KAROTINOIDEN HIN, ZU DENEN AUCH DIE AUGENSCHÜTZENDEN ANTIOXIDANTIEN LUTEIN UND ZEAXANTHIN GEHÖREN.

3 TL Olivenöl
1 kg Kalbsschulter ohne Knochen, in 3 cm große Stücke geschnitten
1 Zwiebel, halbiert und in Scheiben geschnitten
1 grüne Paprikaschote, entkernt und Scheidewände entfernt, gehackt
2 Knoblauchzehen, zerstoßen
1 EL edelsüßes Paprikapulver
1 TL Kümmelsamen
2 EL Tomatenmark
250 ml salzreduzierte Rinderbrühe
800 g Kartoffeln, geschält und in 4 cm große Stücke geschnitten
2 Karotten, geschält und in dicke Scheiben geschnitten
80 g saure Sahne
1 EL Schnittlauchröllchen
Weißbrot zum Servieren

Zubereitungszeit 25 Minuten **Kochzeit** 2 Stunden 15 Minuten **Personen** 4

1. 2 Teelöffel Öl in einem großen Topf stark erhitzen und das Fleisch in 3 Portionen darin anbräunen. Das angebratene Fleisch auf einem Teller zwischenlagern.
2. Das restliche Öl erhitzen. Zwiebel und Paprika darin auf mittlerer Temperatur in 5 Minuten weich dünsten. Knoblauch, Paprikapulver und Kümmel, dann das Tomatenmark je 30 Sekunden einrühren.
3. Das Fleisch wieder in den Topf geben und die Brühe angießen. Zugedeckt kurz bis an den Kochpunkt bringen. Die Temperatur stark reduzieren und das Gulasch mit Deckel 1 Stunde köcheln lassen. Kartoffeln und Karotten unterheben, erneut zum Köcheln bringen und alles 1 weitere Stunde zugedeckt köcheln lassen, bis das Gemüse weich ist.
4. Das Gulasch mit saurer Sahne und Schnittlauch als Topping servieren und das Brot zum Auftunken der Sauce dazu reichen.

Pro Portion 2273 kJ, 543 kcal, 66 g Eiweiß, 16 g Fett (6 g gesättigte Fettsäuren), 34 g Kohlenhydrate (6 g Zucker), 6 g Ballaststoffe, 465 mg Natrium

Gremolata ist ein traditioneller Begleiter zu Ossobuco. Sie passt aber auch zu allen anderen reichhaltigen, langsam geschmorten Fleischgerichten, denen sie eine frische Note gibt.

Ossobuco mit Polenta und Gremolata

6 Beinscheiben vom Kalb (ca. 2 kg)
50 g Weizenmehl
2 EL Olivenöl
1 Zwiebel, fein gehackt
1 große Karotte, gewürfelt
2 Stangen Staudensellerie, gewürfelt
2 Knoblauchzehen, zerstoßen
250 ml Weißwein
1 Dose (400 g) stückige Tomaten
250 ml salzreduzierte Rinderbrühe
1 Zweig frischer Rosmarin (ca. 8 cm)

Polenta
250 ml Milch
250 ml Wasser
1 Lorbeerblatt
85 g feinkörnige Polenta (Maisgrieß)

Gremolata
20 g frische glatte Petersilienblätter, fein gehackt
fein abgeriebene Schale von 1 Bio-Zitrone
2 Knoblauchzehen, fein gehackt

Zubereitungszeit 35 Minuten
Kochzeit 2 Stunden 20 Minuten
Personen 6

1 Den Ofen auf 160 °C vorheizen. Die Beinscheiben vom Fett befreien und mit einem scharfen Messer außen etwas einschneiden, damit das Fleisch sich nicht aufrollt. Dünn mit Mehl bestäuben und wieder abklopfen. Das Öl in einem Bräter mittelstark erhitzen und die Beinscheiben portionsweise darin anbräunen, ca. 2 Minuten pro Seite. Beiseitestellen.

2 Die Temperatur etwas reduzieren. Zwiebel, Karotte und Sellerie ins Öl geben und in ca. 5 Minuten weich dünsten. Gelegentlich umrühren. Den Knoblauch 1 Minute mitdünsten. Den Wein angießen und in 5 Minuten auf die Hälfte reduzieren. Den Bratensatz lösen, Tomaten, Brühe und Rosmarin zugeben. Das Fleisch wieder in den Bräter legen und mit Deckel in 2 Stunden sehr weich schmoren.

3 Für die Gremolata Petersilie, Zitronenschale und Knoblauch vermengen.

4 Kurz vor dem Servieren Milch, Wasser und Lorbeerblatt in einem großen Topf an den Kochpunkt bringen. Die Temperatur reduzieren und den Grieß einrieseln lassen, dabei immer in der gleichen Richtung rühren. 5 Minuten weiterrühren, bis die Polenta cremig durchgekocht ist. Das Fleisch auf der Polenta anrichten und mit Gremolata bestreut servieren.

Pro Portion 1662 kJ, 397 kcal, 41 g Eiweiß, 12 g Fett (5 g gesättigte Fettsäuren), 23 g Kohlenhydrate (6 g Zucker), 3 g Ballaststoffe, 436 mg Natrium

PETERSILIE WENN SIE WEGEN KREBS IN SORGE SIND, ESSEN SIE REGELMÄSSIG PETERSILIE. SIE IST NICHT NUR DAS BELIEBTESTE KRAUT DER WELT MIT VIEL VITAMIN A, C UND EISEN, SONDERN ENTHÄLT AUCH VERBINDUNGEN, DIE IN TIERVERSUCHEN DAS TUMORWACHSTUM HEMMTEN UND HALFEN, BESTIMMTE KARZINOGENE ZU NEUTRALISIEREN.

Ossobuco heißt sowohl das Gericht wie der dafür verwendete Fleischzuschnitt: quer aufgeschnittene Beinscheiben vom Kalb, mit Knochen und Knochenmark.

Durch das Hacken des Rosmarins lösen sich seine harzigen Aromaöle und ziehen in das Lamm ein, die ganzen Nadeln durchziehen das Gericht insgesamt. Eine schöne Beilage dazu ist Blattsalat mit Grüne-Göttin-Dressing (Seite 35).

Lamm aus dem Ofen mit Rosmarin-Gemüse

8 kleine, neue Kartoffeln (je ca. 50 g)
5 TL Olivenöl
2 TL fein gehackter frischer Rosmarin
8 Lammkoteletts
400 g geschälter Butternusskürbis, in 3 cm große Stücke geschnitten
1 rote Zwiebel, geachtelt
1 Bio-Zitrone, geviertelt
8 kleine Zweige frischer Rosmarin
16 ungeschälte Knoblauchzehen
250 g Kirschtomaten
frisch gemahlener schwarzer Pfeffer

Zubereitungszeit 25 Minuten
Kochzeit 1 Stunde
Personen 4

1. Den Ofen auf 180 °C vorheizen. Die Kartoffeln in 2 Teelöffel Öl schwenken und in einem Bräter oder einer Auflaufform 30 Minuten rösten.
2. Inzwischen den gehackten Rosmarin mit 2 Teelöffel Öl vermengen und die Koteletts damit einreiben. Die Kartoffeln aus dem Ofen nehmen und die Koteletts darauflegen.
3. Kürbisstücke und Zwiebelachtel im restlichen Öl schwenken und zu Fleisch und Kartoffeln geben. Zitronenviertel, Rosmarin und Knoblauch zwischen die Zutaten stecken und die Tomaten darüber verteilen.
4. Pfeffern, wieder in den Ofen schieben und das Gericht 30 Minuten schmoren.
5. Zum Servieren die Zitronenspalten etwas abkühlen lassen und über Lamm und Gemüse ausdrücken.

Pro Portion 1535 kJ, 366 kcal, 24 g Eiweiß, 16 g Fett (5 g gesättigte Fettsäuren), 33 g Kohlenhydrate (6 g Zucker), 10 g Ballaststoffe, 87 mg Natrium

TIPP Eine breite, flachere Form verwenden, damit alles gleichmäßig gart. Wenn sie zu voll wird, werden die Kartoffeln nicht richtig braun.

ROSMARIN GEHÖRT ZUR DUFTENDEN FAMILIE VON MINZE, THYMIAN UND LAVENDEL. SEINE ENTZÜNDUNGSHEMMENDEN STOFFE UNTERSTÜTZEN DIE BLUTZUFUHR ZUM GEHIRN, WAS DER GRUND FÜR SEINE GEDÄCHTNISSTÄRKENDE WIRKUNG SEIN MAG, DIE MAN IHM TRADITIONELL NACHSAGT.

Zhoug (ausgesprochen „Schagg") ist eine scharfe jemenitische Würzsauce. Sie besteht aus Korianderkraut, Petersilie, Kreuzkümmel, Gewürznelken und Kardamom. Frische grüne Chilis sorgen für Schärfe.

Gegrilltes Lamm mit Zhoug

1 kg ausgelöste Lammkeule, von Fett und Sehnen befreit

1 EL Olivenöl nativ extra

1 EL Kreuzkümmelsamen

fein abgeriebene Schale von 1 Bio-Zitrone

frisch gemahlener schwarzer Pfeffer

Fladenbrot, Joghurt, Hummus, gemischte Salatblätter und Röstgemüse wie Paprika und Zucchini zum Servieren

Zhoug

80 ml Olivenöl nativ extra

2–3 Knoblauchzehen, gehackt

2–3 lange grüne Chilischoten (nach Geschmack), grob gehackt

2 TL gemahlener Kreuzkümmel

1 TL gemahlener Kardamom

½ TL gemahlene Gewürznelken

½ TL gemahlener schwarzer Pfeffer

40 g Korianderblätter, grob gehackt

40 g Petersilienblätter (glatt und kraus), grob gehackt

Zubereitungszeit 20 Minuten zzgl. 15 Minuten Ruhezeit
Kochzeit 40 Minuten
Personen 6

1 Einen Gasgrill mit Haube (alle Brenner einschalten) auf höchster Stufe vorheizen. Das Lamm mit Öl, Kreuzkümmel und Zitronenschale einreiben und mit Pfeffer würzen.

2 Das Fleisch mit der „Hautseite" nach oben in die Mitte des Grills legen. Die Brenner direkt darunter ausstellen und die Haube schließen. Um die Temperatur mäßig hoch zu halten, die restlichen Brenner auf mittlere Temperatur stellen. Für Garstufe rare (rot) 25–30 Minuten indirekt grillen, für medium (mittel) 40 Minuten. Alternativ den Backofen auf 200 °C vorheizen. Das Fleisch in einem Bräter auf mittelstarker Temperatur anbraten. Dann im Ofen 25–30 Minuten (rare) oder 40 Minuten (medium) schmoren.

3 Das Lamm vom Grill / aus dem Bräter nehmen und locker mit Aluminiumfolie abdecken. Vor dem Aufschneiden 15 Minuten ruhen lassen.

4 Währenddessen für den Zhoug alle Zutaten in der Küchenmaschine kurz zerkleinern, sodass die Sauce noch stückig ist.

5 Das Lamm dünn aufschneiden. Mit Zhoug, Fladenbrot, Joghurt, Hummus, Salatblättern und geröstetem Gemüse servieren.

Pro Portion 1659 kJ, 396 kcal, 38 g Eiweiß, 26 g Fett (7 g gesättigte Fettsäuren), 3 g Kohlenhydrate (<1 g Zucker), 2 g Ballaststoffe, 122 mg Natrium

PETERSILIE FALLS SIE BEDENKEN WEGEN SCHLECHTEN ATEMS HABEN, KAUEN SIE NACH DEM ESSEN EINEN ZWEIG PETERSILIE – DAS SOLL DEN ATEM WIEDER „SÜSS" MACHEN, HEISST ES IM ORIENT.

Chinesisches 5-Gewürze-Pulver besteht aus Sternanis, Gewürznelken, Zimt, Szechuanpfeffer und Fenchelsamen. Es verleiht Gerichten ein unverkennbares, leicht anisartiges Aroma.

Mongolischer Lamm-Gemüse-Wok

500 g Lammlende oder -keulensteaks
3 EL salzreduzierte Sojasauce
1 TL fein geriebener frischer Ingwer
½ TL 5-Gewürze-Pulver
300 g Jasminreis
4 TL Erdnussöl
1 Zwiebel, halbiert und in feine Scheiben geschnitten
1 rote Paprika, entkernt, Scheidewände entfernt und in dünne Streifen geschnitten
1 Kopf Brokkoli (ca. 300 g), in kleine Röschen zerteilt
1 EL trockener Sherry
1 TL Sesamöl
1 EL Schnittlauchröllchen zum Servieren

Zubereitungszeit 15 Minuten zzgl. 1 Stunde Marinierzeit **Kochzeit** 10 Minuten **Personen** 4

SZECHUANPFEFFER IST EINE ZUTAT DES CHINESISCHEN 5-GEWÜRZE-PULVERS. ER STAMMT VOM STACHELIGEN *ZANTHOXYLUM*-STRAUCH, EINEM RAUTENGEWÄCHS AB. SEIN SELTSAMER, KRIBBELNDER EFFEKT KOMMT DAHER, DASS SEINE SAMENKÖRNER DIE BERÜHRUNGSREZEPTOREN DER ZELLEN AKTIVIEREN SOWIE DIE SCHÄRFESENSOREN, DIE PFEFFER UND CHILI NORMALERWEISE ANREGEN. IN DER TRADITIONELLEN CHINESISCHEN MEDIZIN GILT ER ALS APPETITANREGEND.

1. Das Lamm gegen die Faser dünn aufschneiden. 1 Esslöffel Sojasauce mit Ingwer und 5-Gewürze-Pulver in einer flachen Schale verrühren. Das Lamm gründlich darin wenden, abdecken und 1 Stunde im Kühlschrank marinieren.
2. Den Reis in einem großen Topf Wasser 10 Minuten sprudelnd kochend garen. Gründlich abgießen.
3. In der Zwischenzeit 1 Teelöffel Erdnussöl in einem großen Wok stark erhitzen. Das Lamm in 3 Portionen je ca. 2 Minuten darin braten, bis es gebräunt ist. Jeweils 1 neuen Teelöffel Öl zugeben. Auf einem Teller beiseitestellen.
4. Das restliche Öl in dem Wok auf mittlerer bis starker Temperatur erhitzen. Zwiebel, Paprika und Brokkoli zugeben und 3 Minuten pfannenrühren, bis alles gar, aber noch knackig ist. Das Fleisch wieder in den Wok geben und mit der restlichen Sojasauce, Sherry und Sesamöl noch 1 Minute durcherhitzen und vermengen.
5. Mit Reis und mit Schnittlauch bestreut servieren.

Pro Portion 2351 kJ, 562 kcal, 38 g Eiweiß, 14 g Fett (4 g gesättigte Fettsäuren), 69 g Kohlenhydrate (3 g Zucker), 4 g Ballaststoffe, 651 mg Natrium

TIPP Traditionellerweise würde man chinesischen Reiswein (Shaoxing) verwenden. Da er jedoch oft Salz enthält, ersetzten wir ihn hier durch Sherry.

Lammkarree mit Kräuterkruste

3 Scheiben Vollkorn-Weißbrot ohne Rinde (75 g küchenfertiges Gewicht)
2 EL frischer Schnittlauch, grob gehackt
2 EL frische Rosmarinnadeln
2 Lammkarrees (je ca. 400 g), bestehend aus je 8 Stielkoteletts
700 g kleine neue Kartoffeln
Olivenölspray
gedämpfte grüne Bohnen zum Servieren

Zubereitungszeit 20 Minuten **Kochzeit** 30 Minuten
Personen 4

1. Den Ofen auf 200 °C vorheizen. Ein Backblech mit Backpapier auslegen.

2. Für die Panade das Brot in Stücke reißen und in der Küchenmaschine grob zu Bröseln verarbeiten. Die Kräuter einfüllen, gründlich hacken und unterarbeiten. In eine Schüssel geben.

3. Die Bröselpanade gleichmäßig und fest an der Oberseite der Karrees andrücken. Die Kartoffeln in ½ cm dicke Scheiben schneiden und überlappend auf dem Backblech auslegen. Die Karrees daraufsetzen.

4. Bröselpanade und Kartoffeln mit Öl besprühen. 30 Minuten für Garstufe medium rösten oder nach Geschmack länger bzw. kürzer. Das Lammfleisch auf einen Teller setzen und ruhen lassen. Die Kartoffeln im Ofen noch 5 Minuten weiterbacken.

5. Jedes Karree in 2 Portionen teilen und mit Kartoffeln und Bohnen servieren.

Pro Portion 1654 kJ, 395 kcal, 34 g Eiweiß, 16 g Fett (6 g gesättigte Fettsäuren), 33 g Kohlenhydrate (1 g Zucker), 7 g Ballaststoffe, 183 mg Natrium

Rosmarin-Lammspieße

500 g Keulen- oder Lendensteaks vom Lamm
1 EL Olivenöl
2 Knoblauchzehen, zerstoßen
2 TL fein abgeriebene Schale von 1 Bio-Zitrone
12 lange Rosmarinzweige (je ca. 20 cm)
frisch gemahlener schwarzer Pfeffer

Zubereitungszeit 20 Minuten zzgl. 1 Stunde Marinierzeit
Kochzeit 4 Minuten **Personen** 4

1. Das Lammfleisch gegen die Faser in dünne Streifen schneiden. In eine Glas- oder Keramikschale legen und mit Öl beträufeln. Knoblauch und Zitronenschale darüber verteilen.

2. Von den Rosmarinzweigen alle Nadeln außer den obersten abstreifen und fein hacken, bis es 2 Esslöffel sind. Das Fleisch damit bestreuen, mit Pfeffer würzen und in der Marinade wälzen. Abdecken und im Kühlschrank mindestens 1 Stunde, besser bis zu 8 Stunden ziehen lassen.

3. Die Enden der Rosmarinstiele schräg anschneiden, damit sie spitz sind. 15 Minuten in Wasser einweichen. Das Lamm gleichmäßig verteilt auf die Stiele fädeln. Einen Grill oder eine Grillpfanne auf mittlere bis starke Temperatur bringen. Die Lammspieße 4 Minuten garen, bis sie gut gebräunt sind. Dabei gelegentlich wenden.

Pro Portion 1205 kJ, 288 kcal, 23 g Eiweiß, 15 g Fett (6 g gesättigte Fettsäuren), 18 g Kohlenhydrate (<1 g Zucker), 13 g Ballaststoffe, 80 mg Natrium

TIPP Wenn Sie keine langen Rosmarinzweige haben, verwenden Sie normale Schaschlikspieße und geben zusätzliche 2 Teelöffel gehackten Rosmarin in die Marinade.

ROSMARIN ENTHÄLT ENTZÜNDUNGSHEMMENDE SUBSTANZEN, DIE ZUM SCHUTZ DER ZELLEN UND DER BLUTVERSORGUNG BEITRAGEN. NEUERE UNTERSUCHUNGEN DEUTEN AN, DASS ROSMARIN IN FLEISCHGERICHTEN DIE BILDUNG VON KARZINOGENEN SUBSTANZEN REDUZIERT, DIE SICH BEIM GAREN BEI STARKER TEMPERATUR BILDEN.

Das intensiv blumige Aroma des Rosmarins verleiht Fleisch eine frische Note – egal ob als getrocknete oder frische Nadeln oder als Zweige anstelle von Holzspießen, die das Fleisch von innen würzen.

Ras el-Hanout bedeutet „Haupt des Ladens" (im Sinne von „oben im Regal" oder „das Beste"). Jedes Geschäft führt seine eigene, streng geheime Mischung.

Ras el-Hanout ist eine nordafrikanische Würzmischung, die aus bis zu 25 Einzelgewürzen bestehen kann. Das Rezept variiert von Hersteller zu Hersteller. Unsere Version kommt mit weniger Zutaten aus.

Lamm-Tagine

1 EL Olivenöl
4 Lammhaxen
1 Zwiebel, halbiert und in dünne Scheiben geschnitten
2 Knoblauchzehen, zerstoßen
500 ml salzreduzierte Hühner- oder Lammbrühe
400 g Süßkartoffeln, geschält und in 4 cm große Stücke geschnitten
100 g entsteinte Trockenpflaumen
200 g Couscous
frische Korianderblätter zum Servieren

Ras el-Hanout

3 ganze Gewürznelken
1 TL Korianderkörner
1 TL Kreuzkümmelsamen
1 TL schwarze Pfefferkörner
½ TL Fenchelsamen
¼ TL Bockshornkleesamen
½ TL gemahlene Kurkuma
½ TL gemahlener Zimt
½ TL gemahlener Kardamom
½ TL scharfes Paprikapulver
¼ TL gemahlener Macis (Muskatblüte)

Zubereitungszeit 30 Minuten
Kochzeit 2 Stunden 45 Minuten
Personen 4

1 Für das Ras el-Hanout alle ganzen Gewürze 1–2 Minuten auf mittlerer Hitze in einer Pfanne trocken rösten, bis sie duften. In einer Schüssel abkühlen lassen. Mit den gemahlenen Gewürzen in der Gewürzmühle zu Pulver vermahlen (oder im Mörser zerstoßen).

2 Den Ofen auf 160 °C vorheizen. Das Öl in einem großen ofenfesten Topf oder einer Tagine auf mittlerer bis starker Temperatur erhitzen. Die Lammhaxen darin in 2 Portionen je 3 Minuten gut bräunen, dabei öfter wenden. Herausnehmen und beiseitestellen.

3 Die Temperatur auf mittlere Hitze reduzieren. Die Zwiebel anschwitzen, bis sie weich und goldgelb ist. Den Knoblauch 1 Minute mitdünsten, dann das Ras el-Hanout einrühren. Die Brühe angießen und unter Rühren den Bratensatz lösen. Die Haxen zurück in den Topf legen, den Deckel aufsetzen und zum Köcheln bringen. 2 Stunden im Ofen schmoren.

4 Süßkartoffeln und Pflaumen dazugeben und das Gericht weitere 30 Minuten mit Deckel schmoren. Den Couscous in eine hitzefeste Schüssel füllen und mit 275 ml kochendem Wasser übergießen. Dicht verschließen und 5 Minuten ziehen lassen, bis er das ganze Wasser aufgenommen hat. Mit einer Gabel auflockern. Das Lamm mit Couscous servieren, garniert mit Korianderblättern.

Pro Portion 2091 kJ, 499 kcal, 39 g Eiweiß, 20 g Fett (7 g gesättigte Fettsäuren), 42 g Kohlenhydrate (16 g Zucker), 5 g Ballaststoffe, 816 mg Natrium

GEWÜRZE GEWÜRZMISCHUNGEN KÖNNTEN MEHR POSITIVE EFFEKTE HABEN ALS DIE SUMME IHRER EINZELBESTANDTEILE. JÜNGSTE UNTERSUCHUNGEN ERGABEN, DASS EINE MISCHUNG AUS ACHT GEWÜRZEN (MIT GEWÜRZNELKE, PFEFFER UND KURKUMA) IN EINEM FETTEN GERICHT HALF, DAS ANSCHLIESSENDE ANSTEIGEN DER FETT- UND ZUCKERSPIEGEL ZU REDUZIEREN.

Diese Version des kaschmirischen Rogan Josh ist wärmend und reich an Gewürzen. Wem das Curry zu scharf ist, der halbiert die Chilimenge.

Cremiges Lamm-Curry

6 Kardamomkapseln
1 EL Korianderkörner
2 TL Kreuzkümmelsamen
1 EL Pflanzenöl
1 kg Lammschulter oder -keule, von Fettanteilen befreit, in 4 cm große Stücke geschnitten
1 große Zwiebel, gehackt
3 Knoblauchzehen, zerstoßen
1 EL fein geriebener frischer Ingwer
1 TL Chilipulver
1 TL gemahlene Kurkuma
1 Dose (400 g) stückige Tomaten
125 ml salzreduzierte Hühnerbrühe
60 g junge Spinatblätter
125 g Joghurt
½ TL Garam masala
frische Korianderblätter und Naan-Brot zum Servieren

Zubereitungszeit 25 Minuten
Kochzeit 2 Stunden 15 Minuten
Personen 4

1 Die Kardamomkapseln sanft mit einem flach aufgesetzten Messer zerdrücken, um die Samen zu lösen. Kardamomsamen, Korianderkörner und Kreuzkümmelsamen in einer kleinen Pfanne unter Rühren auf mittlerer Hitze 1–2 Minuten trocken rösten, bis sie duften. Auf einem Teller abkühlen lassen und in der Gewürzmühle oder im Möser zermahlen.

2 Die Hälfte des Öls in einem großen Topf auf starker Temperatur erhitzen. Das Fleisch darin in 3 Portionen nacheinander je 3 Minuten bräunen. Öfter wenden und beiseitestellen.

3 Das restliche Öl in der Pfanne erhitzen und die Zwiebel auf mittlerer Temperatur 5 Minuten anbraten, bis sie weich und leicht braun ist. Knoblauch, Ingwer, Chilipulver, Kurkuma und die Gewürzmischung zugeben. Unter Rühren 1 Minute dünsten. Tomaten und Brühe angießen und den Bratensatz unter Rühren lösen. Das Fleisch wieder in den Topf geben.

4 Auf sehr kleiner Temperatur zum Köcheln bringen und 2 Stunden schmoren, bis das Fleisch sehr weich ist. Den Spinat einlegen und zusammenfallen lassen. Joghurt und Garam masala unterrühren. Mit den Korianderblättern garnieren und Naan-Brot dazu reichen.

Pro Portion 1945 kJ, 465 kcal, 55 g Eiweiß, 21 g Fett (8 g gesättigte Fettsäuren), 14 g Kohlenhydrate (8 g Zucker), 3 g Ballaststoffe, 430 mg Natrium

TIPP Auf so kleiner Temperatur wie möglich garen. Das Curry darf nur simmern, nicht stark kochen.

KURKUMA LEUCHTEND GEFÄRBTE PFLANZLICHE NAHRUNGSMITTEL HABEN DIE MEISTEN GESUNDHEITSFÖRDERNDEN ANTIOXIDANTIEN – WIE DIE GOLDGELBE KURKUMA MIT IHRER STARK ENTZÜNDUNGSHEMMENDEN WIRKUNG. DIE TRADITIONELLE INDISCHE UND CHINESISCHE MEDIZIN SETZT SIE SOGAR IN DER KREBSVORBEUGUNG EIN.

Piment stammt ursprünglich aus Jamaika, wird heute aber in vielen anderen Küchen sowohl für herzhafte wie süße Gerichte eingesetzt.

Piment ist eine Beere. Ihr englischer Name „allspice" – „Alles-Gewürz" – bezieht sich darauf, dass ihr Aroma entfernt an mehrere andere Gewürze erinnert, wie Gewürznelken, Zimt und Muskatnuss.

Geschmortes Lamm mit Ofengemüse

PIMENT DIESES GEWÜRZ IST REICH AN NÄHRSTOFFEN, DIE FÜR DIE GESUNDHEIT WICHTIG SIND. INSBESONDERE DAS HERZ PROFITIERT, DA PIMENT EISEN FÜR GESUNDES BLUT ENTHÄLT UND KALIUM, DAS HILFT, HERZFREQUENZ UND BLUTDRUCK ZU REGULIEREN.

2 Zwiebeln, in je 8 Spalten geschnitten
1 Zitrone, in 8 Spalten geschnitten
2,5 kg Lammkeule oder -schulter, mit Knochen
4 Knoblauchzehen, zerstoßen
1 EL frischer Thymian, fein gehackt
1 TL gemahlener Piment
2 TL Olivenöl

Ofengemüse

400 g Kartoffeln (Sorte Desirée), in Spalten geschnitten
2 große Karotten, längs geviertelt
2 große Pastinaken, längs geviertelt
1 EL Öl
1 TL Paprikapulver

Zubereitungszeit 35 Minuten **Kochzeit** 3 Stunden 15 Minuten **Personen** 4

1 Den Ofen auf 160 °C vorheizen. Zwiebel- und Zitronenspalten in einem Bräter verteilen und das Lammfleisch darauflegen. Knoblauch, Thymian, Piment und Öl verrühren und das Lamm gleichmäßig damit einreiben. 2 Stunden im Ofen schmoren.

2 Nach den 2 Stunden das Gemüse auf ein geöltes Backblech legen und mit Öl beträufeln. Mit Paprika bestreuen und im Öl wälzen. Im Ofen unter dem Lamm einschieben und 1 Stunde mitschmoren (das Lamm gart so insgesamt 3 Stunden).

3 Das Fleisch aus dem Ofen holen, locker mit Aluminiumfolie abdecken und zum Ruhen beiseitestellen. Das Gemüse im Ofen weiter oben einschieben und die Ofentemperatur auf 200 °C erhöhen. 15 Minuten weiterrösten, bis es golden gebräunt ist.

4 Den Lammbraten in Scheiben schneiden. Mit dem Gemüse und einigen Zwiebeln aus dem Bräter servieren.

Pro Portion 3214 kJ, 768 kcal, 94 g Eiweiß, 33 g Fett (13 g gesättigte Fettsäuren), 22 g Kohlenhydrate (6 g Zucker), 6 g Ballaststoffe, 477 mg Natrium

TIPP Als grüne Gemüsebeilage gewaschenen und trocken getupften Blattspinat in einer Pfanne mit etwas zerstoßenem Knoblauch in Olivenöl kurz andünsten.

Magere, zarte Schweinelendchen werden mit einer Gewürzmischung eingerieben (die man in den USA „rub" nennt) und gegrillt. Bereiten Sie für spätere Gelegenheiten gleich die doppelte Menge Gewürz zu; es passt auch zu Rind oder Hähnchen.

Schweinefilet aus dem amerikanischen Südwesten

500 g Schweinelende
Olivenölspray

Gewürzmischung (Rub)

1 TL gemahlener Kreuzkümmel
1 TL gemahlener Koriander
1 TL Chilipulver
1 TL getrockneter Oregano
1 TL Zwiebelpulver
½ TL Knoblauchpulver
½ TL getrockneter Thymian

Zubereitungszeit 10 Minuten
Kochzeit 20 Minuten
Personen 4

1 Alle Zutaten für die Gewürzmischung in einer kleinen Schüssel vermengen.

2 Einen offenen Grill auf mittlere bis starke Temperatur vorheizen. Die Schweinelende von Fett und Sehnen befreien. Gleichmäßig mit der Würzmischung bestreuen und gründlich einreiben.

3 Die Lende mit Öl besprühen. 20 Minuten grillen, dabei öfter wenden, damit das Fleisch gleichmäßig bräunt. Auf ein Küchenbrett legen und vor dem Aufschneiden 5 Minuten ruhen lassen.

Pro Portion 653 kJ, 156 kcal, 27 g Eiweiß, 4 g Fett (1 g gesättigte Fettsäuren), 1 g Kohlenhydrate (<1 g Zucker), <1 g Ballaststoffe, 72 mg Natrium

TIPP In angewärmten Weizen- oder Maistortillas servieren, mit einer einfachen Salsa aus gehackten Tomaten, roter Zwiebel und Korianderblättern.

KREUZKÜMMEL KÖNNTE DIE GEHIRNLEISTUNG VERBESSERN. JÜNGSTE UNTERSUCHUNGEN ZEIGTEN, DASS TIERE BEI GEDÄCHTNISTESTS BESSER ABSCHNITTEN, WENN SIE KREUZKÜMMELEXTRAKT VERZEHRT HATTEN.

Das erdige Aroma von Zimt harmoniert vorzüglich mit dem vanilleähnlichen Geschmack des Ahornsirups. Zusammen ergeben die beiden eine perfekte Glasur für Schweinebraten.

Schweinebraten mit Ahorn-Zimt-Glasur

1,5 kg Schweinehalsgrat
Olivenöl, zum Einreiben
frisch gemahlener schwarzer Pfeffer
75 ml reiner Ahornsirup
2 TL gemahlener Zimt
1 EL salzreduzierte Sojasauce
Süßkartoffelpüree und geschmorter Rosenkohl oder gedämpfte grüne Bohnen und Blattspinat mit Knoblauch zum Servieren

Ahorn-Zimt-Glasur
2 EL Weizenmehl
125 ml Weißwein
500 ml salzreduzierte Hühnerbrühe
1 EL reiner Ahornsirup
1 TL gemahlener Zimt

Zubereitungszeit 15 Minuten
Kochzeit 1 Stunde 40 Minuten
Personen 6

1. Den Ofen auf 200 °C vorheizen. Den Braten in regelmäßigen Abständen mit Küchengarn abbinden, damit er die Form hält. Mit Olivenöl einreiben und mit Pfeffer würzen. Ahornsirup, Zimt und Sojasauce in einer kleinen Schüssel verrühren.

2. Das Fleisch in einen Bräter legen und mit einer kleinen Menge Glasur bestreichen. 30 Minuten braten. Die Ofentemperatur auf 160 °C senken. Den Braten weitere 60 Minuten braten, dabei 2- bis 3-mal mit der Glasur einpinseln.

3. Das Fleisch aus dem Bräter nehmen, locker mit Alufolie abdecken und vor dem Aufschneiden 10–15 Minuten ruhen lassen.

4. Während der Ruhezeit die Sauce zubereiten. Den Bratenfond aufkochen, das Mehl darüberstäuben und mit einem Holzkochlöffel einrühren. Festsitzenden Bratensatz vom Boden lösen und die Sauce durchkochen, bis sie gut Farbe angenommen hat. Langsam den Wein einrühren und 30 Sekunden einkochen. Brühe, Ahornsirup und Zimt zugeben, alles aufkochen und bei reduzierter Hitze 3–4 Minuten köcheln lassen. Das Fleisch mit der Sauce, Süßkartoffelpüree und Rosenkohl, Bohnen oder Spinat servieren.

Pro Portion 1667 kJ, 398 kcal, 55 g Eiweiß, 8 g Fett (2 g gesättigte Fettsäuren), 20 g Kohlenhydrate (15 g Zucker), <1 g Ballaststoffe, 476 mg Natrium

ZIMT DIE HIER VERWENDETE GLASUR IST RECHT SÜSS, ABER MAN GEHT DAVON AUS, DASS ZIMT ZU EINEM AUSGEGLICHENEN BLUTZUCKERSPIEGEL BEITRÄGT. SÜSSKARTOFFELN UND AHORNSIRUP HABEN EBENFALLS EINEN NIEDRIGEN GLYKÄMISCHEN INDEX UND SORGEN SO FÜR EINEN GESUNDEN BLUTZUCKERSPIEGEL.

Der Deutschen liebstes Stück vom Schwein und Rotkohl als Beilage sind eine perfekte Kombination. Räucherpaprika und Fenchel geben dem Fleisch eine interessante Note.

Schweinekoteletts mit Rotkohl

400 g Süßkartoffeln, in Spalten geschnitten
2 Karotten, längs geviertelt
1 EL Olivenöl
2 TL Räucherpaprika
2 TL Fenchelsamen
4 dicke Schweinekoteletts (je ca. 200 g), Fettstreifen entfernt
gedämpfte grüne Bohnen zum Servieren

Rotkohl

1 EL Öl oder 30 g Butter
600 g frischer Rotkohl (ca. ½ Kopf), in Streifen geschnitten
2 mittelgroße grüne Äpfel, geschält, Kerngehäuse ausgeschnitten, klein gehackt
½ TL gemahlene oder 3 ganze Gewürznelken
3 Wacholderbeeren
1 Prise Kümmelsamen
½ TL gemahlener Zimt
60 ml Rotweinessig
50 g brauner Rohrzucker

Zubereitungszeit 25 Minuten
Kochzeit 50 Minuten
Personen 4

1. Den Ofen auf 200 °C vorheizen. Süßkartoffelspalten und Karotten in eine Röstpfanne legen und mit der Hälfte des Olivenöls beträufeln. 20 Minuten im Ofen garen.

2. Räucherpaprika und Fenchelsamen mit dem restlichen Öl mischen und die Koteletts damit einreiben. Die Koteletts auf das Gemüse legen und 30 Minuten im Ofen garen, bis das Fleisch zart und saftig ist. Nach 15 Minuten 50 ml Wasser zugießen und den Bratensaft über die Koteletts löffeln.

3. In der Zwischenzeit Öl oder Butter in einem großen Topf erwärmen. Den Kohl zugeben und mit dem Fett vermengen, dann 2 Minuten dünsten. Äpfel und Gewürze zugeben. 50 ml Wasser angießen und unterrühren. Mit Deckel 5 Minuten köcheln lassen. Essig und Zucker einrühren und weitere 5 Minuten ohne Deckel garen, bis der Kohl weich und die Flüssigkeit verkocht ist. Warm stellen.

4. Die Röstpfanne aus dem Ofen nehmen und locker mit Aluminiumfolie abdecken. Das Fleisch 5–8 Minuten ruhen lassen. Süßkartoffeln und Karotten auf einer Servierplatte anrichten. Die Koteletts darauf- oder danebenlegen und mit Bratensaft beträufeln. Mit Rotkohl und gedämpften grünen Bohnen servieren.

Pro Portion 2151 kJ, 514 kcal, 37 g Eiweiß, 21 g Fett (6 g gesättigte Fettsäuren), 45 g Kohlenhydrate (33 g Zucker), 11 g Ballaststoffe, 122 mg Natrium

GEWÜRZNELKEN WENN SIE IHRER GESUNDHEIT GUTES TUN WOLLEN, LIEGEN SIE BEI GEWÜRZNELKEN RICHTIG: DAS ENTHALTENE EUGENOL HILFT, PARASITEN ABZUTÖTEN, DIE DIARRHÖ VERURSACHEN. ES SOLL DAMIT EINHERGEHENDE BESCHWERDEN LINDERN, INDEM ES DIE MAGENSCHLEIMHAUT BERUHIGT.

Gewürznelken, Zimt, Wacholder und Kümmel im Rotkohl bilden ein Gegengewicht zum eher üppigen Schweinefleisch.

Dieses Gericht duftet mild nach Sternanis, der einen süßen, lakritzähnlichen Geschmack hat.

RIND, LAMM & SCHWEIN

Servieren Sie die Spareribs mit gedämpftem Jasminreis und einem Salat aus Bohnensprossen, Korianderblättern, Vietnamesischem Koriander und Frühlingszwiebelgrün mit etwas Sesamöl und Limettensaft.

Vietnamesische Schweinerippchen

75 ml Austernsauce
60 ml Fischsauce
2 EL salzreduzierte Sojasauce
2 EL Limettensaft
1 EL Sesamöl
35 g geriebener Palmzucker, Jaggery oder brauner Rohrzucker
3 ganze Sternanisfrüchte
1 lange, rote Chilischote, fein gehackt
2 Frühlingszwiebeln, nur den weißen Teil, fein gehackt
2 TL fein geriebener frischer Ingwer
2 Knoblauchzehen, zerstoßen
1,5 kg Schweine-Spareribs

Zubereitungszeit 15 Minuten zzgl. 6 Stunden Marinieren **Kochzeit** 1 Stunde 50 Minuten **Personen** 4

1. Saucen, Saft, Öl, Zucker und Sternanis in einem kleinen Topf auf mittlerer Temperatur aufsetzen. Unter Rühren 2–3 Minuten gründlich durcherhitzen. Vom Herd nehmen. Chili, Frühlingszwiebeln, Ingwer und Knoblauch einrühren. Abkühlen lassen.
2. Die Rippchen nebeneinander in eine Schale legen und mit der Marinade übergießen. Abgedeckt 6 Stunden im Kühlschrank oder über Nacht kühl stellen.
3. Den Ofen auf 160 °C vorheizen. Die Rippchen abgießen, dabei die Marinade auffangen. Die Rippchen auf zwei Ofenroste verteilen und über tiefen Backblechen einschieben. In jedes Blech 375 ml Wasser gießen. Mit Aluminiumfolie bedeckt 1½ Stunden schmoren. Nach der Hälfte der Garzeit wenden.
4. In der Zwischenzeit die aufgefangene Marinade mit 50 ml Wasser in einem kleinen Topf aufkochen. Die Temperatur reduzieren und ohne Deckel 3–4 Minuten köcheln lassen, bis die Sauce leicht eindickt.
5. Die Ofentemperatur auf 220 °C erhöhen, die Folie abnehmen und die Rippchen mit der Hälfte der Sauce bestreichen. 20 Minuten rösten, bis die Rippchen gebräunt sind und das Fleisch weich ist. In Portionsstücke schneiden und mit der restlichen, warmen Sauce beträufelt servieren.

Pro Portion 3592 kJ, 858 kcal, 43 g Eiweiß, 64 g Fett (19 g gesättigte Fettsäuren), 25 g Kohlenhydrate (19 g Zucker), ‹1 g Ballaststoffe, 3166 mg Natrium

STERNANIS ENTHÄLT EINE NATÜRLICHE INFEKTIONSHEMMENDE SUBSTANZ, WESWEGEN ER TRADITIONELL GEGEN ALLE ARTEN VON BAKTERIELLEN UND VIRALEN INFEKTIONSKRANKHEITEN EINGESETZT WIRD, WIE ERKÄLTUNGEN, HUSTEN UND GRIPPE.

Tourtière

Tourtière, ein Schweinefleisch-Pie aus Quebec, ist in ganz Kanada beliebt. Traditionell gibt es ihn am Weihnachtsabend, mit verschiedenen Fleischsorten und Gewürzen.

1 kg Schweinehack
1 große Zwiebel, fein gehackt
3 Stangen Staudensellerie, fein gehackt
1 TL frisch gemahlener schwarzer Pfeffer
1 TL gemahlener Zimt
½ TL gemahlene Muskatnuss
½ TL gemahlener Piment
500 ml salzreduzierte Hühnerbrühe
1 EL frische Thymianblätter
1 EL fein gehackte Rosmarinnadeln
2 frische Lorbeerblätter
2 EL reiner Ahornsirup
50 g kernige Haferflocken
500 g gefrorener Blätterteig, leicht angetaut
1 Ei, leicht verquirlt, zum Einstreichen
Cranberrygelee oder -sauce oder Preiselbeerkonfitüre, zum Servieren

Zubereitungszeit 30 Minuten
Kochzeit 1 Stunde 40 Minuten
Personen 6–8

1. Einen großen Topf mit schwerem Boden auf mittlerer Temperatur aufsetzen. Das Schweinehack hineingeben und mit einem Holzkochlöffel zerkrümeln, wenn es zu garen beginnt. Sobald es nicht mehr rot ist, Zwiebel, Sellerie, Gewürze, Brühe, Kräuter und Ahornsirup untermischen. Die Temperatur stark reduzieren und die Mischung 40–45 Minuten köcheln lassen. Öfter umrühren und etwas Wasser nachgießen, wenn das Fleisch zu trocken wird. Am Ende die Haferflocken unter die trockene Mischung heben. 2–3 Minuten weiterkochen, bis sie leicht aufquellen. Den Topf vom Herd nehmen und den Lorbeer entfernen. Die Hackmischung komplett auskühlen lassen.

2. Den Ofen auf 180 °C vorheizen. Eine Springform (25 cm ⌀, mit 5 cm hohem Rand) einfetten. Zwei Drittel des Blätterteigs auf der leicht bemehlten Arbeitsfläche ausrollen. Boden und Rand der Form damit auskleiden. Vorsichtig andrücken und den Rand 1 cm überstehen lassen. Den Rest abschneiden.

3. Die Form auf ein Backblech stellen und mit Backpapier auskleiden. Erbsen, Reis oder Blindbackgewichte einfüllen. 20 Minuten backen, dann Blindbackfüllung und Papier wieder entfernen. Den Teig in weiteren 15 Minuten goldgelb backen. Aus dem Ofen nehmen und vollständig auskühlen lassen.

4. Für den Pie-Deckel den restlichen Blätterteig kreisrund in der passenden Größe ausrollen. Die Hackmischung auf den gebackenen Boden füllen und gleichmäßig verstreichen. Den Rand des Bodens mit etwas Ei bestreichen. Vorsichtig den Deckel auflegen und sanft andrücken, die Ränder fest zusammendrücken. Den Deckel mit Ei bestreichen und 2- oder 3-mal einstechen. Falls gewünscht, den Deckel mit den Blätterteigresten verzieren. 45 bis 50 Minuten backen, oder bis der Pie goldgelb gebacken und die Füllung heiß ist. Aus dem Ofen nehmen und vor dem Aufschneiden und Servieren 10 Minuten ruhen lassen. Jede Portion Pie mit einem Löffelchen Cranberrygelee servieren.

Pro Portion 2761 kJ, 660 kcal, 41 g Eiweiß, 34 g Fett (16 g gesättigte Fettsäuren), 48 g Kohlenhydrate (9 g Zucker), 4 g Ballaststoffe, 752 mg Natrium

TIPP Die Füllung am Vortag zubereiten, um die Zubereitung zu erleichtern.

GEWÜRZE WENN SICH DIE ANTIOXIDATIVE KRAFT DER VIELEN GEWÜRZE IN DIESEM PIE ADDIERT, KÖNNTE SICH DIES POSITIV AUF DIE BLUTZUCKER- UND BLUTFETTWERTE AUSWIRKEN.

Jerk heißt die Würzmischung, mit der hier das Fleisch eingerieben wird. Ihr Ursprung liegt in Jamaika, und meist ist sie sehr scharf. Dieser Jerk ist etwas milder, hat aber das intensive Würzaroma des Originals.

Schweinefleisch mit Ananas-Reis-Salat

150 g Basmatireis
175 g frisches Ananasfleisch, gewürfelt
1 EL Weißweinessig
3 TL mildes Olivenöl
2 Frühlingszwiebeln, in feine Ringe geschnitten
10 g frische Minzblätter
frisch gemahlener schwarzer Pfeffer
4 Schweinekoteletts (je 200 g), Fettrand entfernt
Olivenölspray

Jamaikanische Jerk-Würzmischung

1 TL gemahlener Piment
½ TL Chilipulver
¼ TL gemahlener Zimt
¼ TL gemahlene Muskatnuss
1 Prise gemahlene Gewürznelken
1½ TL getrockneter Thymian

Zubereitungszeit 25 Minuten
Kochzeit 15 Minuten
Personen 4

1 Den Reis in einem großen Topf kochendem Wasser sprudelnd kochen, bis er weich ist. Abgießen und etwas abkühlen lassen. Mehrmals mit einem großen Edelstahllöffel wenden, damit die Hitze entweichen kann.

2 Den Reis in einer großen Schüssel mit Ananas, Essig, Öl, Frühlingszwiebeln und Minze vermengen und mit Pfeffer würzen.

3 In der Zwischenzeit eine Grillplatte oder Grillpfanne auf mittlere bis starke Temperatur bringen.

4 Alle Zutaten für die Würzmischung in einer kleinen Schüssel vermengen.

5 Die Koteletts rundum damit einreiben. Mit Öl besprühen und für Garstufe medium 3 Minuten pro Seite grillen bzw. nach Wunsch länger oder kürzer. Auf einer vorgewärmten Platte locker mit Aluminiumfolie abdecken und 5 Minuten ruhen lassen. Mit dem Reissalat servieren.

Pro Portion 1566 kJ, 374 kcal, 36 g Eiweiß, 10 g Fett (3 g gesättigte Fettsäuren), 34 g Kohlenhydrate (4 g Zucker), 2 g Ballaststoffe, 91 mg Natrium

TIPP Diese Würzmischung schmeckt auch gut zu Hähnchen, Rind oder Fisch.

PIMENT HEISST AUCH NELKEN- ODER JAMAIKAPFEFFER. ER IST REICH AN MINERALSTOFFEN UND ENTHÄLT, WIE DIE GEWÜRZNELKE, EUGENOL, EIN SCHMERZLINDERNDES ÄTHERISCHES ÖL, DAS DIE VERDAUUNG BERUHIGEN SOLL.

Auf den traditionellen Märkten Nordafrikas gibt es Gewürze im Überfluss.

Chefchaouen, die alte Stadt in den Bergen, ist bekannt für ihre faszinierenden, blau-verwaschenen Gebäude.

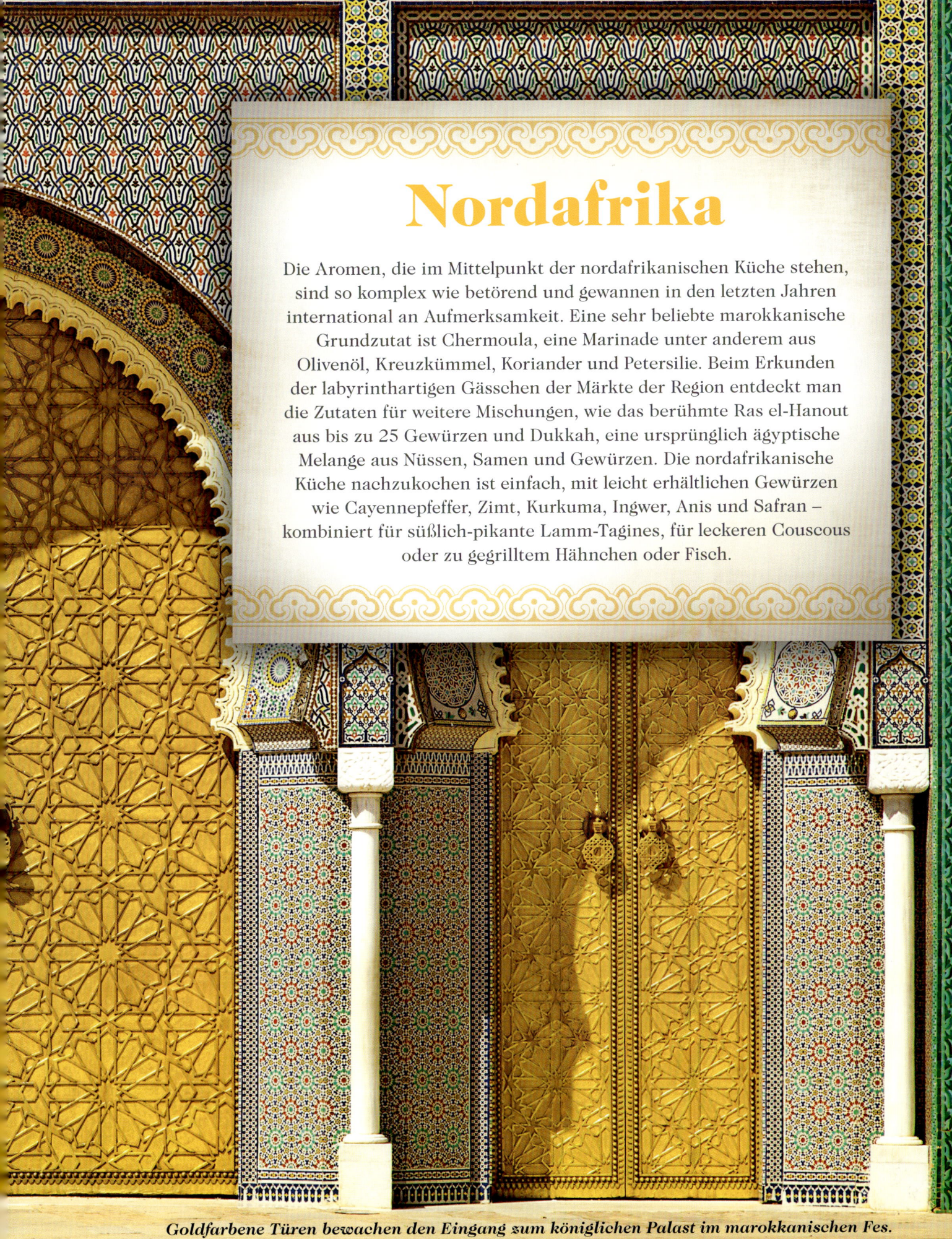

Nordafrika

Die Aromen, die im Mittelpunkt der nordafrikanischen Küche stehen, sind so komplex wie betörend und gewannen in den letzten Jahren international an Aufmerksamkeit. Eine sehr beliebte marokkanische Grundzutat ist Chermoula, eine Marinade unter anderem aus Olivenöl, Kreuzkümmel, Koriander und Petersilie. Beim Erkunden der labyrinthartigen Gässchen der Märkte der Region entdeckt man die Zutaten für weitere Mischungen, wie das berühmte Ras el-Hanout aus bis zu 25 Gewürzen und Dukkah, eine ursprünglich ägyptische Melange aus Nüssen, Samen und Gewürzen. Die nordafrikanische Küche nachzukochen ist einfach, mit leicht erhältlichen Gewürzen wie Cayennepfeffer, Zimt, Kurkuma, Ingwer, Anis und Safran – kombiniert für süßlich-pikante Lamm-Tagines, für leckeren Couscous oder zu gegrilltem Hähnchen oder Fisch.

Goldfarbene Türen bewachen den Eingang zum königlichen Palast im marokkanischen Fes.

Geflü

gel &
wild

Diese wärmende, nährende Suppe ist perfekt, wenn eine Erkältung im Anmarsch sein könnte. Knoblauch, Ingwer und Kurkuma sind die Hauptzutaten. Frieren Sie „für Notfälle" etwas davon ein.

Anti-Erkältungs-Hühnersuppe

1 EL Olivenöl
1 Zwiebel, fein gehackt
3 Stangen Staudensellerie, fein gehackt
2 Karotten, fein gehackt
3 Knoblauchzehen, zerstoßen
3 TL fein geriebener frischer Ingwer
½ TL Cayennepfeffer
½ TL gemahlene Kurkuma
1 Stange Zimt
1 kg Hähnchenunterschenkel
2 l salzreduzierte Hühnerbrühe
200 g Perlgraupen
1 EL frische, gehackte Salbeiblätter zum Servieren
1 EL frische, gehackte Petersilienblätter zum Servieren

Zubereitungszeit 20 Minuten **Kochzeit** 1 Stunde 15 Minuten **Personen** 6

1. Das Olivenöl in einem großen Topf auf mittlerer Temperatur erhitzen. Zwiebel, Sellerie und Karotten 10 Minuten darin dünsten, bis das Gemüse weich ist und etwas Farbe angenommen hat. Gelegentlich umrühren. Knoblauch, Ingwer, Cayennepfeffer und Kurkuma zugeben und unter Rühren 30 Sekunden mitgaren.

2. Zimt, Hähnchenschenkel, Brühe und Graupen in den Topf geben. Den Deckel aufsetzen und zum Köcheln bringen, dann den Deckel leicht gekippt aufsetzen und die Suppe 1 Stunde köcheln lassen. Das Fleisch aus der Suppe nehmen und etwas abkühlen lassen. Die Haut abziehen, dann das Fleisch von den Knochen lösen und grob zerkleinern. Haut und Knochen entsorgen und das Fleisch zurück in die Suppe geben. Sanft wiedererhitzen.

3. Die Suppe, mit gehackten Kräutern bestreut, in vorgewärmten Schalen oder Bechern servieren.

Pro Portion 1255 kJ, 300 kcal, 24 g Eiweiß, 14 g Fett (4 g gesättigte Fettsäuren), 19 g Kohlenhydrate (6 g Zucker), 4 g Ballaststoffe, 977 mg Natrium

TIPP Zum Einfrieren die Suppe komplett auskühlen lassen und portionsweise bis 2 cm unter den Rand in luftdichte Behälter füllen und fest verschließen. Etikettieren und mit dem Datum versehen.

KURKUMA WIRD IN DER VOLKSMEDIZIN SEIT JAHRHUNDERTEN ALS ENTZÜNDUNGS- UND INFEKTIONSHEMMER EINGESETZT. DAS MACHT SIE ZUR PERFEKTEN ZUTAT FÜR EINE WOHLTUENDE SUPPE BEI ERKÄLTUNG. SIE IST AUCH REICH AN WICHTIGEN VITAMINEN UND MINERALSTOFFEN, DIE DIE GENESUNG BESCHLEUNIGEN.

Traditionell besteht die marokkanische B'stilla aus dem Teig „Warka" und Taubenfleisch als Füllung. Wir verwenden Hähnchen und Filoteig, aber die gleichen Gewürze.

Marokkanische Pastete

- 1 EL Olivenöl
- 2 Zwiebeln, halbiert und in feine Scheiben geschnitten
- 2 Knoblauchzehen, zerstoßen
- 2 TL fein geriebener, frischer Ingwer
- 1 l salzreduzierte Hühnerbrühe
- 1 große Prise Safranfäden
- 1 Stange Zimt
- 1 ganzes Hähnchen (1,5 kg), geviertelt
- 2 Eier, leicht verquirlt
- 50 g blanchierte Mandeln, grob gehackt
- 10 g frische Korianderblätter, gehackt
- 8 Scheiben Filoteig
- Olivenölspray
- ¼ TL Puderzucker
- ¼ TL gemahlener Zimt

Zubereitungszeit 45 Minuten **Kochzeit** 1 Stunde 20 Minuten **Personen** 6

1. Das Öl in einem großen Topf auf mittlerer Temperatur erhitzen. Die Zwiebeln 10–15 Minuten darin anschwitzen, bis sie goldgelb sind. Knoblauch und Ingwer 30 Sekunden unter Rühren mitgaren. Brühe und Safran, dann die Zimtstange zugeben. Die Hähnchenviertel einlegen und alles mit Deckel zum Köcheln bringen. 30 Minuten simmern lassen, bis das Fleisch gar ist.

2. Die Hähnchenteile herausnehmen und etwas abkühlen lassen. Häuten und das Fleisch ablösen. Haut und Knochen entsorgen und das Fleisch grob hacken. In eine größere Schüssel geben.

3. Die Brühe durch ein Sieb abseihen und 250 ml auffangen. Mit den Zwiebeln zurück in den Topf geben; den Zimt entsorgen. Wieder auf schwacher Temperatur erhitzen und die Eier einrühren, bis die Brühe leicht andickt. Die Brühe mit Mandeln und Korianderblättern über das Fleisch gießen. Im Kühlschrank erkalten lassen.

4. Den Ofen auf 200 °C vorheizen. Eine Platte Filoteig auf der Arbeitsfläche ausbreiten, mit Öl besprühen und die nächste Platte 45° versetzt darüberlegen. Mit den übrigen Platten ebenso verfahren und den Teig auf einen großen Teller umsetzen.

5. Die Füllung auf den Teig häufen. Die Teigplatten darüber zusammenklappen und die Füllung einschließen. Eine geölte Springform umgekehrt darüberlegen und die Pastete wenden. Mit Öl besprühen und in 30 Minuten knusprig und goldbraun backen. Mit Puderzucker und Zimt bestäuben. In Tortenstücken servieren.

Pro Portion 1881 kJ, 449 kcal, 31 g Eiweiß, 29 g Fett (7 g gesättigte Fettsäuren), 15 g Kohlenhydrate (4 g Zucker), 2 g Ballaststoffe, 685 mg Natrium

ZIMT JÜNGSTE STUDIEN ZEIGEN, DASS ZIMT DEN CHOLESTERINSPIEGEL SENKEN UND DIE BEHANDLUNG VON DIABETES UNTERSTÜTZEN KANN. DAZU HAT ER FUNGIZIDE EIGENSCHAFTEN UND GILT ALS EFFEKTIVE, NATÜRLICHE HILFE GEGEN MIGRÄNEKOPFSCHMERZ.

Piri Piri ist eine scharfe Mischung mit geschroteten Chilis. Sie stammt aus Portugal, ist aber auch in Afrika beliebt. Dazu passen Portugiesischer Reis (Seite 58), einfache Bratkartoffeln oder Süßkartoffeln.

Piri-Piri-Brathähnchen

2 kleine ganze Hähnchen (je ca. 1,2 kg)

Piri Piri
20 g frische rote Bird's-Eye-Chilis
3 Knoblauchzehen, grob gehackt
3 TL edelsüßes Paprikapulver
2 EL Olivenöl
2 EL Zitronensaft

Zubereitungszeit 30 Minuten zzgl. 1–4 Stunden Marinierzeit
Kochzeit 45 Minuten
Personen 6–8

1. Für das Piri Piri die Chilis längs halbieren und die Kerne herauskratzen. Das Chilifleisch grob hacken. Mit Knoblauch, Paprika, Olivenöl und Zitronensaft in eine kleine Küchenmaschine füllen und glatt pürieren.

2. Die Hähnchen mit der Brust nach unten auf ein Küchenbrett legen. Die Rückgrate mit der Geflügelschere herausschneiden und entsorgen. Die Hähnchen wenden und mit der Schere zwischen den Brüsten durchschneiden.

3. Die Hähnchenteile in einer großen Glas- oder Keramikform mit dem Piri Piri übergießen und die Würzmischung mit den Händen (am besten mit Einweghandschuhen) in das Fleisch massieren. Abdecken und 1–4 Stunden im Kühlschrank marinieren.

4. Den Ofen auf 200 °C vorheizen. Ein großes Blech (oder 2 kleinere) mit Backpapier auslegen. Die Hähnchen mit der Haut nach oben darauflegen. 45 Minuten backen, bis sie goldbraun sind und beim Einstechen mit einem Spieß an der dicksten Stelle klarer Fleischsaft austritt.

5. Das Fleisch portionieren und servieren.

Pro Portion 1892 kJ, 452 kcal, 34 g Eiweiß, 34 g Fett (10 g gesättigte Fettsäuren), 1 g Kohlenhydrate (<1 g Zucker), <1 g Ballaststoffe, 149 mg Natrium

TIPP Ziehen Sie immer Gummihandschuhe an, wenn Sie mit Chilis hantieren. Chilireste könnten an den Händen verbleiben, was schmerzt, wenn Sie die Augen reiben.

FRISCHE CHILIS ENTHALTEN EXTREM VIELE VITAMINE UND MINERALSTOFFE, BESONDERS VITAMIN A, B-VITAMINE UND VITAMIN C. IHRE KRAFTVOLLE ANTIOXIDATIVE WIRKUNG UNTERSTÜTZT EINE GUTE IMMUNABWEHR.

GEFLÜGEL & WILD 137

Reichlich frische Petersilie und Salbei, kombiniert mit Zitrone, durchziehen die Füllung dieser zarten Hähnchenrouladen mit feinem Duft und viel Aroma.

Involtini mit Kräuterfüllung

35 g Pistazien
2 EL gehackte glatte Petersilie
1½ EL gehackter Salbei
2 TL fein abgeriebene Schale von 1 Bio-Zitrone
1 Knoblauchzehe, zerstoßen
4 TL Olivenöl
frisch gemahlener schwarzer Pfeffer
2 Hähnchenbrüste ohne Haut (je ca. 300 g)
4 Scheiben (italienischer) Rohschinken (nach Geschmack)

Zubereitungszeit 15 Minuten **Kochzeit** 15 Minuten zzgl. Ruhezeit **Personen** 4

1. Den Ofen auf 180 °C vorheizen. Die Pistazien auf einem Backblech ausbreiten und 3 Minuten leicht anrösten. Abkühlen lassen und fein hacken.
2. Pistazien, Petersilie, Salbei, Zitronenabrieb, Knoblauch und 2 Teelöffel Olivenöl in einer Schüssel verrühren und mit Pfeffer würzen.
3. Die Hähnchenbrüste waagerecht halbieren und klopfen, bis sie gleichmäßig dick sind (ca. 1 cm). Je 2 Esslöffel der Kräutermischung auf dem Fleisch verteilen und von einer kurzen Seite fest aufrollen. Je 1 Scheibe Schinken, falls verwendet, herumwickeln und die Involtini mit Küchengarn fixieren.
4. Das restliche Öl in einer großen beschichteten Pfanne auf mittlerer Temperatur erhitzen. Die Involtini 5 Minuten darin anbraten (3 Minuten mit Schinken), bis sie gleichmäßig gebräunt sind.
5. Auf ein mit Backpapier belegtes Blech umlegen. 10 Minuten im Ofen garen, dann herausnehmen und 5 Minuten ruhen lassen. Das Garn entfernen und die Involtini zum Servieren in Scheiben schneiden.

Pro Portion 1355 kJ, 324 kcal, 34 g Eiweiß, 20 g Fett (4 g gesättigte Fettsäuren), 3 g Kohlenhydrate (<1 g Zucker), 2 g Ballaststoffe, 90 mg Natrium

TIPP Hierzu passt gut der Brunnenkressesalat mit Kerbel (Seite 30), Ratatouille (Seite 53) oder der Warme Kichererbsensalat (Seite 71). Oder servieren Sie alternativ einen warmen Salat aus Röstgemüseresten wie kleinen Kartoffel-, Süßkartoffel- und Karottenstücken mit Kirschtomaten und gemischten Salatblättern, geschwenkt in einem Schuss Olivenöl.

SALBEI SEIN RUF ALS ALLHEILMITTEL SPIEGELT SICH IN SEINEM NAMEN WIDER: *SALVIA OFFICINALIS*, ABGLEITET VON LAT. „SALVARE" = HEILEN, RETTEN. SALBEI ENTHÄLT ROSMARINSÄURE, DIE ANTIOXIDATIV WIRKT UND DIE ENTZÜNDUNGSREAKTION LINDERN HILFT. ES HEISST, SALBEI KANN DAS GEDÄCHTNIS VERBESSERN – PEPPEN SIE IHRE GEISTESKRAFT ALSO MIT SALBEI IN IHREN LIEBLINGSGERICHTEN AUF!

Ingwer ist eine häufige Zutat asiatischer Rezepte, so auch hier. Wir verwenden ihn für die Hähnchenpfanne ebenso wie für das grüne Wokgemüse. Junger Ingwer hat mehr Aroma und einen zarteren Biss.

Honig-Ingwer-Huhn mit grünem Wokgemüse

1 Hähnchen (ca. 1,2 kg), zerlegt
3 Knoblauchzehen, geschält und in Scheibchen geschnitten
2 Stücke frischer Ingwer (je ca. 5 cm), geschält und klein gehackt
75 ml salzreduzierte Sojasauce
2 EL Honig
100 g Cranberry- oder Johannisbeergelee
1 EL Öl
250 ml salzreduzierte Hühnerbrühe
3 Frühlingszwiebeln, küchenfertig geputzt und klein geschnitten, zum Servieren

Grünes Wokgemüse
2 TL Öl
1 Bund Brokkolini (Spargelbrokkoli), geputzt und halbiert
300 g Zuckerschoten, küchenfertig geputzt
2 TL Sesamöl

Zubereitungszeit 20 Minuten
Kochzeit 40 Minuten
Personen 4

1. Den Ofen auf 180 °C vorheizen. Die Hühnerteile mit Küchenpapier trocken tupfen. Knoblauch, Ingwer, Sojasauce, Honig und Cranberry- bzw. Johannisbeergelee in einer kleinen Schüssel verrühren. 2 Esslöffel der Mischung für das Wokgemüse beiseitestellen.

2. Das Öl in einer großen ofenfesten Form auf mittlerer Temperatur erhitzen. Die Hühnerteile auf beiden Seiten darin anbräunen. Die Honig-Ingwer-Mischung samt der Brühe dazugießen. Die Form in den Ofen schieben und 30–35 Minuten garen, bis das Fleisch durch und die Sauce sirupartig eingekocht ist.

3. Kurz vor dem Servieren das Wokgemüse zubereiten: Das Öl in einem Wok stark erhitzen, Brokkolini und Zuckerschoten zugeben und 1–2 Minuten pfannenrühren. Die restliche Honig-Ingwer-Mischung unterrühren und 30 Sekunden miterhitzen. Das Sesamöl zugeben und sofort servieren. Die Frühlingszwiebeln zum Servieren über das Gericht streuen.

Pro Portion 2398 kJ, 573 kcal, 33 g Eiweiß, 31 g Fett (8 g gesättigte Fettsäuren), 42 g Kohlenhydrate (34 g Zucker), 4 g Ballaststoffe, 1035 mg Natrium

TIPP Frischer, junger Ingwer hat eine dünne Haut und ist weniger faserig, dafür aber saftiger als alte Wurzeln. Dazu ist er noch nicht ganz so scharf. Bewahren Sie ihn in einer braunen Packpapiertüte im Gemüsefach des Kühlschranks auf.

INGWER WIRD DERZEIT AUF SEINE ENTZÜNDUNGSHEMMENDE WIRKUNG HIN UNTERSUCHT, DIE ZUR SCHMERZLINDERUNG BEI ARTHRITIS UND ANDEREN GELENKPROBLEMEN BEITRAGEN KÖNNTE. IN DIESEM REZEPT IST ER MIT ZUTATEN KOMBINIERT, DIE EBENFALLS ENTZÜNDUNGSHEMMENDE EIGENSCHAFTEN BESITZEN – KNOBLAUCH, FRÜHLINGSZWIEBELN UND BROKKOLINI.

Kümmelsamen haben einen nussig-zarten Anisgeschmack und sind in der deutschen, österreichischen und ungarischen Küche weit verbreitet.

Huhn mit Kümmelkrapfen

2 EL Weizenmehl
2 TL Räucherpaprika
1 kg entbeinte, gehäutete Hühnerschenkel, in 5 cm große Stücke geschnitten
3 EL Oliven- oder Rapsöl
2 Zwiebeln, gehackt
2 Knoblauchzehen, zerstoßen
2 Karotten, grob gehackt
3 Stangen Staudensellerie, grob gehackt
125 ml trockener Weißwein
2 EL Tomatenmark
375 ml salzreduzierte Hühnerbrühe
2 Lorbeerblätter
125 g saure Sahne

Kümmelkrapfen

150 g Weizenmehl
1 gestr. TL Backpulver
1 TL Kümmelsamen
60 g Butter, gehackt
1 Ei, leicht verquirlt
20 g Parmesan, grob geraspelt
2 EL fein gehackte glatte Petersilie
2 EL fein gehackter Dill
ca. 50 ml fettarme Milch

Zubereitungszeit 20 Minuten
Kochzeit 1 Stunde 30 Minuten
Personen 6

1. Den Ofen auf 180 °C vorheizen.
2. Mehl und Paprikapulver in einer großen Plastiktüte vermengen. Die Hühnerteile dazugeben, die Tüte verschließen und schütteln, bis alles überzogen ist. 2 Esslöffel Öl in einer großen ofenfesten Form mittelstark erhitzen. Die Hühnerteile portionsweise je 5 Minuten darin anbraten. Herausnehmen und beiseitestellen.
3. 1 Esslöffel Öl in derselben Form auf mittlere Temperatur erhitzen. Das Gemüse unter Rühren 5 Minuten darin anschwitzen. Wein angießen und in 5 Minuten auf die Hälfte reduzieren. Tomatenmark, Brühe und Lorbeerblätter zugeben. Die Hühnerteile einlegen und mit Deckel 45 Minuten im Ofen schmoren.
4. Für die Krapfen Mehl, Backpulver und Kümmel in eine mittelgroße Schüssel füllen. Die Butter zugeben und mit dem Mehl verreiben, bis der Teig groben Semmelbröseln ähnelt. Ei, Käse, Kräuter und so viel Milch einarbeiten, bis ein weicher, klebriger Teig entsteht.
5. Das Ragout aus dem Ofen holen und die saure Sahne unterrühren. Den Teig esslöffelweise mit 2–3 cm Abstand darauf verteilen. Ohne Deckel ca. 20 Minuten im Ofen backen. Die Krapfen sollten durchgebacken und leicht gebräunt sein.

Pro Portion 2469 kJ, 590 kcal, 40 g Eiweiß, 35 g Fett (13 g gesättigte Fettsäuren), 28 g Kohlenhydrate (6 g Zucker), 3 g Ballaststoffe, 712 mg Natrium

TIPP Statt Huhn können Sie auch Rindfleisch verwenden. Die Schmorzeit des Fleisches in Schritt 3 verlängert sich dann auf 1½ Stunden. Dann erst die Kümmelkrapfen daraufsetzen.

KÜMMELSAMEN WENN SIE IHREN CHOLESTERINSPIEGEL AUF NATÜRLICHE WEISE KONTROLLIEREN WOLLEN, SOLLTEN SIE DILL UND KÜMMEL AUF IHREN SPEISENPLAN SETZEN. BEIDES ENTHÄLT VIELE ANTIOXIDANTIEN, VITAMINE WIE NIACIN UND PYRIDOXIN SOWIE BALLASTSTOFFE – LAUTER SUBSTANZEN, DIE HELFEN, DEN PEGEL „SCHLECHTEN" CHOLESTERINS IM BLUT ZU SENKEN.

Dukkah ist eine ägyptische Mischung aus Nüssen, Samen und Gewürzen. Traditionell serviert man sie mit Brot und Olivenöl, doch ergibt sie auch eine köstliche Panade.

Hähnchen in Dukkah-Kruste

500 g Hähnchenbrust, in breite Streifen geschnitten
Olivenölspray
Zitronenspalten, Joghurt und Minzzweige zum Servieren

Taboulé
100 g Bulgur (Weizenschrot)
2 reife Tomaten, gehackt
1 Bund (75 g) frische glatte Petersilie, Blättchen abgezupft
1 Bund (40 g) frische Minze, Blättchen abgezupft
2 Frühlingszwiebeln, in Ringe geschnitten
2 EL Zitronensaft
frisch gemahlener schwarzer Pfeffer

Dukkah
40 g Haselnüsse
2 EL Sesam
1 EL Korianderkörner
1 EL Kreuzkümmelsamen
1 TL schwarze Pfefferkörner

Zubereitungszeit 30 Minuten zzgl. 1 Stunde Quellzeit
Kochzeit 25 Minuten
Personen 4

1. Für die Taboulé den Bulgur in einer großen Schüssel mit reichlich heißem Wasser übergießen und 1 Stunde quellen lassen. Durch ein Sieb abseihen und das überschüssige Wasser ausdrücken. Mit den restlichen Zutaten in einer großen Schüssel vermengen. Mit schwarzem Pfeffer abschmecken.

2. Für das Dukkah den Ofen auf 180 °C vorheizen. Die Haselnüsse auf einem Blech ausbreiten und ca. 5 Minuten rösten. Auf ein Küchenhandtuch kippen, etwas abkühlen lassen und die Schalen abreiben. Den Ofen anlassen.

3. Den Sesam in einer beschichteten Pfanne auf mittlerer Temperatur ca. 1 Minute trocken rösten, bis er goldgelb ist. Dabei öfter rühren. Auf einen Teller kippen und auskühlen lassen. Die Korianderkörner ebenfalls 2 Minuten trocken rösten, bis sie duften, und zuletzt die Kreuzkümmelsamen 1 Minute rösten.

4. Die ausgekühlten Nüsse, Samen und Gewürze grob mahlen oder im Mörser zerstoßen.

5. Das Dukkah auf einem Teller ausbreiten und die Hähnchenstücke nacheinander in die Mischung drücken. Wenden und das Dukkah auf der anderen Seite andrücken. Die panierten Hähnchenstücke auf ein leicht geöltes Backblech legen, leicht mit Öl besprühen und 15 Minuten im Ofen rösten, bis sie goldbraun und durchgegart sind. Mit Taboulé, Zitrone, Joghurt und Minze servieren.

Pro Portion 1650 kJ, 394 kcal, 31 g Eiweiß, 20 g Fett (4 g gesättigte Fettsäuren), 22 g Kohlenhydrate (3 g Zucker), 7 g Ballaststoffe, 143 mg Natrium

KREUZKÜMMEL, KORIANDER UND SESAM HELFEN, DIE GEDÄCHTNISLEISTUNG ZU VERBESSERN UND SCHÜTZEN DAS GEHIRN VOR SCHÄDEN. NAHRUNGSMITTEL MIT VIELEN ANTIOXIDANTIEN, WIE DIESE SAMEN, ENTHALTEN ÄTHERISCHE ÖLE, DIE ENTZÜNDUNGEN LINDERN, WELCHE ZUM ALTERSBEDINGTEN NACHLASSEN DER GEDÄCHTNIS- UND GEHIRNLEISTUNG FÜHREN SOLLEN.

Indische Hähnchenkeulen aus dem Backofen

Die Kombination verschiedener Gewürze in einem Gericht kann stärker antioxidativ wirken als nur ein oder zwei einzelne Gewürze.

200 g Joghurt
2 TL Garam masala
½ TL gemahlene Kurkuma
2 TL fein geriebener frischer Ingwer
1 Knoblauchzehe, zerstoßen
8 Hähnchenunterkeulen (ca. 1,2 kg)

Pikante Würzkartoffeln

500 g Kartoffeln (Sorte Desiree), in 2 cm große Stücke geschnitten
1 EL Pflanzenöl
1 TL braune Senfkörner
½ TL gemahlene Kurkuma
½ TL Chilipulver
10 g frische Korianderblätter, grob gehackt
10 g frische Minzblätter, grob gehackt

Zubereitungszeit 25 Minuten zzgl. mind. 1 Stunde Marinierzeit
Kochzeit 1 Stunde
Personen 4

1. Den Ofen auf 180 °C vorheizen. Joghurt, Garam masala, Kurkuma, Ingwer und Knoblauch in einer kleinen Schüssel verrühren. Die Hähnchenkeulen an der dicksten Stelle zwei- oder dreimal einschneiden. In einer nichtmetallischen Schüssel mit der Marinade bedecken. Abgedeckt im Kühlschrank 1–4 Stunden marinieren.

2. Die Hähnchenkeulen in eine ofenfeste Glas- oder Keramikform umlegen. Im Ofen 1 Stunde backen, bis sie leicht gebräunt und durchgegart sind.

3. In der Zwischenzeit die Kartoffeln in reichlich Wasser 10 Minuten sprudelnd kochen bzw. bis sie gar sind. Gründlich abgießen.

4. Das Öl in einer großen Pfanne auf mittlerer Temperatur erhitzen und die Senfkörner zugeben. Wenn Sie anfangen aufzuspringen, Kurkuma und Chilipulver unterrühren und 30 Sekunden unter Rühren mitdünsten. Die Kartoffeln dazugeben und in den Gewürzen wälzen. 5 Minuten mitbraten und immer wieder wenden. Etwas abkühlen lassen, dann die Kräuter unterziehen. Zu den Hähnchenkeulen servieren.

Pro Portion 1915 kJ, 458 kcal, 36 g Eiweiß, 26 g Fett (7 g gesättigte Fettsäuren), 21 g Kohlenhydrate (3 g Zucker), 3 g Ballaststoffe, 201 mg Natrium

TIPP Falls Sie keine Desiree bekommen, wählen Sie eine andere festkochende Kartoffelsorte, die nicht zerfällt.

SENFKÖRNER DIE SENFPFLANZE GEHÖRT ZUR ANTI-KARZINOGEN WIRKENDEN *BRASSICA*-FAMILIE, WIE AUCH ROSENKOHL UND BROKKOLI. DIE SCHARFEN, KRÄFTIG SCHMECKENDEN KÖRNER ENTHALTEN REICHLICH GESUNDHEITSSCHÜTZENDE ANTIOXIDANTIEN.

GEFLÜGEL & WILD

Dieses Hähnchen bringt die Aromen und Farben Brasiliens auf den Tisch. Seine Aromen erhält es von süßscharfen Gewürzen und der Lebendigkeit der Jalapeño-Chilis.

Kokos-Hähnchen mit Chili und Ingwer

700 g Hähnchenbrustfilet
2 EL Olivenöl
2 TL edelsüßes Paprikapulver
2 TL gemahlener Kreuzkümmel
1 TL gemahlener Koriander
1 TL gemahlene Kurkuma
½ TL Cayennepfeffer
1 Stück frischer Ingwer (5 cm), gerieben
2 Knoblauchzehen, gehackt
4 mittelgroße Tomaten, gehackt
1–2 frische Jalapeño-Chilis, gehackt, oder 1–2 lange grüne Chilis, in Scheiben geschnitten
250 ml salzreduzierte Hühnerbrühe
125 ml fettreduzierte Kokosmilch
40 g frische Korianderblätter

Kräuterreis

1 EL Olivenöl
1 rote Zwiebel, fein gehackt
400 g Langkornreis
750 ml Hühnerbrühe
2 frische Lorbeerblätter
3 Frühlingszwiebeln, gehackt

Zubereitungszeit 15 Minuten
Kochzeit 25 Minuten
Personen 4

1 Das Hähnchenfleisch in 5 cm große Würfel schneiden und mit der Hälfte des Öls beträufeln. Eine große Pfanne auf mittlerer Temperatur erhitzen. Das Fleisch in zwei oder drei Portionen gut darin anbräunen. Dabei ständig wenden. Aus der Pfanne nehmen und beiseitestellen.

2 Die Pfanne erneut erhitzen und das restliche Öl hineingeben. Gewürze, Ingwer und Knoblauch unterrühren und 1–2 Minuten dünsten. Dabei ständig rühren. Das Hähnchenfleisch sowie Tomaten, Chilis, Brühe und Kokosmilch unterheben.

3 Die Temperatur reduzieren und alles offen 4–5 Minuten köcheln lassen, bis das Hähnchen gar und die Sauce leicht eingekocht ist. Vor dem Servieren die Korianderblätter unterziehen.

4 Während das Fleisch gart, den Kräuterreis zubereiten. Das Öl in einem großen, flachen Topf auf mittlerer Temperatur erhitzen. Die Zwiebel zugeben und 1–2 Minuten andünsten. Den Reis unterziehen und unter Rühren 2 Minuten andünsten, bis die Körner weiß werden. Die Brühe zugießen und den Lorbeer dazugeben. Aufkochen, die Temperatur senken und mit Deckel köcheln lassen, bis der Reis gar ist. Die Frühlingszwiebeln unterheben oder über den Reis streuen. Zum Hähnchen servieren.

Pro Portion 33480 kJ, 831 kcal, 51 g Eiweiß, 28 g Fett (8 g gesättigte Fettsäuren), 94 g Kohlenhydrate (9 g Zucker), 5 g Ballaststoffe, 774 mg Natrium

JALAPEÑOS SIND EINE CHILISORTE. WIE ANDERE MITGLIEDER DER CHILI-FAMILIE ENTHALTEN AUCH SIE VIEL VITAMIN C UND ANTIOXIDANTIEN, DIE WICHTIG SIND FÜR GESUNDES HAAR UND VITALE HAUT UND DIE DAS IMMUNSYSTEM LEISTUNGSFÄHIG HALTEN.

Servieren Sie das Hähnchen mit pikanter Salsa als Fingerfood oder mit Senfblättern (Seite 72) und Chili-Maisbrot (Seite 238) als Hauptgericht.

Backhendl mit Salsa

6 Hähnchenunterkeulen
6 Hähnchenflügel (Chicken Wings)
600 ml Buttermilch
4 Eier
1 TL Tabasco
225 g Weizenmehl
1 geh. TL Backpulver
1 EL mildes Paprikapulver
1 TL Knoblauchpulver
1 TL frisch gemahlener schwarzer Pfeffer
Erdnussöl zum Frittieren

Grüne Salsa

3 Frühlingszwiebeln, geputzt und gehackt
1 kleine Knoblauchzehe, geschält
1 große grüne Chilischote, entkernt und gehackt
20 g frische Korianderblätter und -stiele, grob gehackt
20 g frische glatte Petersilienblätter, grob gehackt
Saft von 1 kleinen Zitrone oder Limette
3 EL Olivenöl nativ extra
frisch gemahlener schwarzer Pfeffer

PAPRIKAGEWÜRZE
WIE PAPRIKAPULVER UND CHILI ENTHALTEN ÜBERRASCHEND VIEL EISEN – EIN WICHTIGER NÄHRSTOFF FÜR DIE GEHIRNFUNKTION UND ZUR AUFRECHTERHALTUNG DER ENERGIELEVEL.

Zubereitungszeit 15 Minuten zzgl. 2 Stunden Marinierzeit **Kochzeit** 30 Minuten **Personen** 4

1. Die Hähnchenteile in einen säurefesten Behälter mit Deckel oder in eine große Plastiktüte mit Zippverschluss legen. Mit der Buttermilch übergießen. Mindestens 2 Stunden oder über Nacht im Kühlschrank marinieren.
2. Die Salsa-Zutaten im Standmixer zerkleinern. Kurz pulsieren, wenn sie stückig bleiben soll, oder etwas länger für eine cremigere Konsistenz. Beiseitestellen.
3. Eier und Tabasco in einer großen Schüssel mit 125 ml Wasser verschlagen. Alle trockenen Zutaten in einer separaten Schüssel vermengen.
4. Die Buttermilch abgießen und entsorgen. Einen großen tiefen Topf oder eine Fritteuse zur Hälfte mit Erdnussöl füllen. Das Öl auf 175 °C erhitzen.
5. Die Hähnchenteile durch das Ei ziehen und in den trockenen Zutaten wälzen. Portionsweise goldgelb frittieren (10–15 Minuten). Herausheben, auf Küchenpapier abtropfen lassen und mit der Salsa servieren.

Pro Portion 5266 kJ, 1258 kcal, 78 g Eiweiß, 83 g Fett (20 g gesättigte Fettsäuren), 51 g Kohlenhydrate (10 g Zucker), 4 g Ballaststoffe, 858 mg Natrium

Pesto, traditionell im Mörser hergestellt, lässt sich auch leicht in der Küchenmaschine zubereiten.

Pesto alla Genovese – Basilikumpesto – ist wahrscheinlich die bekannteste unter den ungekochten Pastasaucen. Hier verleiht sie einem Nudelsalat ihr großartiges Aroma.

Kräuter-Brathähnchen mit Pesto-Pasta-Salat

1 ganzes Hähnchen (ca. 1,8 kg)
20 g frische Basilikumblätter, gehackt
10 g frischer Oregano, gehackt
1½ EL Olivenöl
½ Zitrone

Pesto-Pasta-Salat

2 rote Paprikaschoten, in 3 cm große Stücke geschnitten
250 g Kirschtomaten, halbiert
40 g frische Basilikumblätter
2 EL Pinienkerne, geröstet
2 Knoblauchzehen, grob gehackt
1 EL fein geriebener Parmesan
60 ml Olivenöl nativ extra
500 g kurze Pasta (z. B. Penne)
150 g entsteinte Kalamata-Oliven, halbiert

Zubereitungszeit 30 Minuten
Kochzeit 1 Stunde 30 Minuten
Personen 6

1. Den Ofen auf 190 °C vorheizen. Mit den Fingern vorsichtig die Haut über der Brust des Hähnchens lockern. Basilikum und Oregano mit 1 Esslöffel Olivenöl vermischen und unter der Haut in das Fleisch reiben.

2. Das Hähnchen mit der Brust nach oben in einen großen Bräter setzen und mit der aufgeschnittenen Zitrone abreiben. Das restliche Öl mit den Fingern einmassieren. Das Hähnchen 1½ Stunden im Ofen garen, bis es goldbraun und durchgegart ist. 10 Minuten ruhen lassen und in Portionsstücke aufschneiden.

3. In der Zwischenzeit für den Pesto-Pasta-Salat ein Backblech mit Backpapier auslegen. Die Paprika mit den Kirschtomaten darauf verteilen. 20 Minuten im Ofen rösten, bis das Gemüse weich ist.

4. Basilikum, Pinienkerne, Knoblauch und Parmesan in der Küchenmaschine gründlich zerkleinern. Bei laufendem Motor langsam das Öl dazugießen und gut unterarbeiten.

5. In der Zwischenzeit die Pasta in einem großen Topf mit Wasser al dente kochen. Abgießen, dann mit kaltem Wasser abschrecken. Gründlich abtropfen lassen und in einer Servierschüssel mit dem Pesto vermischen. Paprika, Tomaten und Oliven unterheben und zum Brathuhn servieren.

Pro Portion 3244 kJ, 775 kcal, 39 g Eiweiß, 42 g Fett (10 g gesättigte Fettsäuren), 61 g Kohlenhydrate (3 g Zucker), 5 g Ballaststoffe, 208 mg Natrium

BASILIKUM WIR KÖNNEN NICHT GARANTIEREN, DASS SIE SICH UMGEHEND JÜNGER FÜHLEN, DOCH BASILIKUM IM ESSEN KÖNNTE GEGEN DAS ALTERN HELFEN. BASILIKUM IST EIN ANTI-AGING-KRAUT, DA ES VIELE ANTIOXIDANTIEN ENTHÄLT, DIE ZELLEN UND CHROMOSOMEN VOR SCHÄDEN DURCH FREIE RADIKALE SCHÜTZEN.

Leichter und geschmackvoller kann ein Abendessen kaum sein. Die Aromen von Ingwer und Zitronengras, Chili und Korianderkraut machen es zu einer gesunden Mahlzeit.

Scharfer Hähnchen-Nudel-Wok

- 400 g frische breite Reisnudeln
- 2 EL Öl
- 2 Hähnchenbrüste (ca. 500 g), gehäutet, entbeint und in schmale Streifen geschnitten
- 1 Stück frischer Ingwer (ca. 5 cm), geschält und fein zerkleinert
- 2 Stängel Zitronengras (nur der weiße Teil), fein gehackt
- 1–2 Bird's-Eye-Chilis, entkernt und in feine Ringe geschnitten
- 1 kleine rote Zwiebel, in feine Scheiben geschnitten
- 1 Bund (350 g) Brokkolini, geputzt und gedrittelt
- 1 große rote Paprikaschote, geviertelt und in dünne Scheiben geschnitten
- 125 g frischer Babymais, längs halbiert
- 60 ml Austernsauce
- 2 EL salzreduzierte Sojasauce
- 1 EL Fischsauce
- 2 TL Sesamöl
- 20 g frische Korianderblätter
- 20 g frische Basilikumblätter

Zubereitungszeit 20 Minuten
Kochzeit 10 Minuten
Personen 4

1. Die Nudeln in eine große, hitzefeste Schüssel füllen und mit kochendem Wasser übergießen. Mit einer Gabel auflockern, dann abgießen. Beiseitestellen.

2. Einen Wok oder eine große Pfanne stark erhitzen. Die Hälfte von Öl und Hähnchenfleisch hineingeben und pfannenrühren, bis das Fleisch knapp gar ist. Herausheben und beiseitestellen. Das restliche Fleisch ebenso braten und beiseitestellen.

3. Den Wok wieder erhitzen. Ingwer, Zitronengras, Chilis und Zwiebel im restlichen Öl 1–2 Minuten pfannenrühren. Den Brokkolini 1–2 Minuten mitbraten, Paprika und Mais zugeben und weitere 2 Minuten pfannenrühren, bis das Gemüse bissfest ist. Fleisch, Saucen und Sesamöl in den Wok geben. Die Nudeln unterheben und durcherhitzen. Die Kräuter unterziehen und sofort servieren.

Pro Portion 3051 kJ, 729 kcal, 36 g Eiweiß, 21 g Fett (5 g gesättigte Fettsäuren), 99 g Kohlenhydrate (7 g Zucker), 7 g Ballaststoffe, 2022 mg Natrium

TIPP Bird's-Eye-Chilis zählen zu den schärfsten Chilisorten. Man erkennt sie an der leuchtend roten oder dunkelgrünen Farbe und geringer Größe (ca. 2 cm). In Thailand und Indien sind sie eine wichtige Kochzutat. Am schärfsten ist die mittlere Membran mit den Kernen. Um die Schärfe zu mildern, schaben Sie am besten Kerne und die Membran weg. Arbeiten Sie vorsichtig (Einweghandschuhe sind eine gute Idee).

ZITRONENGRAS WIRKT LEICHT ENTWÄSSERND, WAS DIE VOLKSMEDIZIN SEIT JEHER BEI FLÜSSIGKEITSANSAMMLUNGEN SOWIE ZUR LINDERUNG PRÄMENSTRUELLER SYMPTOME NUTZT. DAZU ENTHÄLT ES ENTZÜNDUNGSHEMMENDE UND ANTIOXIDATIVE SUBSTANZEN.

Dieses Rezept hat das Zeug zum Klassiker. Das Hähnchen wird mit einer würzigen Brotfüllung, süßen, gedämpften Zwiebeln und etwas körnigem Senf gefüllt.

Brathähnchen mit Salbei-Zwiebel-Füllung

1 ganzes Hähnchen (1,5 kg)
125 ml salzreduzierte Hühnerbrühe
20 g Butter, zerlassen
Röstkartoffeln und gedämpftes Grüngemüse zum Servieren

Salbei-Zwiebel-Füllung

1 EL Olivenöl
1 große Zwiebel, fein gehackt
2 EL gehackte Salbeiblätter
150 g frische Semmelbrösel
2 TL grobkörniger Senf
fein abgeriebene Schale von 1 Bio-Orange
2 EL Pinienkerne, geröstet
1 Ei, leicht verquirlt

Sauce

2 EL Mehl
375 ml salzreduzierte Hühnerbrühe

Zubereitungszeit 30 Minuten **Kochzeit** 1 Stunde 30 Minuten
Personen 4

1. Den Ofen auf 180 °C vorheizen. Lockeres Fett vom Hähnchen entfernen. Den Bauchraum unter fließendem kaltem Wasser ausspülen, dann mit Küchenpapier trocken tupfen.

2. Für die Füllung das Öl in einer Pfanne auf mittlerer Temperatur erhitzen. Die Zwiebel darin unter Rühren 3 Minuten anschwitzen, bis sie weich ist. Die restlichen Zutaten in eine Schüssel füllen und mit der Zwiebel verkneten.

3. Das Hähnchen mit der Mischung füllen. Flügel und Schenkel mit Küchengarn festbinden. Das Hähnchen in einen Bräter legen. Brühe und zerlassene Butter mischen und darübergießen. Den Bräter mit eingeölter Aluminiumfolie dicht verschließen und das Hähnchen 45 Minuten braten.

4. Die Folie abnehmen und das Hähnchen mit Bratensaft bestreichen und etwas bewegen, damit es nicht ansetzt. Weitere 45 Minuten ohne Deckel braten und von Zeit zu Zeit bestreichen. Herausnehmen, locker mit Alufolie abdecken und ruhen lassen.

5. Für die Sauce den Bräter auf den Herd stellen und auf mittlere Temperatur bringen. Das Mehl mit einem Holzkochlöffel unter den Bratensaft rühren, dabei den Bratensatz vom Boden lösen. Die Brühe angießen und alles einige Minuten köcheln lassen. Das Hähnchen mit der Sauce, Kartoffeln und Gemüse servieren.

Pro Portion 2917 kJ, 697 kcal, 43 g Eiweiß, 43 g Fett (13 g gesättigte Fettsäuren), 34 g Kohlenhydrate (6 g Zucker), 4 g Ballaststoffe, 762 mg Natrium

SALBEI SCHÜTZEN SIE IHR GEHIRN MIT SALBEI: JÜNGSTE STUDIEN UNTERSUCHTEN SEINE WIRKUNG AUF DAS GEHIRN UND STELLTEN FEST, DASS SALBEI-EXTRAKT DIE GEHIRNFUNKTION BEI GESUNDEN MENSCHEN UND PATIENTEN MIT DEMENZ VERBESSERN KANN.

Hier bekommt die knusprige Panade Pepp durch frische Kräuter. Sie könnten auch dünnes Kalb- oder Schweinefleisch verwenden sowie Salbei, Rosmarin oder Thymian statt dem Estragon.

Kräuterschnitzel mit Knoblauchpüree

- 2 große Hähnchenbrüste (ca. 500 g), gehäutet und entbeint
- 50 g Weizenmehl
- 2 Eier
- 2 EL gehackter Schnittlauch und etwas zum Garnieren
- 2 EL gehackte glatte Petersilie
- 1 EL gehackter Estragon
- 100 g Semmelbrösel
- 750 g Kartoffeln, geschält und in 5 cm große Stücke geschnitten
- 3 Knoblauchzehen, geschält und grob gehackt
- 80 ml fettarme Milch
- fein gemahlener weißer Pfeffer (nach Geschmack)
- Pflanzenöl zum Braten
- gedämpfte grüne Bohnen und Zitronenspalten zum Servieren

Zubereitungszeit 25 Minuten zzgl. 30 Minuten Kühlzeit
Kochzeit 15 Minuten
Personen 4

1. Die Hähnchenbrüste waagerecht halbieren. Die dickeren Teile mit einer Teigrolle klopfen, damit die Stücke gleichmäßig dick werden. Jedes Stück in 2 oder 3 Stücke schneiden. Das Mehl auf einen Teller geben, die Eier kurz auf einem Teller verschlagen. Kräuter und Brösel mischen und auf einem dritten Teller ausbreiten.

2. Die Schnitzel in Mehl wälzen, überschüssiges Mehl abschütteln. Nacheinander erst in das Ei tauchen und dann in den Bröseln wälzen. Abdecken und 30 Minuten in den Kühlschrank stellen.

3. Kartoffeln und Knoblauch in einem großen Topf mit Wasser bedecken. Mit Deckel aufkochen lassen, dann den Deckel schräg setzen und 12 Minuten weiterkochen, bis das Gemüse weich ist. Abgießen und im Topf zu Püree zerdrücken. Die Milch zugeben und mit einem Holzkochlöffel durchschlagen. Nach Geschmack mit weißem Pfeffer würzen. Warm halten.

4. In der Zwischenzeit 3 mm hoch Öl in eine große Pfanne gießen. Auf mittlerer Temperatur erhitzen und das Fleisch pro Seite ca. 3 Minuten braten, bis es knusprig ist. Auf Küchenpapier abtropfen lassen. Mit grünen Bohnen und dem Püree servieren, garniert mit Zitronenspalten zum Ausdrücken.

Pro Portion 22842 kJ, 679 kcal, 54 g Eiweiß, 28 g Fett (6 g gesättigte Fettsäuren), 52 g Kohlenhydrate (4 g Zucker), 5 g Ballaststoffe, 332 mg Natrium

SCHNITTLAUCH WIE VIELE ZWIEBELGEWÄCHSE ENTHÄLT SCHNITTLAUCH ALLICIN. DIESE VERBINDUNG HILFT, DEN BLUTDRUCK UND DEN PEGEL AN LDL („SCHLECHTES" CHOLESTERIN) ZU SENKEN. ZWIEBELGEWÄCHSE LIEFERN DAZU REICHLICH VITAMIN K UND FOLAT. BEIDES IST WICHTIG FÜR DIE BLUT- UND KNOCHENGESUNDHEIT.

Ideal für viele Gäste als Fingerfood! Verdoppeln Sie einfach die Menge.

Chicken Wings mit Rosmarin und Knoblauch

4 Knoblauchzehen, gehackt

1 EL grob gehackte Rosmarinnadeln

fein abgeriebene Schale von 1 Bio-Zitrone

2 TL schwarze Pfefferkörner

2 EL Olivenöl

1 kg Hähnchenflügel (ca. 20) ohne Spitzen (siehe Tipp)

Zubereitungszeit 10 Minuten **Kochzeit** 1 Stunde 30 Minuten **Personen** 4–6 als Snack

1 Den Ofen auf 180 °C vorheizen und ein großes Backblech mit Backpapier auslegen. Knoblauch, Rosmarin, Zitronenabrieb und Pfeffer im Mörser (oder einer kleinen Küchenmaschine) zu einer Paste verarbeiten. Langsam das Öl angießen und gut unterarbeiten.

2 Die Chicken Wings auf das Backblech legen. Mit der Öl-Kräuter-Mischung beträufeln und darin wenden, sodass sie rundum damit überzogen sind. Nebeneinander ausbreiten und 35–40 Minuten braten, bis sie goldbraun sind. Dabei einmal wenden.

Pro Portion 1396 kJ, 334 kcal, 25 g Eiweiß, 25 g Fett (6 g gesättigte Fettsäuren), 2 g Kohlenhydrate (<1 g Zucker), 2 g Ballaststoffe, 139 mg Natrium

TIPP Für dieses Rezept verwenden Sie nur die unteren, fleischigen Teile der Flügel, die gegart einer Miniatur-Hähnchenkeule ähneln. Kinder könnten den Pfeffer als zu scharf empfinden – reduzieren Sie die Menge also besser auf 1 Teelöffel, wenn Kinder mit am Tisch sitzen.

Hähnchenkeulen mit Zitronen-Rosmarin-Glasur

8 mittelgroße Hähnchenkeulen (ca. 1,3 kg), gehäutet

Zitronen-Rosmarin-Glasur

1 EL Olivenöl nativ extra

fein abgeriebene Schale und Saft von 2 kleinen Bio-Zitronen

2 EL gehackte Rosmarinnadeln

3 EL Dijonsenf

2 EL brauner Rohrzucker

2 kleine Knoblauchzehen, zerstoßen

1 TL frisch gemahlener schwarzer Pfeffer

Zubereitungszeit 10 Minuten **Kochzeit** 40 Minuten **Personen** 4

1 Den Ofen auf 180 °C vorheizen. Die Hähnchenkeulen in einen großen Bräter legen.

2 Für die Glasur alle Zutaten in einer Schüssel verrühren.

3 Die Keulen mit der Hälfte der Glasur bestreichen. Im Ofen 35–40 Minuten braten, bis sie goldgelb und durchgegart sind. Nach der halben Garzeit erneut mit der restlichen Glasur bestreichen.

Pro Portion 1486 kJ, 355 kcal, 36 g Eiweiß, 180 g Fett (4 g gesättigte Fettsäuren), 13 g Kohlenhydrate (8 g Zucker), 2 g Ballaststoffe, 541 mg Natrium

TIPP Servieren Sie die Keulchen heiß als Fingerfood mit Ofengemüse oder lauwarm auf Salat.

ROSMARIN KANN DEN DARM BEI DER VERDAUUNG UNTERSTÜTZEN UND WIRD IN EUROPA TRADITIONELL BEI VERDAUUNGS- UND MENSTRUATIONSPROBLEMEN EINGESETZT. HIER IST ER MIT PFEFFER KOMBINIERT, DER EBENFALLS GUT FÜR DEN DARM SEIN SOLL.

Dieses Rezept lehnt sich an das bekannte französische Gericht Poulet au Vinaigre (Hähnchen in Essig) aus der Region um Lyon an. Der Estragon verleiht ihm ein lakritzähnliches Aroma und harmoniert gut mit den Hähnchenteilen.

Hähnchen mit Estragonsauce

- 1,5 kg Hähnchen, in 8–10 Stücke zerteilt
- 2 EL Olivenöl
- frisch gemahlener schwarzer Pfeffer
- 8 Schalotten, geschält, große halbiert, kleine ganz
- 3 Knoblauchzehen, in dünne Scheiben geschnitten
- 75 ml Weißweinessig
- 250 ml Weißwein
- 125 ml salzreduzierte Hühnerbrühe
- 2 EL frische Estragonblättchen
- 1 TL Weizenmehl
- 60 g saure Sahne
- Kartoffelpüree zum Servieren

Salat mit Senf-Schnittlauch-Dressing

- 125 g junge Spinatblätter
- 1 Rote-Bete-Knolle, in dünne Streifen geschnitten, oder ¼ Rotkohl, in feine Streifen geschnitten
- 3 EL Olivenöl nativ extra
- 3 EL weißer Essig
- 2 TL Dijonsenf
- 1 EL gehackter Schnittlauch
- 40 g Walnüsse, geröstet und grob gehackt (nach Geschmack)

Zubereitungszeit 30 Minuten
Kochzeit 1 Stunde
Personen 4–6

1. Den Ofen auf 160 °C vorheizen. Die Hähnchenstücke leicht mit Olivenöl bestreichen und pfeffern. Eine große, flache Bratreine auf mittlere Temperatur erhitzen. Die Keulen portionsweise darin anbraten, dabei mehrmals wenden. Auf einen Teller umlegen.

2. Die Temperatur ein wenig reduzieren und das restliche Olivenöl erhitzen. Die Schalotten 2–3 Minuten goldgelb darin anschwitzen. Den Knoblauch zugeben und 30 Sekunden mitgaren.

3. Die Temperatur leicht erhöhen. Den Essig 30 Sekunden unterrühren, dann Wein, Brühe und Estragon zugeben. Die Hähnchenstücke einlegen und in der Essigmischung wenden. Im Ofen ohne Deckel 45–50 Minuten schmoren, bis das Fleisch sehr zart ist.

4. Für den Salat Spinatblätter und Rote Bete bzw. Rotkohl in einer Salatschüssel vermengen. In einer zweiten Schüssel Olivenöl, Essig und Senf aufschlagen und den Schnittlauch unterrühren. Kurz vor dem Servieren über den Salat träufeln. Nach Geschmack geröstete Walnüsse darüberstreuen.

5. Das Fleisch mit den Schalotten auf einer vorgewärmten Platte anrichten. Die Bratreine auf dem Herd auf mittlerer Temperatur aufsetzen. Mehl und Sahne cremig verrühren, unter die Essigsauce ziehen und unter Rühren erhitzen, bis die Sauce andickt. Über die Hähnchenteile gießen und mit Kartoffelpüree und Salat servieren.

Pro Portion 22710 kJ, 647 kcal, 36 g Eiweiß, 47 g Fett (12 g gesättigte Fettsäuren), 10 g Kohlenhydrate (8 g Zucker), 3 g Ballaststoffe, 362 mg Natrium

ESTRAGON FRISCHER ESTRAGON GEHÖRT ZU DEN BEKANNTESTEN NAHRUNGSQUELLEN FÜR ANTIOXIDANTIEN. ER HILFT SOMIT, SCHÄDEN AN DEN KÖRPERZELLEN ZU VERMEIDEN. DAZU TRÄGT ER ZUR BLUTVERDÜNNUNG BEI, WAS INFARKTEN UND SCHLAGANFÄLLEN DURCH ANOMALE BLUTGERINNUNG UND REDUZIERTEN BLUTFLUSS VORBEUGT.

Der berauschende Duft von Thymian und Lorbeer harmoniert wunderbar mit diesem französisch angehauchten, vollmundigen Hähnchen-Pilz-Gericht.

Hähnchenkeulen mit Thymianpilzen

THYMIAN IST EIN SEHR EFFEKTIVER ANTIBAKTERIELLER STOFF. SEIN ÄTHERISCHES ÖL HAT ANTIBAKTERIELLE EIGENSCHAFTEN, WESWEGEN ES TRADITIONELL BEI HUSTEN UND ÄUSSERLICH GEGEN AKNE EINGESETZT WIRD. ES ENTHÄLT AUCH SEHR VIELE ANTIOXIDANTIEN.

1 kg ganze Hähnchenoberkeulen, gehäutet, entbeint und halbiert
Olivenölspray
frisch gemahlener schwarzer Pfeffer
1 EL Olivenöl nativ extra
250 g kleine Champignons, küchenfertig geputzt
2 Knoblauchzehen, fein gehackt
1 EL Weizenmehl
125 ml Weißwein
500 ml salzreduzierte Hühnerbrühe
3 frische Lorbeerblätter
8 Zweige frischer Thymian
3 breite Streifen Schale von einer Bio-Orange
frisch gepresster Saft von 1 Bio-Orange
Blattsalat und Baguette zum Servieren

Zubereitungszeit 15 Minuten **Kochzeit** 45 Minuten **Personen** 4

1. Den Ofen auf 180 °C vorheizen. Die Hähnchenteile vom Fett befreien, leicht mit Olivenöl besprühen und pfeffern. Eine beschichtete Pfanne erhitzen und die Teile portionsweise auf mittlerer Temperatur anbraten. In eine Bratreine oder einen ofenfesten Schmortopf umlegen.

2. Die Temperatur der Pfanne auf mittlere bis kleine Hitze reduzieren. Das Olivenöl 30 Sekunden erhitzen. Die Pilze 2–3 Minuten darin anbraten, bis sie weich sind. Gelegentlich umrühren. Den Knoblauch zugeben und 30 Sekunden mitbraten.

3. Das Mehl über die Pilze stäuben und 1–2 Minuten unterrühren, bis das Mehl leicht bräunt. Wein und Brühe angießen und den Bratensatz lösen. Unter Rühren weiterkochen, bis die Mischung aufkocht. Über die Hähnchenteile gießen und Lorbeerblätter, Thymian, Orangenschalen und -saft zugeben.

4. 30–35 Minuten im Ofen schmoren, bis das Fleisch durchgegart ist. Während der Garzeit ein- bis zweimal umrühren und, falls nötig, noch etwas Brühe oder Wasser nachgießen. Mit Salat und Baguette servieren.

Pro Portion 1924 kJ, 460 kcal, 51 g Eiweiß, 23 g Fett (6 g gesättigte Fettsäuren), 8 g Kohlenhydrate (4 g Zucker), 2 g Ballaststoffe, 556 mg Natrium

TIPP Sie können den Thymian auch vor dem Servieren entfernen. Beim Anbraten von Hähnchen die Pfanne zuerst auf Temperatur bringen; das Fleisch sollte bei Hitzekontakt sofort brutzeln.

GEFLÜGEL & WILD

Dieses aromatische Gericht ist farblich und geschmacklich eine Offenbarung. Seinen Geschmack bekommt es von erdig-zitronigem Sumach, etwas süße Schärfe von Cayennepfeffer und seine brillante Farbe von Kurkuma und Paprika.

Marokkanisch gewürzte Hähnchenbrüste

- 4 Hähnchenbrüste (800 g), gehäutet
- 250 g Joghurt
- fein abgeriebene Schale und Saft von 1 Bio-Zitrone
- 1 EL Olivenöl und etwas Öl zum Bestreichen
- 1 Stück frischer Ingwer (ca. 5 cm), fein gerieben
- 1½ TL gemahlener Sumach
- ½ TL gemahlener Kreuzkümmel
- 1½ TL gemahlene Kurkuma
- 1 TL edelsüßes Paprikapulver
- ½ TL Cayennepfeffer
- gedämpfte grüne und gelbe Zucchini, mit Sumach bestreut, zum Servieren

Quinoa-Kräuter-Salat

- 200 g Quinoa
- 250 g geröstete Paprikaschoten aus dem Glas, abgetropft und gehackt
- 2 eingelegte Bio-Zitronenschalen, in dünne Streifen geschnitten
- 40 g Korianderblätter
- 40 g frische Minzblätter, zerzupft
- 20 g frische Basilikumblätter, zerzupft

Zubereitungszeit 15 Minuten zzgl. 30 Minuten Marinierzeit
Kochzeit 6 Minuten
Personen 4

1. Die Hähnchenbrüste säubern und leicht klopfen, damit sie gleichmäßig dick sind. In einen großen Plastikbeutel mit Zippverschluss geben. 125 g Joghurt, Zitronenschale und -saft, Öl, Ingwer und Gewürze zugeben. Die Tüte dicht verschließen. Die Marinade von außen leicht in das Fleisch einmassieren. 30 Minuten ziehen lassen oder im Kühlschrank bis zu 12 Stunden marinieren.

2. Inzwischen den Salat zubereiten. Die Quinoa mit 750 ml Wasser in einen großen Topf geben. Aufkochen, die Temperatur stark reduzieren und die Quinoa in 12–15 Minuten weich kochen. Kalt abbrausen und gut abtropfen lassen. Kurz vor dem Servieren mit Röstpaprika, Zitrone und Kräutern mischen.

3. Eine Grillpfanne mit Öl bestreichen und das Hähnchenfleisch bei mittlerer Temperatur 3 Minuten pro Seite braten, bis es durchgegart ist. Nur einmal wenden. Auf einen Servierteller legen und locker mit Aluminiumfolie abdecken. 2 Minuten ruhen lassen.

4. Den übrigen Joghurt mit 2 Esslöffel Wasser verrühren und entweder über das Hähnchen träufeln oder extra dazu servieren. Mit Salat und gedämpften Zucchini servieren.

Pro Portion 2563 kJ, 612 kcal, 56 g Eiweiß, 25 g Fett (10 g gesättigte Fettsäuren), 42 g Kohlenhydrate (5 g Zucker), 7 g Ballaststoffe, 399 mg Natrium

SUMACH IST ZWAR EIN VERWANDTER DER GIFTEICHE, DOCH WIRKT ER ALLES ANDERE ALS TOXISCH. ER ENTHÄLT ANTIOXIDATIVE POLYPHENOLE WIE ANTHOCYANINE UND ANDERE FLAVONOIDE. SIE SOLLEN HELFEN, ENTZÜNDUNGEN IM KÖRPER ZU LINDERN, DEN CHOLESTERIN- WIE BLUTZUCKERSPIEGEL ZU KONTROLLIEREN UND VOR CHRONISCHER ERKRANKUNG ZU SCHÜTZEN.

Szechuan-Hühnchen

500 g Hähnchenbrust, gehäutet und entbeint, in dünne Scheiben geschnitten
2 EL Pflanzenöl
1 Zwiebel, in dünne Spalten geschnitten
1 rote Paprikaschote, grob gehackt
2 Knoblauchzehen, zerstoßen
2 TL zerstoßene Szechuan-Pfefferkörner
1 TL fein geriebener frischer Ingwer
2 Frühlingszwiebeln, in 5 cm lange Stücke geschnitten
2 EL Austernsauce
2 EL salzreduzierte Sojasauce
2 TL Honig

Zubereitungszeit 15 Minuten **Kochzeit** 15 Minuten
Personen 4

1. Das Hähnchen in einer Schüssel mit 1 Esslöffel Öl gründlich vermengen.
2. Einen Wok oder eine Pfanne auf starker Temperatur erhitzen. Die Hälfte des Huhns zugeben und 3–4 Minuten pfannenrühren, bis das Fleisch gut gebräunt und durchgegart ist. Auf einem Teller warmhalten. Die zweite Hälfte garen und ebenfalls auf dem Teller warm halten.
3. Den Wok nochmals erhitzen und das restliche Öl zugeben. Zwiebel und Paprika 2–3 Minuten darin pfannenrühren oder bis das Gemüse gerade gar ist. Knoblauch, Pfeffer, Ingwer und Frühlingszwiebeln dazugeben und 1 Minute weiterrühren, bis die Gewürze duften. Das Hähnchen zurück in den Wok füllen und mit Saucen und Honig 1–2 Minuten durcherhitzen. Sofort servieren.

Pro Portion 1253 kJ, 299 kcal, 29 g Eiweiß, 16 g Fett (3 g gesättigte Fettsäuren), 9 g Kohlenhydrate (7 g Zucker), 1 g Ballaststoffe, 908 mg Natrium

TIPP Dazu gedämpften Jasminreis und asiatisches Grüngemüse, wie Baby-Choy-Sum (chinesischer Blütenkohl) und Brokkolini (Spargelbrokkoli), servieren.

Ingwerhuhn

800 g Hähnchenoberkeulen, gehäutet und entbeint, in 2–3 cm große Stücke geschnitten
2 Knoblauchzehen, zerstoßen
1 großes Stück frischer Ingwer (ca. 8 cm), klein geschnitten oder gehackt
1 TL zerstoßene Szechuan-Pfefferkörner oder frisch gemahlener schwarzer Pfeffer
125 ml chinesischer Reiswein oder trockener Sherry
125 ml Orangensaft
1 EL salzreduzierte Sojasauce
75 ml salzreduzierte Hühnerbrühe
gedämpfter Reis zum Servieren
frische Korianderblätter zum Garnieren

Zubereitungszeit 15 Minuten
Kochzeit 30 Minuten **Personen** 4

1. Den Ofen auf 200 °C vorheizen.
2. Hähnchen, Knoblauch, Ingwer, Pfeffer, Reiswein, Orangensaft, Sojasauce und Brühe in eine große Kasserolle oder Keramikform füllen. Den Deckel aufsetzen und 30 Minuten im Ofen garen, bis das Fleisch durchgegart ist.
3. Auf dem gedämpften Reis servieren, garniert mit Korianderblättern.

Pro Portion 1414 kJ, 338 kcal, 38 g Eiweiß, 15 g Fett (4 g gesättigte Fettsäuren), 7 g Kohlenhydrate (5 g Zucker), <1 g Ballaststoffe, 407 mg Natrium

TIPP Für noch mehr Geschmack marinieren Sie das Hähnchenfleisch 2 Stunden oder über Nacht in den anderen Zutaten. Servieren Sie klein geschnittenen Blattsalat oder sanft gedämpften Pak Choi und Zuckererbsen dazu.

SZECHUAN-PFEFFER HAT ENTZÜNDUNGSHEMMENDE EIGENSCHAFTEN UND KANN HELFEN, NAHRUNGSMITTEL ZU KONSERVIEREN, DA ER BAKTERIEN UND PARASITEN ABHÄLT.

Dieses Rezept lehnt sich an die italienische Salsa verde an, eine Sauce aus frischen Kräutern, Kapern und Zitronenabrieb. Die Zutaten passen perfekt zu dem gegrillten Hähnchen. Servieren Sie es mit Pikantem Würzreis (Seite 48).

Kräuter-Grillhähnchen mit Zitronen-Joghurt-Sauce

- 40 g frische Korianderblätter, gehackt
- 40 g frische Petersilienblätter, gehackt
- 40 g frische Minzblätter, gehackt
- 2 EL gehackter frischer Dill
- 2 EL gehackter frischer Schnittlauch
- 3 EL Olivenöl nativ extra
- 250 g Joghurt
- fein abgeriebene Schale von 1 Bio-Zitrone
- Saft von 2 Zitronen
- 2 TL gemahlener Kreuzkümmel
- 1 EL eingelegte kleine Kapern, abgespült
- 4 Hähnchenbrüste, gehäutet und entbeint (ca. 800 g)

Zubereitungszeit 20 Minuten
Kochzeit 10 Minuten
Personen 4

1. Die gehackten Kräuter in einer großen Schüssel mischen. 2 Esslöffel davon mit 1 Esslöffel Olivenöl in einer kleinen Schüssel verrühren und beiseitestellen. 3 Esslöffel gehackte Kräuter mit Joghurt und 2 Esslöffeln Zitronensaft verrühren und bis zum Servieren im Kühlschrank aufbewahren.

2. Die restlichen gehackten Kräuter mit Zitronenschale und restlichem Zitronensaft, Kreuzkümmel und Kapern und dem restlichen Olivenöl verrühren. Zum Servieren beiseitestellen.

3. Die Hähnchenbrüste etwas klopfen, damit sie gleichmäßig dick sind und gleichmäßig garen. In der aufbewahrten Kräuter-Öl-Mischung wenden. Eine große Grillpfanne mit Öl bestreichen und die Hähnchenbrüste bei mittlerer Hitze 3 Minuten pro Seite braten, bis sie gar sind. Dabei nur einmal wenden.

4. Das Hähnchenfleisch auf einen Servierteller legen. Locker mit Aluminiumfolie abdecken und 2 Minuten ruhen lassen. Die Kräuter-Kapern-Mischung darüber verteilen und die Zitronen-Joghurt-Sauce dazu reichen.

Pro Portion 1954 kJ, 467 kcal, 48 g Eiweiß, 28 g Fett (7 g gesättigte Fettsäuren), 6 g Kohlenhydrate (5 g Zucker), 3 g Ballaststoffe, 208 mg Natrium

TIPP Sie müssen für das Rezept 2 Zitronen kaufen.

SCHNITTLAUCH EINER DER WICHTIGSTEN BESTANDTEILE IM SCHNITTLAUCH IST ALLICIN. VOR KURZEM STELLTE MAN FEST, DASS ES HILFT, „SCHLECHTES" CHOLESTERIN UND DEN BLUTDRUCK ZU SENKEN SOWIE DIE HERZGESUNDHEIT ZU VERBESSERN, WAS SCHNITTLAUCH FÜR DIE KARDIOVASKULÄRE GESUNDHEIT ZU EINER GUTEN WAHL MACHT.

Die nach Zimt und Anis duftende Brühe dieses chinesisch angehauchten Gerichts lässt sich gut einfrieren oder verdünnt als Suppenbasis verwenden.

Pochiertes Hähnchen nach Asia-Art mit Grüngemüse

1 ganzes Hähnchen (1,5 kg)

150 g Jasminreis

2 Bunde (500 g) Kai-lan (chinesischer Brokkoli) oder andere asiatische Grüngemüse wie Choi Sum oder Pak Choi, gewaschen und küchenfertig gestutzt

1 TL Sesamöl

2 Frühlingszwiebeln, diagonal in feine Ringe geschnitten

frische Korianderblätter zum Garnieren

Brühe

250 ml salzreduzierte Sojasauce

250 ml chinesischer Reiswein (Shaoxing) oder trockener Sherry

3 ganze Sternanisfrüchte

2 Zimtstangen

1 große Zwiebel, grob gehackt

3 Knoblauchzehen, grob gehackt

1 kleines Stück frischer Ingwer (ca. 2 cm), geschält und in dicke Scheiben geschnitten

1 EL schwarze Pfefferkörner

Zubereitungszeit 25 Minuten
Kochzeit 45 Minuten zzgl. 30 Minuten Ziehzeit
Personen 4

1 Alle Zutaten für die Brühe mit 1 Liter Wasser in einen großen Topf geben. Das Hähnchen mit der Brust nach unten sanft hineingleiten lassen und so viel Wasser aufgießen, dass das Hähnchen gerade bedeckt ist. Zugedeckt zum Köcheln bringen, dann den Deckel schräg aufsetzen. 30 Minuten sanft köcheln lassen. Vom Herd nehmen und mit Deckel 30 Minuten ziehen lassen.

2 Kurz bevor das Hähnchen fertig ist, den Reis in reichlich Wasser in ca. 15 Minuten garen. Abgießen und abtropfen lassen. Das Hähnchen vorsichtig aus der Brühe heben und auf ein Küchenbrett legen. Das Fleisch in großen Stücken von den Knochen ziehen und locker mit Aluminiumfolie abgedeckt ruhen lassen.

3 Die Brühe durch ein feines Sieb in einen Topf abgießen und aufkochen. Das Grüngemüse in Stängel und Blätter teilen. Zuerst die Stängel in die Brühe einlegen, dann die Blätter. 1 Minute garen, dann mit einer Küchenzange herausheben.

4 Den Reis auf Servierschüsseln verteilen. Hähnchen und Gemüse daraufsetzen. Die Schüsseln mit Brühe auffüllen. Mit Sesamöl beträufeln und zum Servieren mit Frühlingszwiebeln und Korianderblättern garnieren.

Pro Portion 2771 kJ, 662 kcal, 42 g Eiweiß, 29 g Fett (9 g gesättigte Fettsäuren), 44 g Kohlenhydrate (8 g Zucker), 4 g Ballaststoffe, 2458 mg Natrium

STERNANIS DIE HÜBSCHEN, STERNFÖRMIGEN GETROCKNETEN KAPSELN VON STERNANIS ENTHALTEN SHIKIMISÄURE. SIE SCHEINT GEGEN INFEKTIONEN ZU WIRKEN UND ANTIOXIDATIVE KRÄFTE ZU HABEN. DIE CHINESISCHE MEDIZIN SETZT STERNANIS IN ARZNEIEN GEGEN BAKTERIEN, VIREN UND HEFEPILZINFEKTIONEN EIN.

Ein Gericht aus Kanada – relativ scharf, sehr aromatisch und wirklich gut. Belegen Sie die Burger mit reichlich geraspeltem Gemüse und Salat.

Scharfe Truthahnburger

500 g Putenhack

60 g Panko-Semmelbrösel (aus entrindetem Weißbrot)

1 Ei, leicht verquirlt

½ rote Zwiebel, gerieben

1 frische Jalapeño-Chili, gehackt (nach Geschmack)

1 Karotte, geraspelt

fein abgeriebene Schale von 1 Bio-Limette

Saft von ½ Limette

je 3 TL (15 ml) Sesamöl, Fischsauce und Sojasauce

2 Knoblauchzehen, zerstoßen

1 TL geriebener Ingwer

2 TL Rapsöl

6 Vollkorn-Burgerbrötchen, aufgeschnitten

Belag

Brokkoli oder Grünkohl, Karotten, Rote Bete und Rotkohl, geraspelt

2 TL Apfelessig

2 TL Sesamöl

Wasabi-Mayonnaise

125 ml Mayonnaise

2 TL Wasabi

Saft von ½ Limette

Zubereitungszeit 30 Minuten
Kochzeit 20 Minuten
Personen 6

1. Fleisch, Semmelbrösel, Ei, Zwiebel, Chili, Karotte, Limettenabrieb und -saft, Sesamöl, Fischsauce, Sojasauce, Knoblauch und Ingwer in einer großen Schüssel mit den Händen gründlich durchmischen. In 6 Portionen teilen und zu ca. 1,5 cm dicken Bratlingen formen.

2. Für den Belag das geraspelte Gemüse mit Apfelessig und Sesamöl vermengen. Beiseitestellen.

3. Alle Zutaten für die Wasabi-Mayonnaise in einer kleinen Schüssel verrühren.

4. 1 Teelöffel Rapsöl in einer großen Pfanne erhitzen. 3 Bratlinge 3 Minuten pro Seite darin anbraten, bis sie gut gebräunt und durchgegart sind. Beiseitestellen und locker mit Aluminiumfolie abdecken, um sie warm zu halten. Das restliche Öl und Fleisch ebenso verarbeiten. Alternativ die Bratlinge mit Öl bestreichen und auf einer Grillplatte oder Grillpfanne braten.

5. Die Wasabi-Mayo auf die unteren Brötchenhälften streichen. Bratlinge, Gemüsebelag und die Brötchendeckel daraufsetzen.

Pro Portion 1908 kJ, 456 kcal, 23 g Eiweiß, 24 g Fett (4 g gesättigte Fettsäuren), 37 g Kohlenhydrate (7 g Zucker), 4 g Ballaststoffe, 890 mg Natrium

JALAPEÑOS REIFE JALAPEÑOS SIND – WIE GEMÜSEPAPRIKA – ROT, ORANGE ODER GELB. SIE WERDEN ABER FÜR GEWÖHNLICH GRÜN VERZEHRT, ENTWEDER EINGELEGT ODER FRISCH. SIE SIND GENAUSO REICH AN ANTIOXIDANTIEN WIE ANDERE MITGLIEDER DER BUNTEN PAPRIKAFAMILIE.

Gedämpfter Reis und ein Salat aus fein gehobelter Gurke, Karotte und etwas Sesamöl ergeben eine wunderbare Beilage.

GEFLÜGEL & WILD

Dieses thailändisch inspirierte Curry ist sehr cremig, vergleichsweise mild und durch Entenbrust, Litschis und frische Ananas etwas ganz Besonderes.

Thai-Entencurry

- 2 Entenbrüste mit Haut (je 180 g)
- ¼ TL frisch gemahlener schwarzer Pfeffer
- 1 TL gemahlener Kreuzkümmel
- 3 Baby-Auberginen, in sehr dünne Scheiben geschnitten
- etwas Pflanzenöl zum Bepinseln
- 250 ml salzreduzierte Hühnerbrühe
- 250 ml fettreduzierte Kokosnusscreme
- 2 EL rote Thai-Currypaste (Seite 295)
- 1 große rote Paprikaschote, gehackt
- 1 Dose (225 g) in Sirup eingelegte Litschis ohne Stein
- ½ kleine Ananas (ca. 400 g), gewürfelt
- 20 g frische Korianderblätter
- dünne Karotten- und Gurkenstreifen zum Servieren

Zubereitungszeit 20 Minuten
Kochzeit 25 Minuten
Personen 4

1. Den Ofen auf 200 °C vorheizen. Die Haut der Entenbrüste 2- bis 3-mal einschneiden. Pfeffer und Kreuzkümmel mischen und in die Haut reiben. Eine ofenfeste Pfanne erhitzen. Die Entenbrüste mit der Haut nach unten einlegen und in 3–4 Minuten goldgelb und knusprig anbraten, bis das Fett austritt. Die Entenbrüste wenden und in der Pfanne 8–10 Minuten im Ofen braten. Die Auberginen auf ein mit Backpapier belegtes Blech legen, mit Öl bepinseln und mit dem Fleisch im Ofen rösten.

2. Die Entenbrüste herausnehmen. Auf einen vorgewärmten Teller legen, locker mit Aluminiumfolie abdecken und 10–15 Minuten ruhen lassen. Die Auberginen beiseitestellen.

3. Brühe, Kokosnusscreme und Currypaste in einem großen Topf aufkochen. Die Temperatur reduzieren und 5–6 Minuten köcheln lassen, bis sich das Öl absetzt. Die gehackte Paprika zugeben und 3–4 Minuten garen.

4. Die Litschis abgießen, dabei den Sirup auffangen. Den Sirup in die Sauce rühren. 3 Minuten oder länger kochen, bis die Sauce eindickt.

5. Die Entenbrüste dünn aufschneiden. Litschis und Ananas in die Sauce rühren und 1 Minute durcherhitzen. Die Auberginen zugeben. In einer Servierschüssel mit Entenbrustscheiben und Korianderblätter anrichten und sofort servieren.

Pro Portion 1567 kJ, 374 kcal, 22 g Eiweiß, 13 g Fett (8 g gesättigte Fettsäuren), 43 g Kohlenhydrate (41 g Zucker), 4 g Ballaststoffe, 252 mg Natrium

KORIANDERKRAUT FRISCHER KORIANDER WIRD SEIT JEHER ZUR BERUHIGUNG DER VERDAUUNG UND ZUR LINDERUNG VON ÜBELKEIT, DURCHFALL UND BLÄHUNGEN EINGESETZT. SEINE ÄTHERISCHEN ÖLE HABEN ENTZÜNDUNGSHEMMENDE EIGENSCHAFTEN, WAS DIESEN EFFEKT ERKLÄREN MAG.

In diesem unkomplizierten Entenrezept bildet süß-scharfer Ingwer einen wunderbaren Kontrast zur knusprigen Haut und dem saftigen Fleisch.

Entenbrust mit Honig-Ingwer-Glasur

1 EL Olivenöl
4 Entenbrüste mit Haut (je 180 g)
2 TL geriebener frischer Ingwer
1 EL Honig
125 ml salzreduzierte Hühnerbrühe
1 EL Sojasauce
3 oder 4 ganze Sternanis
gedämpfter Baby-Pak-Choi und Jasminreis zum Servieren

Zubereitungszeit 10 Minuten **Kochzeit** 15 Minuten **Personen** 4

1. Den Ofen auf 180 °C vorheizen.
2. Das Öl in einer großen Pfanne auf mittlerer bis starker Temperatur erhitzen. Die Entenbrüste mit der Haut nach unten 2 Minuten darin goldbraun anbraten. Mit der Haut nach oben auf ein Backblech legen. 10 Minuten im Ofen braten, bis das Fleisch saftig gegart und die Haut knusprig ist. Aus dem Ofen nehmen und 5 Minuten ruhen lassen.
3. Während das Fleisch gart, alles Fett außer 2 Teelöffel aus der Pfanne abgießen. Das verbliebene Fett auf mittlerer Temperatur erhitzen. Ingwer, Honig, Hühnerbrühe, Sojasauce und Sternanis zugeben. Aufkochen und ca. 5 Minuten kochen lassen, bis die Sauce auf die Hälfte reduziert ist.
4. Die Entenbrüste in Scheiben schneiden. Mit der Sauce beträufeln und mit gedämpftem Baby-Pak-Choi und Jasminreis servieren.

Pro Portion 6261 kJ, 1496 kcal, 49 g Eiweiß, 142 g Fett (41 g gesättigte Fettsäuren), 7 g Kohlenhydrate (6 g Zucker), <1 g Ballaststoffe, 413 mg Natrium

TIPP Alternativ zum frischen Ingwer können Sie eingelegten, geriebenen Ingwer verwenden. Statt Entenbrust schmecken auch Entenkeulen, die aber etwas länger garen. Anstelle des Baby-Pak-Chois passen auch sehr gut alle anderen vorrätigen Grüngemüse zu diesem Rezept.

INGWER WENN SIE SICH SCHLAPP FÜHLEN, KÖNNTEN SIE IHREN TAG MIT INGWER AUFPEPPEN. EINE SEINER CHEMISCHEN SUBSTANZEN, INGWEROL, WIRD BEZÜGLICH ENTZÜNDUNGSHEMMUNG UND STEIGERUNG DER GEHIRNLEISTUNG UNTERSUCHT. SIE ERHÖHT VIELLEICHT DIE DENKGESCHWINDIGKEIT.

Die Steaks werden vor dem Grillen in einer fruchtigen Sauce gewendet und mit zerstoßenem Piment und Wacholderbeeren bestreut. Dazu reichen Sie Wurzelgemüse-Püree.

Glasierte Hirschsteaks

500 g große Karotten, klein gewürfelt
500 g Kohlrübe, klein gewürfelt
3 EL Cranberrysauce oder -gelee
1 EL Port- oder Rotwein
1 EL Olivenöl
4 Hirschsteaks (je 125 g)
1 TL Pimentkörner
10 Wacholderbeeren
frisch gemahlener schwarzer Pfeffer
2 EL Butter
1 Bund (60 g) glatte Petersilie, gehackt, 4 Zweige zum Garnieren aufheben

Zubereitungszeit 15 Minuten
Kochzeit 20 Minuten
Personen 4

1 Karotten und Kohlrüben in einem Topf mit Wasser bedecken. Aufkochen und 10–12 Minuten mit Deckel köcheln lassen, bis das Gemüse weich ist.

2 Cranberrysauce oder -gelee, Port- oder Rotwein und Öl in einer kleinen Schüssel verrühren. Die Steaks mit der Hälfte der Mischung einreiben und den Rest aufbewahren.

3 Piment und Wacholderbeeren grob in der Gewürzmühle oder im Mörser zerkleinern. (Alternativ die Beeren in einem wiederverschließbaren Beutel mit der Teigrolle zerdrücken.) Die Hälfte über die Steaks streuen. Mit schwarzem Pfeffer würzen.

4 Eine Grillplatte sehr stark erhitzen. Die Steaks einseitig 6–7 Minuten braten. Wenden, mit der restlichen Cranberry-Mischung bestreichen und mit den übrigen Gewürzen und weiterem schwarzen Pfeffer bestreuen. Nochmals 5 Minuten braten.

5 Das Gemüse abgießen und auf schwacher Hitze im Topf nochmals erwärmen. Überschüssiges Wasser abgießen. Mit der Butter zu Püree zerdrücken und mit schwarzem Pfeffer würzen.

6 Das Püree auf Teller verteilen und mit gehackter Petersilie bestreuen. Die Steaks dazu anrichten und mit Petersilie garnieren.

Pro Portion 1643 kJ, 392 kcal, 37 g Eiweiß, 16 g Fett (7 g gesättigte Fettsäuren), 26 g Kohlenhydrate (21 g Zucker), 7 g Ballaststoffe, 238 mg Natrium

TIPP Das Rezept ist bereits eine komplette Mahlzeit; gedämpftes grünes Gemüse wie Brokkoli kann sie ergänzen.

WACHOLDERBEEREN SIND ÜBERRASCHENDERWEISE GAR KEINE BEEREN, SONDERN KLEINE ZYPRESSENZAPFEN MIT ÄTHERISCHEN NADELBAUMÖLEN, DIE IN DER KRÄUTERMEDIZIN SEIT JEHER ANWENDUNG FINDEN. SIE WIRKEN VOR ALLEM ENTWÄSSERND UND FÖRDERN EINE NORMALE VERDAUUNGS- UND DARMFUNKTION.

GEFLÜGEL & WILD

Wachteln haben die perfekte Größe für ein bis zwei Personen. Für vier verdoppeln Sie einfach die Zutaten. Auch Hähnchen passt gut zu den marokkanischen Aromen.

Pfannengeröstete Wachteln mit Couscous

2 große Wachteln, je ca. 200 g
1 TL Marokkanische Würzmischung (Seite 292)
1 EL Olivenöl
150 ml salzreduzierte Hühnerbrühe
100 g grüne Bohnen, diagonal in feine Scheibchen geschnitten
100 g Instant-Couscous
45 g Trockenaprikosen, gehackt
2 EL Mandelblättchen, geröstet
1 EL gehackte frische Korianderblätter oder Schnittlauch

Zubereitungszeit 15 Minuten
Kochzeit 15 Minuten
Personen 2

1 Die Wachteln mit der Brust nach unten auf ein Schneidebrett legen. Mit der Küchenschere das Rückgrat herausschneiden und entsorgen. Die Wachteln durch die Brust halbieren. Die Haut mit der Würzmischung bestreuen.

2 Die Hälfte des Öls in einer schweren Pfanne auf mittlerer Temperatur erhitzen. Die Wachteln mit der Haut nach unten einlegen und ca. 5 Minuten anbräunen. Wenden und mit Deckel weitere 7 Minuten braten, bis sie durchgegart sind.

3 In der Zwischenzeit die Brühe in einem kleinen Topf zugedeckt aufkochen. Den Herd ausstellen, den Deckel anheben und schnell Bohnen, Couscous und Aprikosen zugeben. Den Deckel wieder aufsetzen und den Topf schwenken, um die Zutaten zu mischen. 5 Minuten ziehen lassen, damit der Couscous die Brühe aufnehmen kann.

4 Den Deckel abnehmen, das restliche Öl über den Couscous träufeln und die Körner mit der Gabel auflockern. Etwas abkühlen lassen, dann die Mandeln unterziehen. Zum Servieren die Wachteln auf den Couscous setzen und mit Koriander oder Schnittlauch bestreuen.

Pro Portion 3009 kJ, 719 kcal, 49 g Eiweiß, 37 g Fett (7 g gesättigte Fettsäuren), 48 g Kohlenhydrate (10 g Zucker), 5 g Ballaststoffe, 568 mg Natrium

MAROKKANISCHE WÜRZMISCHUNG IST EINE KOMPOSITION AUS VIELEN KRÄUTERN, FÜR GEWÖHNLICH KURKUMA, PAPRIKA, KREUZKÜMMEL, KORIANDER UND INGWER. ALLE DAVON ENTHALTEN ANTIOXIDANTIEN, DIE DIE KÖRPERZELLEN VOR SCHADEN BEWAHREN.

Krabbeneintopf nach Louisiana-Art ist ein Klassiker der Cajun-Küche ...

... und New Orleans mit seinem Quartier Français nahe dem Mississippi deren Zentrum.

Der Süden Amerikas

„Down south" in den USA gibt es großartiges, durchweg köstliches, regionales Essen, egal ob in den höherpreisigen, französisch-inspirierten kreolischen Restaurants in New Orleans oder in den Straßenrestaurants, die Gerichte wie gegrilltes Schweinefleisch mit Maisbrot und Krautsalat auftischen. Die Südstaatenküche hat ihre Wurzeln in Europa und Afrika und spiegelt viele Einflüsse wider. Die Einwohner sind ihren einzigartig regionalen Rezepten treu verbunden, von der richtigen Sauce zum Gegrillten bis zu den Würzmischungen für typische Wohlfühlgerichte wie Brathähnchen oder rote Bohnen mit Reis. Sie werden hier nie Hunger leiden, sollten aber immer Platz für etwas Süßes lassen. Oft ist es ein mit Muskatnuss gewürztes, großes Stück Kokoskuchen, ein Süßkartoffel- oder Kürbis-Pie.

Schmiedeeiserne Verzierungen schmücken die historischen kreolischen Häuser entlang der Esplanade Avenue in New Orleans.

Fisch
Meeres

& früchte

Dieses Rezept hat seine Wurzeln in Marseille. Die Fischer verwerteten darin den Tagesfang, den sie nicht verkaufen konnten.

Bouillabaisse

1 EL Olivenöl
1 große Zwiebel, fein gehackt
1 Fenchelknolle, küchenfertig geputzt und in feine Scheiben geschnitten
2 Knoblauchzehen, fein gehackt
4 reife Tomaten, geschält, entkernt und gehackt
1 TL Kümmelsamen
2 Lorbeerblätter
2 große Zweige frischer Thymian
6 Stängel frische Petersilie
1 Streifen Schale einer Bio-Orange (ca. 2 × 6 cm)
1,5 l salzreduzierter Fischfond
500 g Kartoffeln, geschält und in dicke Scheiben geschnitten
500 g gemischte Meeresfrüchte oder festfleischiges Fischfilet, in Stücke geschnitten
6 Scheiben Baguette, geröstet, zum Servieren

Rouille

1 Prise Safranfäden
1 Eigelb
2 Knoblauchzehen, zerstoßen
¼ TL Cayennepfeffer
125 ml Olivenöl
Zitronensaft (nach Geschmack)

Zubereitungszeit 30 Minuten
Kochzeit 35 Minuten
Personen 6

1 Das Olivenöl in einem großen Topf auf mittlerer Temperatur erhitzen. Zwiebel und Fenchel ca. 5 Minuten darin weich dünsten, aber nicht bräunen. Den Knoblauch 1 Minute unter Rühren mitbraten, dann Tomaten und Kümmelsamen zugeben und 2 Minuten weitergaren.

2 Lorbeer, Thymian und Petersilie mit Küchengarn zum Bouquet garni zusammenbinden. Mit Orangenschale und Fond in den Topf geben. Zugedeckt aufkochen und die Temperatur reduzieren. Den Deckel leicht schräg setzen und 10 Minuten köcheln lassen.

3 Die Kartoffeln unterheben und zum Kochen bringen. In 10 Minuten fast weich garen. Die Meeresfrüchte zugeben und 5 Minuten köcheln lassen, bis sie nicht mehr glasig sind.

4 In der Zwischenzeit für die Rouille den Safran in 1 Teelöffel warmem Wasser einweichen und beiseitestellen. Eigelb, Knoblauch und Cayennepfeffer gründlich verrühren. Unter ständigem Rühren mit dem Schneebesen das Öl in dünnem Strahl unterschlagen, bis die Rouille cremig aufgeschlagen ist. Safran und Einweichflüssigkeit unterschlagen und ggf. mit Zitronensaft abschmecken.

5 Die Suppe mit Rouille und geröstetem Baguette servieren.

Pro Portion 1673 kJ, 400 kcal, 25 g Eiweiß, 26 g Fett (4 g gesättigte Fettsäuren), 18 g Kohlenhydrate (6 g Zucker), 5 g Ballaststoffe, 322 mg Natrium

TIPP Zum Häuten von Tomaten die Unterseite kreuzförmig einritzen. Mit kochendem Wasser übergießen und 5 Minuten ziehen lassen. Abgießen, abkühlen lassen und die Haut abziehen.

LORBEERBLÄTTER SOLLEN BLÄHUNGEN UND VERDAUUNGSSTÖRUNGEN LINDERN. IHR ANTIOXIDATIVER EFFEKT SOLL HELFEN, DEN CHOLESTERINSPIEGEL ZU REGULIEREN. DIE ENTZÜNDUNGSHEMMENDE WIRKUNG VON LORBEERBLATT-AUFGÜSSEN KOMMT TRADITIONELL BEI ATEMWEGSINFEKTEN WIE HUSTEN UND ERKÄLTUNGEN ZUM EINSATZ.

Verwenden Sie gemischte, saisonale Fische und andere regionale Meeresfrüchtesorten und passen Sie die Kochzeit entsprechend an.

Laksa

Laksa ist eine südostasiatische Suppe. Diese malaysische Version heißt Curry Laksa oder Laksa Lemak – „fette Laksa", wegen der cremigen Kokosmilch in dem mit Kaffirlimetten- und Laksablättern gewürzten Fond.

- 1 EL Pflanzenöl
- 1 l salzreduzierte Hühner- oder Gemüsebrühe
- 125 ml fettreduzierte Kokosmilch
- 3 Kaffirlimettenblätter
- 1 kg rohe Garnelen, geschält und entdarmt, mit Schwänzen
- 175 g vorfrittierte Tofuwürfel (Tofu Puffs), in Scheiben geschnitten
- 200 g Reisnudeln
- 75 g Bohnensprossen
- 10 g frischer Vietnamesischer Koriander (Laksa oder Rau Ram)
- Limettenspalten zum Servieren

Laksa-Paste

- 6 kleine rote Chilis
- 50 g asiatische rote Schalotten, grob gehackt
- 2,5 cm frischer Galgant, gehackt
- 2,5 cm frische Kurkumawurzel (oder 1 TL gemahlene Kurkuma)
- 3 Knoblauchzehen, gehackt
- 20 g Kemiri- oder Macadamianüsse
- 2 Stängel Zitronengras, nur der helle Teil, grob gehackt
- 2 TL Shrimp-Paste
- TL gemahlener Koriander

Zubereitungszeit 35 Minuten zzgl. 30 Minuten Einweichzeit
Kochzeit 5 Minuten
Personen 4

1. Für die Laksa-Paste die Chilis in einer hitzefesten Schüssel mit kochendem Wasser übergießen und 30 Minuten einweichen. Gründlich abgießen und grob hacken. Mit den anderen Zutaten in der Küchenmaschine oder im Mixer zur einer Paste verarbeiten.

2. Das Öl in einem großen Topf auf mittlerer Temperatur erhitzen. Die Paste unter Rühren 2 Minuten anbraten. Brühe, Kokosmilch und Limettenblätter zugeben und zum Simmern bringen. Garnelen und Tofu zugeben und ca. 2 Minuten mitköcheln lassen, bis die Garnelen rosa werden.

3. In der Zwischenzeit einen Topf mit Wasser zum Kochen bringen. Die Nudeln einlegen und in ca. 4 Minuten al dente kochen. Abgießen und auf Servierschalen oder Suppenteller verteilen.

4. Die Brühe mit Garnelen und Tofu über die Nudeln schöpfen. Bohnensprossen und Koriander darüber verteilen. Mit Limettenspalten zum Auspressen servieren.

Pro Portion 2349 kJ, 561 kcal, 45 g Eiweiß, 20 g Fett (5 g gesättigte Fettsäuren), 50 g Kohlenhydrate (6 g Zucker), 3 g Ballaststoffe, 1121 mg Natrium

TIPP Wenn Sie keinen Vietnamesischen Koriander (auch als Laksa-Blätter oder Rau Ram im Handel) erhalten, verwenden Sie frische normale Korianderblätter. Den Galgant können Sie durch Ingwer ersetzen. Vorfrittierten Tofu erhalten Sie tiefgekühlt in Asia-Märkten.

GROSSER GALGANT IST AUCH ALS THAI-INGWER BEKANNT. DIE WURZEL GEHÖRT ZUR INGWERFAMILIE, HAT ABER EIN PFEFFRIGERES ZITRUSAROMA. GALGANT ENTHÄLT VIELE DER ANTIOXIDANTIEN VON INGWER UND WIRD AUCH ÄHNLICH WIE DIESER ZUR MAGENBERUHIGUNG UND GEGEN ÜBELKEIT EINGESETZT.

Ein schnelles und unkompliziertes, italienisch angehauchtes Rezept, das als Höhepunkt jeder Abendeinladung glänzt. Der Fisch nimmt beim Garen im Ofen das Aroma der Basilikum-Zitronen-Füllung auf.

Fisch mit Basilikumfüllung

1 ganzer, großer Meeresfisch (ca. 750 g), wie Red Snapper oder Goldbrasse (Dorade)

1 Bio-Zitrone, längs halbiert, eine Hälfte in feine Scheiben geschnitten, die andere fein gehackt

3 große Stängel frisches Basilikum

4 EL Olivenöl nativ extra

5 große Kartoffeln (je 100 g), geviertelt

600 g Blumenkohlröschen

1 kleine Knoblauchzehe, zerstoßen

1 TL brauner Zucker

1 TL frisch gemahlener schwarzer Pfeffer

250 g Kirsch- oder Traubentomaten

Zubereitungszeit 20 Minuten **Kochzeit** 45 Minuten **Personen** 4

1. Den Ofen auf 200 °C vorheizen. Den Fisch auf beiden Seiten bis zur Rückengräte mehrmals tief einschneiden, damit die dickeren Teile gleichmäßig durchgaren. In jeden Einschnitt 1 Zitronenscheibe und 1 Basilikumblatt stecken. Den Fisch in einen Bräter setzen.

2. Eine Handvoll Basilikumblätter zum Servieren beiseitestellen. Die restlichen Blätter und Stängel grob hacken. Zusammen mit der gehackten Zitrone in den Fischbauch stecken. Mit 1 Esslöffel Öl beträufeln.

3. Die Kartoffeln in 1 Esslöffel Öl schwenken und auf einem kleinen Backblech verteilen. Fisch und Kartoffeln 25 Minuten im Ofen backen.

4. Den Blumenkohl in 1 Esslöffel Öl schwenken und auf einer Hälfte eines großen Backblechs verteilen.

5. Knoblauch, Zucker und Pfeffer mit 1 Esslöffel Öl in einer großen Schüssel verrühren und die Tomaten darin wenden. Auf der anderen Hälfte des Blechs verteilen.

6. Fisch und Kartoffeln weitere 20 Minuten rösten, bis die Kartoffeln goldgelb gebacken und der Fisch durchgegart ist. Blumenkohl und Tomaten 20 Minuten mitrösten, bis beides weich ist. Das restliche Basilikum über den Fisch streuen und servieren.

Pro Portion 1819 kJ, 434 kcal, 37 g Eiweiß, 21 g Fett (3 g gesättigte Fettsäuren), 23 g Kohlenhydrate (6 g Zucker), 7 g Ballaststoffe, 161 mg Natrium

BASILIKUM GEHÖRT ZUR PFLANZENFAMILIE DER MINZEARTEN. ES IST REICH AN ANTIOXIDANTIEN WIE BETAKAROTIN UND ZEAXANTHIN, DAS DIE SEHKRAFT SCHÜTZT.

Chermoula ist eine Marinade aus Nordafrika mit vielen Varianten. Diese basiert auf einer großen Menge frischer Kräuter. Sie lässt sich sehr gut für Fisch, aber auch für Fleisch und Gemüse verwenden.

Fisch in Chermoula-Marinade mit Blumenkohl

Olivenölspray

½ großer Blumenkohl (700 g), küchenfertig geputzt und in Röschen zerteilt

1 TL gemahlener Koriander

4 Fischfilets (je 175 g), wie Königsmakrele oder Mahi Mahi (Goldmakrele)

125 g grüner Spargel

Chermoula

1 TL Kreuzkümmelsamen

10 g frische Korianderblätter

10 g frische glatte Petersilienblätter

2 Knoblauchzehen, grob gehackt

1 TL edelsüßes Paprikapulver

¼ TL Cayennepfeffer

1 EL Olivenöl

1 EL Zitronensaft

Zubereitungszeit 25 Minuten
Kochzeit 30 Minuten
Personen 4

1 Für die Chermoula den Kreuzkümmel in einer Pfanne bei mittlerer Temperatur ca. 1 Minute trocken rösten, bis er duftet. Abkühlen lassen und mit Kräutern, Knoblauch und Gewürzen in der Küchenmaschine gründlich zerkleinern. Öl und Zitronensaft unterarbeiten, bis eine homogene Mischung entsteht.

2 Den Ofen auf 200 °C vorheizen. Ein Backblech leicht mit Öl besprühen und die Blumenkohlröschen nebeneinander darauf verteilen. Mit Öl besprühen und mit Koriander bestreuen. 20–30 Minuten im Ofen backen, bis sie goldgelb geröstet sind. In der Küchenmaschine zu groben Krümeln zerkleinern.

3 Eine ausreichend große, schwere Pfanne auf mittlerer bis starker Temperatur erhitzen. Den Fisch mit der Chermoula einreiben und 2–3 Minuten pro Seite braten, bis das Fleisch sich mit einer Gabel flockig zerteilen lässt.

4 Den Spargel in 2 Minuten bissfest dämpfen. Den Fisch mit dem „Blumenkohl-Couscous" und Spargel servieren.

Pro Portion 1223 kJ, 292 kcal, 42 g Eiweiß, 11 g Fett (2 g gesättigte Fettsäuren), 6 g Kohlenhydrate (4 g Zucker), 4 g Ballaststoffe, 129 mg Natrium

TIPP Im Zweifel lassen Sie den fertigen Fisch bis zum Servieren noch 5 Minuten ruhen, damit alles gleichzeitig fertig ist.

KORIANDER FRISCHE KORIANDERBLÄTTER ENTHALTEN ZAHLREICHE PFLANZENNÄHRSTOFFE. VIELE DAVON WIRKEN STARK ANTIOXIDATIV UND SCHÜTZEN DIE ZELLEN UNSERES GEHIRNS UND HERZ-KREISLAUF-SYSTEMS VOR DEN SCHÄDEN, DIE DEN ALTERUNGSPROZESS VERURSACHEN.

Fisch mit Zitronengras und Koriander

1 Stängel Zitronengras
2 EL Oliven- oder Rapsöl
500 g festfleischiges weißes Fischfilet, in größere Stücke zerteilt
2 Knoblauchzehen, fein gehackt
2 kleine Chilis, entkernt und in feine Ringe geschnitten
frische Korianderzweige zum Servieren

Zubereitungszeit 10 Minuten **Kochzeit** 8 Minuten
Personen 4

1. Die zähen äußeren Blätter vom Zitronengras abziehen und den holzigen Strunk abschneiden. Das Wurzelende mit dem Griff eines schweren Küchenmessers oder mit einem Nudelholz flach und weich klopfen. Den weißen Teil sehr fein würfeln und den Rest entsorgen. 1 Esslöffel des gewürfelten Zitronengrases zum Servieren beiseitestellen.

2. Eine kleine Menge Öl in einer beschichteten Pfanne oder im Wok erhitzen und die Fischstücke auf starker Temperatur in 5 Minuten knapp durchgaren, dabei öfter schwenken und wenden. Die austretende Flüssigkeit abgießen.

3. Das restliche Öl mit Knoblauch und Zitronengras in einem zweiten Wok erhitzen und 1–2 Minuten unter Rühren dünsten, bis der Knoblauch gleichmäßig gebräunt ist.

4. Den gegarten Fisch mit dem Chili einlegen. Die Stücke vorsichtig rundum im Öl wenden und durcherhitzen. Zum Servieren mit dem restlichen Zitronengras und Koriander bestreuen.

Pro Portion 804 kJ, 192 kcal, 25 g Eiweiß, 10 g Fett (1 g gesättigte Fettsäuren), <1 g Kohlenhydrate (<1 g Zucker), <1 g Ballaststoffe, 178 mg Natrium

Kräuterfisch im Bananenblatt

4 Stücke Bananenblatt, mind. 25 × 15 cm groß
500 g festes weißfleischiges Fischfilet, in Stücke gehackt
4 Frühlingszwiebeln, grob gehackt
10 g Minzblätter (2 große Stängel)
20 g Thai-Basilikumblätter (4 große Stängel)
4 kleine rote Chilis, grob gehackt
2 EL thailändische Fischsauce
4 Bambus- oder Holzspieße

Zubereitungszeit 20 Minuten **Kochzeit** 20 Minuten
Personen 4

1. Die Bananenblätter mindestens 10 Minuten in Wasser einweichen. Zum Grillen 4 Bambus- oder Holzspieße ebenfalls einweichen.

2. In der Zwischenzeit die restlichen Zutaten im Standmixer oder in der Küchenmaschine cremig pürieren. Die Maschine ausschalten und die seitlich festhängende Masse nach unten schieben.

3. 4 Portionen daraus formen und auf je ein Bananenblatt setzen. Mit den Spießen zustecken.

4. Die Päckchen 20 Minuten auf dem Holzkohlen- oder Gasgrill garen, bis die Fischmasse auch innen gar ist. Sofort servieren.

Pro Portion 505 kJ, 121 kcal, 26 g Eiweiß, <1 g Fett (<1 g gesättigte Fettsäuren), 2 g Kohlenhydrate (2 g Zucker), 1 g Ballaststoffe, 1097 mg Natrium

TIPP Bananenblätter geben dem Fisch durch das Einwickeln ein zartes Duftaroma. Falls Sie keine bekommen können, verwenden Sie doppelt gelegte Aluminiumfolie.

ZITRONENGRAS IN DER KARIBIK IST ZITRONENGRAS AUCH ALS „FIEBERGRAS" BEKANNT, DA ES IN DER VOLKSMEDIZIN ZUM TEMPERATURSENKEN ANGEWANDT WIRD. TATSÄCHLICH SCHEINT ES ENTZÜNDUNGSHEMMENDE EFFEKTE ZU HABEN, WAS DIESE WIRKUNG ERKLÄREN MAG. DAZU TÖTET ES WOHL AUCH KEIME UND SCHÜTZT SOMIT VOR HARNWEGSINFEKTEN.

Diese thailändisch und vietnamesisch inspirierten Rezepte verleihen Fisch das zarte Aroma frischer Kräuter.

FISCH & MEERESFRÜCHTE

In diesem traditionellen chinesischen Rezept geben Ingwer und Frühlingszwiebeln dem Fisch Aroma – von innen und von außen.

Gedämpfter Fisch mit Ingwerdressing

2 kleine ganze Fische (je ca. 500 g), z. B. Red Snapper, Goldbrasse (Dorade) oder Zackenbarsch
frisch gemahlener schwarzer Pfeffer
60 g frischer Ingwer, in feine Stifte geschnitten
3 Frühlingszwiebeln, weiße Teile in dünne Ringe geschnitten, grüne Teile fein zerhackt
2 EL Sojasauce
1 EL dunkles Sesamöl
3 EL Raps- oder Sesamöl
5 Stängel frischer Koriander, zerzupft
1 kleine rote Chili, entkernt und in feine Ringe geschnitten
gedämpfter Reis und asiatisches Grüngemüse wie Choy Sum zum Servieren

Zubereitungszeit 15 Minuten **Kochzeit** 15 Minuten **Personen** 4

1. Einen Dämpfeinsatz in den Wok oder in einen großen Topf mit Deckel einhängen. Bis kurz unter den Einsatz Wasser einfüllen und zum Kochen bringen. Die Fische auf einen Teller legen, der im Wok Platz hat.

2. Die Fische auf beiden Seiten bis zur Rückengräte mehrmals tief einschneiden, sodass die dickeren Teile gleichmäßig durchgaren. Die Bauchhöhle gründlich mit Pfeffer würzen und mit der Hälfte des Ingwers und dem Weißen der Frühlingszwiebeln füllen. Die andere Hälfte des Ingwers über den Fisch streuen. Die Fische mit dem Teller in den Wok setzen und mit Sojasauce und Sesamöl übergießen.

3. Den Deckel aufsetzen und die Fische 15 Minuten dämpfen, bis sie auch an den dicksten Stellen gar sind. Aus dem Dämpfeinsatz heben. Das Rapsöl in einem kleinen Topf bis an den Rauchpunkt erhitzen. Vorsichtig über den Fisch träufeln, sodass es brutzelt.

4. Das Frühlingszwiebelgrün mit Koriander und Chili über den Fisch streuen. Mit gedämpftem Reis und asiatischem Grüngemüse servieren.

Pro Portion 1568 kJ, 375 kcal, 42 g Eiweiß, 22 g Fett (3 g gesättigte Fettsäuren), 3 g Kohlenhydrate (1 g Zucker), ‹1 g Ballaststoffe, 837 mg Natrium

INGWER TRÄGT DAZU BEI, DEN KÖRPER VOR SCHÄDLICHEN BAKTERIEN UND PILZEN ZU SCHÜTZEN. ER STÄRKT DAS IMMUNSYSTEM UND KANN GEGEN ARTERIOSKLEROSE VORBEUGEN, INDEM ER DAS BLUTCHOLESTERIN SENKT UND DIE OXIDATION VON LDL (DAS „SCHLECHTE" CHOLESTERIN) VERHINDERT.

FISCH & MEERESFRÜCHTE

Dieses Gericht explodiert förmlich vor Farbe und Aroma. Moqueca de Peixe (so der brasilianische Name) ist ein Gericht, das Tomaten, Paprika, Chilis und frischen Koriander mit einem Hauch Cremigkeit von Kokosmilch vereint.

Brasilianischer Fischeintopf

1 kg festfleischiges, weißes Fischfilet, z. B. Rotbarsch oder Tilapia

Saft von 2 Limetten

2 EL Olivenöl

1 große rote Zwiebel, gehackt

1 große rote Paprikaschote, gehackt

1 große grüne Paprikaschote, gehackt

3–4 Knoblauchzehen, in Scheiben geschnitten

1–2 lange rote Chilischoten, in dünne Scheiben geschnitten

1 Dose (400 g) stückige Tomaten

250 ml salzreduzierter Fischfond oder Gemüsebrühe

125 ml fettreduzierte Kokosmilch

40 g frische Korianderblätter

gedämpfter Reis zum Servieren

Zubereitungszeit 20 Minuten zzgl. 30 Minuten Marinierzeit
Kochzeit 20 Minuten
Personen 4

1. Den Fisch küchenfertig herrichten und in große Würfel schneiden. In einer Glasschüssel mit dem Limettensaft übergießen und vorsichtig damit vermengen. Abdecken und 30 Minuten im Kühlschrank marinieren.

2. Die Hälfte des Öls in einem großen, flachen Topf auf mittlerer Temperatur erhitzen. Die Zwiebel 2 Minuten darin anschwitzen. Das restliche Öl mit Gemüsepaprika, Knoblauch und Chilis zugeben und 4 Minuten weiterdünsten, bis die Paprika weich ist, aber noch Biss hat. Gelegentlich umrühren.

3. Tomaten und Fond angießen und aufkochen. Temperatur reduzieren und die Sauce 5 Minuten köcheln und etwas eindicken lassen. Den Fisch mit Marinade sowie die Kokosmilch zugeben und vorsichtig unterheben. In 6–8 Minuten gar ziehen lassen. Koriandergrün darüberstreuen und sofort mit Reis servieren.

Pro Portion 1666 kJ, 398 kcal, 53 g Eiweiß, 15 g Fett (5 g gesättigte Fettsäuren), 13 g Kohlenhydrate (9 g Zucker), 3 g Ballaststoffe, 688 mg Natrium

TIPP Allgemein gilt, dass Chilis umso schärfer sind, je kleiner sie sind. Rote Chilis sind komplett ausgereift und schmecken daher etwas süßer als grüne Schoten. Die Schärfe mildern Sie, indem Sie die Chilis erst mit einem scharfen Messer halbieren und dann die Kerne und die Scheidewände herauskratzen. Dabei am besten Einweghandschuhe tragen. Die Limettensaftmarinade gibt dem Fisch nicht nur Geschmack, sondern macht das Fleisch vor dem Garen auch noch fester.

CHILIS SIND SCHARF, MANCHMAL SEHR SCHARF, ABER DIE KLEINEN SCHOTEN KÖNNEN TATSÄCHLICH DAZU BEITRAGEN, DEN BLUTDRUCK ZU SENKEN. IHR SCHARFER BESTANDTEIL, DAS CAPSAICIN, HAT STARK ENTZÜNDUNGSHEMMENDE EIGENSCHAFTEN.

In der Thai-Küche wird Choo-Chee-Sauce traditionell als Umhüllung gegarter Meeresfrüchte serviert. Darüber streut man die frischen Kräuter, die mitgegessen werden sollen.

Fisch & Meeresfrüchte

Die Liste der Zutaten für dieses traditionelle Thai-Gericht ist lang, doch werden die meisten nur kurz im Mixer zerkleinert, um ihren wunderbaren Geschmack freizusetzen.

Fisch mit Choo-Chee-Sauce

1 großer, ganzer Fisch (750 g–1 kg) wie Red Snapper oder Goldbrasse (Dorade), seitlich mehrmals tief eingeschnitten
Öl zum Frittieren
4 Zweige frisches Koriandergrün
4 Zweige Thai-Basilikum
5 Kaffirlimettenblätter

Choo-Chee-Sauce

20 g Kokosflocken
1 TL Belachan (Garnelenpaste)
1 lange rote Chilischote, Stiel entfernt und gehackt
1 EL gehackte Korianderwurzeln und -stängel
2 Kaffirlimettenblätter, Blattstiel entfernt, in sehr feine Streifen geschnitten
1 EL fein gehacktes Zitronengras
1 EL fein gehackte Galgantwurzel
½ TL weißer Pfeffer
2 EL geriebener Palmzucker
2 EL Thai-Fischsauce
frisch gepresster Saft von ½ Limette
2 große Knoblauchzehen
2 asiatische rote Schalotten oder 1 kleine rote Zwiebel, gehackt
250 ml Kokosnusscreme

Zubereitungszeit 25 Minuten **Kochzeit** 15 Minuten **Personen** 4

1. Für die Choo-Chee-Sauce die Kokosflocken auf mittlerer Temperatur in einer Pfanne goldgelb trocken rösten. In eine Küchenmaschine oder einen Mixer umfüllen.

2. Die Garnelenpaste flach drücken und auf einem Stück Aluminiumfolie in eine Pfanne setzen. Erhitzen, bis sie stark duftet (ca. 5 Minuten). Ebenfalls in die Küchenmaschine füllen. Alle restlichen Saucenzutaten zugeben, cremig pürieren, dabei die Kokosnusscreme in kleinen Portionen nachfüllen. Ein wenig Kokosnusscreme zum Servieren aufheben.

3. Die Sauce in einem Wok oder einer beschichteten Pfanne auf mittlerer Temperatur unter Rühren braten, bis sie Blasen wirft und eindickt und sich etwas Öl absetzt. Vom Herd nehmen und stehen lassen. Inzwischen den Fisch zubereiten.

4. Einen großen Topf oder Wok zur Hälfte mit Öl füllen und dieses auf 170 °C erhitzen. Den Fisch am Schwanz halten und sanft in das Öl gleiten lassen, bis er untergetaucht ist. 8–10 Minuten frittieren, bis auch die dicken Stellen durch sind. Mit zwei Küchenzangen aus dem Öl heben und einige Minuten auf Küchenpapier abtropfen lassen.

5. Den Fisch auf einer Servierplatte anrichten. Die Choo-Chee-Sauce darüberlöffeln und den Fisch mit der restlichen Kokosnusscreme beträufeln. Koriander, Thai-Basilikum und Kaffirlimettenblätter über den Fisch geben und sofort servieren.

Pro Portion 2052 kJ, 490 kcal, 34 g Eiweiß, 36 g Fett (18 g gesättigte Fettsäuren), 10 g Kohlenhydrate (8 g Zucker), 3 g Ballaststoffe, 1074 mg Natrium

KAFFIRLIMETTENBLÄTTER ENTHALTEN ÄTHERISCHE ÖLE, DIE DENEN ANDERER ZITRUSBLÄTTER ÄHNELN. SIE HABEN JEDOCH EIN ÜPPIG-BLUMIGES AROMA, DAS IN VIELEN SÜDOSTASIATISCHEN KÜCHEN BELIEBT IST. DAZU ENTHALTEN SIE ANTIOXIDATIV UND ENTZÜNDUNGSHEMMEND WIRKENDE SUBSTANZEN.

Reis mit roten Bohnen ist ein Gericht aus Louisiana. Es wird typischerweise mit Kreuzkümmel, Korianderkraut und Cayennepfeffer gewürzt. Die Schweinshaxe dient nur dem Geschmack und kann anderweitig verwendet werden.

Schwertfischsteaks an Reis mit roten Bohnen

1 EL Olivenöl
2 TL gehackte frische Minze
2 TL gehackter frischer Oregano
4 Schwertfischsteaks (je ca. 150 g)
frisch gemahlener schwarzer Pfeffer

Reis mit roten Bohnen

175 g getrocknete Kidneybohnen
1 EL Olivenöl
1 Zwiebel, gehackt
1 große Selleriestange, gehackt
1 kleine grüne Paprikaschote, gehackt
2 Knoblauchzehen, zerstoßen
1 TL gemahlener Kreuzkümmel
1 TL gemahlener Koriander
1/2 TL Cayennepfeffer
1 Lorbeerblatt
1 TL getrockneter Oregano
1 kleine Schweinshaxe (ca. 500 g)
1 EL klein gehackter frischer Salbei
200 g Jasminreis oder anderer Langkornreis

Zubereitungszeit 35 Minuten zzgl. Einweichzeit über Nacht
Kochzeit 1 Stunde
Personen 4

1. Für den Reis die Bohnen in einer großen Schüssel mit reichlich kaltem Wasser übergießen und über Nacht einweichen. Am nächsten Tag abgießen.

2. Das Öl in einem großen Topf erhitzen. Zwiebel, Sellerie und Paprika darin auf mittlerer Hitze 5 Minuten garen, bis das Gemüse weich ist. Knoblauch und gemahlene Gewürze unter Rühren 1 Minute mitbraten. 1 Liter Wasser zugießen, Lorbeer, Oregano, Schweinshaxe und eingeweichte Bohnen in den Topf geben und zugedeckt zum Kochen bringen. Dann den Deckel schräg setzen und die Bohnen 1 Stunde köcheln lassen, bis sie weich sind. Haxe und Lorbeerblatt entfernen. Die Bohnen abgießen und den gehackten Salbei untermischen.

3. In der Zwischenzeit den Reis in einem Topf in sprudelnd kochendem Wasser in ca. 15 Minuten weich kochen.

4. Öl, Minze und Oregano vermengen und den Fisch rundum damit bestreichen. Mit Pfeffer würzen. Auf einem vorgeheizten Grill oder in der Grillpfanne 2–3 Minuten pro Seite garen, bis sich der Fisch leicht mit einer Gabel zerteilen lässt. Den Fisch zu Bohnen und Reis servieren.

Pro Portion 3125 kJ, 747 kcal, 62 g Eiweiß, 26 g Fett (6 g gesättigte Fettsäuren), 60 g Kohlenhydrate (3 g Zucker), 13 g Ballaststoffe, 1060 mg Natrium

MINZE STECKT VOLLER GRÜNER PFLANZENNÄHRSTOFFE, DIE GROSSE ANTIOXIDATIVE KRAFT HABEN. SIE KANN HELFEN, ENTZÜNDUNGEN IM KÖRPER ZU LINDERN, DIE ZU HOHEM BLUTDRUCK, KOPFSCHMERZEN UND ARTHRITIS BEITRAGEN.

FISCH & MEERESFRÜCHTE 201

Auch ohne holzbefeuerten indischen Tandur ist dieses Rezept eine wunderbare Zubereitung für Fisch. Die Würzmischung stimuliert die Geschmacksknospen, Joghurt und Limettensaft sorgen für Frische.

Tandoori-Fisch

1 TL Korianderkörner
1 TL Kreuzkümmelsamen
2 Knoblauchzehen, zerstoßen
1 EL geriebener frischer Ingwer
½ TL Chilipulver
1 EL gemahlene Kurkuma
1 EL edelsüßes Paprikapulver
½ TL Asant-Pulver (Asafoetida)
1 EL Oliven- oder Rapsöl
125 g Joghurt
Saft von 2 Limetten (ca. 5 EL)
4 festfleischige, weiße Fischfilets (je 125 g), z. B. Pangasius
4 Zweige frischer Koriander zum Servieren

Zubereitungszeit 15 Minuten zzgl. 2 Stunden Marinierzeit **Kochzeit** 10 Minuten **Personen** 4

1. Koriander und Kreuzkümmelsamen in einer kleinen Pfanne ca. 1 Minute trocken rösten, bis sie duften und zu springen beginnen.

2. Die gerösteten Samen im Mörser zermahlen. Mit Knoblauch, Ingwer und den Trockengewürzen zu einer geschmeidigen Paste zerstoßen. Das Öl gründlich einarbeiten.

3. Den Joghurt in ein säurefestes Gefäß füllen und mit der Würzpaste und dem halben Limettensaft verrühren. Den Fisch hineinlegen und gründlich in der Sauce wenden. Mindestens 2 Stunden im Kühlschrank marinieren.

4. Den Ofen auf 220 °C vorheizen. Die Fischstücke mit großzügigem Abstand zueinander in einen Bräter legen und 10 Minuten backen, bis sich das Fleisch mit der Gabel leicht auseinanderziehen lässt.

5. Mit Koriander bestreuen und mit dem restlichen Limettensaft beträufelt servieren.

Pro Portion 1018 kJ, 243 kcal, 30 g Eiweiß, 10 g Fett (2 g gesättigte Fettsäuren), 8 g Kohlenhydrate (2 g Zucker), 2 g Ballaststoffe, 126 mg Natrium

TIPP Asafoetida oder Asant-Pulver gibt es in Orientgeschäften. Bewahren Sie es luftdicht verschlossen auf, damit sein Aroma nicht die ganze Speisekammer beherrscht. Das Rezept schmeckt mit jeder Fischart. Servieren Sie es mit Basmatireis oder warmem Naan-Brot und Currygemüse.

ASANT (ASAFOETIDA) DER GETROCKNETE UND VERMAHLENE MILCHIG-WEISSE SAFT DER WURZEL DES BERGKRAUTS ASANT ERGIBT DAS WÜRZPULVER ASAFOETIDA. ES WIRD IN DER VOLKSMEDIZIN ALS VERDAUUNGSHILFE UND GEGEN BAUCHSCHMERZEN, BLÄHUNGEN UND ZUR SCHLEIMLÖSUNG EINGESETZT. ASANT HAT ANTIBAKTERIELLE UND ANTIVIRALE EIGENSCHAFTEN UND IST REICH AN ANTIOXIDANTIEN.

Die duftend-süße Sauce zum Fisch erhält ihren komplexen, würzigen Geschmack durch ein Bouquet thailändisch inspirierter Kräuter und Gewürze.

Fisch in Orangensauce mit Zimt und Gewürznelken

1 EL Oliven- oder Rapsöl

500 g Fischfilet, z. B. Rotbarsch oder Tilapia

fein abgeriebene Schale und Saft von 4 Bio-Orangen

50 g Zucker

1 EL frisch geriebener Ingwer

2 große Knoblauchzehen, zerstoßen

1 lange rote Chilischote, längs in feine Streifen geschnitten

2 ganze Sternanisfrüchte

5 ganze Gewürznelken

2 Zimtstangen

2 EL Thai-Fischsauce

3 EL Balsam- oder Rotweinessig

einige Zweige frische Kräuter, wie Koriander, Thai-Basilikum oder Minze, zum Servieren

gedämpfter Kailan (oder anderes asiatisches Grüngemüse) und Jasminreis zum Servieren

Zubereitungszeit 10 Minuten
Kochzeit 10 Minuten
Personen 4

1. Das Öl in einer großen, beschichteten Pfanne oder einem Wok erhitzen. Den Fisch bei starker Temperatur darin braten, bis er gerade durchgegart ist. Dabei öfter in der Pfanne schwenken. Beiseitestellen und die ausgetretene Flüssigkeit wegkippen.

2. Die restlichen Zutaten (außer den Kräuterzweigen) in einem mittelgroßen Topf verrühren und unter Rühren erhitzen, bis sie sprudelnd kochen. 5 Minuten köcheln lassen, bis die Sauce sirupartig angedickt ist.

3. Den gegarten Fisch einlegen und die Stücke vorsichtig in der Sauce wenden. Alternativ auf eine Servierplatte legen und mit der Sauce übergießen. Mit den frischen Kräuterzweigen garnieren und mit gedämpftem Gemüse und Reis servieren.

Pro Portion 1115 kJ, 266 kcal, 27 g Eiweiß, 6 g Fett (<1 g gesättigte Fettsäuren), 26 g Kohlenhydrate (22 g Zucker), 2 g Ballaststoffe, 1101 mg Natrium

TIPP Die Sauce schmeckt auch zu Meeresfrüchten oder zu gekochtem und gebratenem Geflügel. Oder Sie probieren sie als Basis von Wokgerichten.

GEWÜRZNELKEN SIND GETROCKNETE BLÜTENKNOSPEN EINES BAUMS AUS DER MYRTENFAMILIE. SIE ENTHALTEN VITAMINE, MINERALSTOFFE UND ANTIOXIDANTIEN SOWIE EUGENOL, EINE SUBSTANZ MIT ANTIBAKTERIELLER UND LEICHT BETÄUBENDER WIRKUNG.

Curryblätter kommen von einem in Indien und Sri Lanka heimischen Baum. Die weichen Blätter haben ein unverwechselbares Aroma und sind Bestandteil vieler indischer Currys. Frisch importiert gibt es sie in Asia-Märkten.

Cremiges Fisch-Kokos-Curry

- 1 EL Pflanzenöl
- 2 TL braune Senfkörner
- 1 Zwiebel, halbiert und in dünne Scheiben geschnitten
- 3 Knoblauchzehen, zerstoßen
- 2 TL fein geriebener frischer Ingwer
- 1 lange grüne Chilischote, entkernt und fein gehackt
- 10 frische Curryblätter
- 2 TL gemahlener Koriander
- 1 TL gemahlener Kreuzkümmel
- ½ TL gemahlene Kurkuma
- 125 ml salzreduzierte Fisch- oder Gemüsebrühe
- 250 g fettreduzierte Kokosmilch
- 500 g festfleischiges, weißes Fischfilet, z.B. Rotbarsch oder Tilapia
- 200 g Jasminreis
- 1 große Tomate, entkernt und fein gewürfelt
- 1 kleine Salatgurke, entkernt und fein gewürfelt
- 2 EL gehackte frische Minzblätter
- Minzzweige zum Garnieren
- Tomaten-Chutney zum Servieren

Zubereitungszeit 25 Minuten
Kochzeit 15 Minuten
Personen 4

1. Das Öl in einem großen Topf auf mittlerer Temperatur erhitzen. Die Senfkörner darin unter Rühren ca. 30 Sekunden rösten. Wenn sie zu springen beginnen, die Zwiebel zugeben und in ca. 5 Minuten weich dünsten. Gelegentlich umrühren.

2. Knoblauch, Ingwer, Chili, Curryblätter und gemahlene Gewürze dazugeben und 1 Minute mitdünsten. Brühe und Kokosmilch zugießen.

3. Den Fisch in 3 cm große Stücke schneiden und in die Sauce legen. Zum Simmern bringen und 5 Minuten ziehen lassen, bis der Fisch gar ist.

4. In der Zwischenzeit den Reis in einem großen Topf mit kochendem Wasser 15 Minuten garen. Gründlich abgießen.

5. Tomate, Gurke und gehackte Minze in einer kleinen Schüssel verrühren. Das Curry auf dem Reis und mit den Minzzweigen garniert servieren. Den Tomaten-Gurken-Salat und etwas Tomaten-Chutney dazu reichen.

Pro Portion 1857 kJ, 444 kcal, 31 g Eiweiß, 14 g Fett (8 g gesättigte Fettsäuren), 48 g Kohlenhydrate (4 g Zucker), 3 g Ballaststoffe, 214 mg Natrium

TIPP Da Fisch so schnell gart, hat dieses Curry nicht viel Zeit, um sein Aroma zu entwickeln. Sie können es aber auch bis zum Ende von Schritt 2 vorbereiten und abgekühlt über Nacht im Kühlschrank ziehen lassen. Die Sauce erneut erhitzen und den Fisch gar ziehen lassen.

CURRYBLÄTTER SIND GUT FÜR DIE HAUT. SIE ENTHALTEN VIELE VITAMINE, UNTER ANDEREM VITAMIN C UND E. TROTZ IHRES NAMENS SIND DIE BLÄTTER KEINE ZUTAT FERTIGER CURRYMISCHUNGEN.

Servieren Sie den Lachs als einfache, gesunde Mahlzeit mit gemischtem Blattsalat, Gurke, halbierten Kirschtomaten und gebratenen neuen Kartoffeln. Auch am Stängel geröstete Kirschtomaten passen gut dazu.

Ofenlachs mit Kräuterkruste

3 Scheiben Vollkorntoast
40 g frische glatte Petersilie oder Basilikum
1 EL Olivenöl
4 gehäutete Lachsfilets (je ca. 175 g)
frisch gemahlener schwarzer Pfeffer
8 TL grobkörniger Senf

Zubereitungszeit 10 Minuten
Kochzeit 12 Minuten
Personen 4

1. Den Ofen auf 230 °C vorheizen. Ein Backblech mit Aluminiumfolie auslegen.
2. Brot, Petersilie bzw. Basilikum und Öl in die Küchenmaschine füllen. Auf der Pulsstufe in kurzen Zyklen zu groben Bröseln verarbeiten.
3. Die Lachsfilets auf das Blech legen und mit schwarzem Pfeffer bestreuen. Jedes Filet mit 2 Teelöffeln Senf bestreichen. Die Bröselmischung auf die Senfschicht streuen und leicht andrücken, damit sie kleben bleibt. 12 Minuten backen, bis das Lachsfleisch nicht mehr glasig ist. Auf Teller legen und servieren.

Pro Portion 1594 kJ, 381 kcal, 37 g Eiweiß, 21 g Fett (3 g gesättigte Fettsäuren), 8 g Kohlenhydrate (<1 g Zucker), 2 g Ballaststoffe, 197 mg Natrium

TIPP Kombinieren Sie die Petersilie mit weiteren Kräutern: Oregano, Dill, Thymian oder Schnittlauch passen gut.

PETERSILIE WIR VERWENDEN HIER GLATTE PETERSILIE, DOCH SCHMECKEN AUCH ANDERE PETERSILIENSORTEN GROSSARTIG – UND ALLE TRAGEN DAZU BEI, DASS SIE GROSSARTIG AUSSEHEN, MIT REICHLICH VITAMIN C UND E FÜR GESUNDE HAUT UND HAARE.

FISCH & MEERESFRÜCHTE

Ein schnelles, chinesisch inspiriertes Gericht für termingefüllte Wochentage. Servieren Sie Reis und gedämpftes Asia-Grüngemüse wie Baby-Pak Choi, Choy Sum oder Wasserspinat dazu.

Lachs mit Ingwer und Sternanis

4 Lachsfilets (je ca. 150 g)
3 ganze Sternanisfrüchte
1 Zimtstange
1 Stück Ingwer (ca. 5 cm), in sehr feine Streifen geschnitten
2 Knoblauchzehen, in Scheiben geschnitten
1 EL Honig
125 ml salzreduzierte Gemüsebrühe oder Fischfond, chinesischer Reiswein oder Wasser
asiatisches Grüngemüse, wie gedämpfter Pak Choi, und gedämpfter Reis zum Servieren

Zubereitungszeit 10 Minuten **Kochzeit** 20 Minuten **Personen** 4

INGWER HILFT, DAS VERDAUUNGSSYSTEM ZU STIMULIEREN, UND VERHINDERT ÜBELKEIT UND SODBRENNEN. IN DER VOLKSMEDIZIN WIRD ER AUCH ALS ENTZÜNDUNGSHEMMER EINGESETZT.

1 Den Ofen auf 200 °C vorheizen. Die Lachsfilets nebeneinander in eine nicht zu große Bratreine oder Auflaufform legen.

2 Sternanis, Zimt, Ingwer, Knoblauch, Honig und Brühe in einem kleinen Topf verrühren und 5 Minuten sprudelnd kochen. Die Sauce über die Fischfilets gießen. Die festen Bestandteile der Sauce gleichmäßig auf dem Fisch verteilen.

3 10 Minuten im Ofen backen, dann die Filets mit der Flüssigkeit, die sich in der Form gesammelt hat, übergießen. Noch 5 Minuten weitergaren, bis die in der Mitte der Form liegenden Filets gar, aber noch etwas glasig sind.

4 Mit Gemüse und gedämpftem Reis servieren.

Pro Portion 1084 kJ, 259 kcal, 31 g Eiweiß, 12 g Fett (2 g gesättigte Fettsäuren), 8 g Kohlenhydrate (3 g Zucker), <1 g Ballaststoffe, 196 mg Natrium

TIPP Dieses Rezept funktioniert mit jeder Fischsorte. Passen Sie die Garzeit entsprechend der Dicke der Filets an.

Dill hat eine feine Anisnote, die sehr gut mit der Zitrone in diesem Salat zusammenpasst. Reichlich Petersilie sorgt für einen gesunden Schwung Vitamine. Servieren Sie dazu Baguette für eine ausbalancierte, leichte Mahlzeit.

Thunfischsalat mit Zitrone, Petersilie und Dill

- 125 g fettarmer Joghurt
- 5 große Petersilienzweige, fein gehackt (ca. 5 EL)
- 3 Dillzweige, fein gehackt (ca. 2 EL)
- ¼ Salzzitrone, abgespült und fein gewürfelt (ohne Fruchtfleisch)
- 50 g junger Spinat
- 425 g Thunfisch aus der Dose im eigenen Saft, gut abgetropft
- frisch gemahlener schwarzer Pfeffer

Zubereitungszeit 10 Minuten
Kochzeit keine
Personen 2

1. Joghurt, Petersilie, Dill und Zitronenwürfel in einer großen Salatschüssel mischen.
2. Den Spinat zugeben und unterheben, sodass er gründlich mit dem Dressing überzogen ist.
3. Vorsichtig den Thunfisch unterheben, ohne dass er zu sehr zerfällt. Schwarzen Pfeffer darübermahlen und servieren.

Pro Portion 603 kJ, 144 kcal, 23 g Eiweiß, 3 g Fett (2 g gesättigte Fettsäuren), 5 g Kohlenhydrate (3 g Zucker), <1 g Ballaststoffe, 165 mg Natrium

TIPP Salzzitronen könnten schwer erhältlich sein. Versuchen Sie es im Internet-Handel. An ihrer Stelle können Sie aber auch Saft und Abrieb einer halben frischen Bio-Zitrone verwenden.

DILL ALS MITGLIED DER SELLERIEFAMILIE ENTHÄLT DILL FLAVONOIDE ANTIOXIDANTIEN UND EIN ÄTHERISCHES ÖL, DAS ANSCHEINEND ANTIBAKTERIELLE EIGENSCHAFTEN HAT. DIE FRISCHEN DOLDEN LIEFERN DAZU REICHLICH CALCIUM UND VITAMIN K.

Zitronenmyrte ist ein buschiges, ursprünglich australisches Kraut. Ihr unverwechselbar zitroniger Geschmack passt gut zu Fisch, Hähnchen und Süßem. Sie bekommen es in Spezialitäten- oder Delikatessenläden und online.

Gegrillter Fisch mit Mango-Salsa

4 Barramundi-Filets (je 175 g) oder andere festfleischige, dicke Fischfilets, mit Haut
2 TL Pflanzenöl
1 TL gemahlene Zitronenmyrte
Romana-Salatherzen zum Servieren

Mango-Salsa

2 mittelgroße Mangos, geschält, entkernt und gewürfelt
½ kleine rote Zwiebel, fein gewürfelt
2 EL gehackte Korianderblätter
1 kleine rote Chilischote, Samen ausgekratzt, fein gehackt
1 Prise gemahlene Zitronenmyrte
35 g Macadamianüsse, geröstet und gehackt

Zubereitungszeit 20 Minuten
Kochzeit 5 Minuten
Personen 4

1. Für die Salsa alle Zutaten außer den Nüssen in einer Schüssel gründlich vermischen. Beiseitestellen und ziehen lassen, damit sich die Aromen verbinden.

2. Eine Grillpfanne auf mittlere bis starke Temperatur erhitzen. Den Fisch mit Öl einreiben und mit Zitronenmyrte bestreuen. Mit der Hautseite nach oben 2 Minuten braten. Wenden und weitere 3 Minuten auf der Haut braten, bis sich das Fleisch mit einer Gabel leicht auseinanderziehen lässt.

3. Die Macadamianüsse unter die Salsa ziehen. Sofort mit Fisch und Salat servieren.

Pro Portion 1334 kJ, 319 kcal, 40 g Eiweiß, 11 g Fett (2 g gesättigte Fettsäuren), 14 g Kohlenhydrate (13 g Zucker), 2 g Ballaststoffe, 156 mg Natrium

TIPP Kaufen Sie gemahlene Zitronenmyrte nur in kleinen Mengen und bewahren Sie sie luftdicht verschlossen sowie kühl und dunkel auf.

ZITRONENMYRTE DIE ANTIBAKTERIELLE UND ANTIVIRALE WIRKUNG DIESES GEWÄCHSES WIRD SEIT JEHER VON DEN AUSTRALISCHEN UREINWOHNERN GENUTZT. ES KANN HELFEN, NAHRUNGSMITTEL VOR DEM VERDERBEN UND MENSCHEN VOR ÜBELKEIT ZU BEWAHREN.

Die Cajun-Würzmischung gibt in den südlichen USA Hähnchen, Schweinefleisch und Fisch ein pikantes Aroma. Wir verwenden hier Lachs, doch weißfleischiges Filet vom Red Snapper oder von Doraden schmeckt ebenfalls gut.

Gegrillter Cajun-Fisch

4 Lachsfilets (je 175 g), mit Haut
Olivenölspray
Limettenspalten zum Servieren

Cajun-Würzmischung

1 EL Räucherpaprika
1 EL Knoblauchpulver
2 TL gemahlener Koriander
2 TL gemahlener Kreuzkümmel
2 TL getrockneter Oregano
2 TL getrockneter Thymian
1 TL Cayennepfeffer
frisch gemahlener schwarzer Pfeffer

Rotkohlsalat

½ kleiner Kopf Rotkohl (600 g), in feine Streifen geschnitten
3 Stangen Staudensellerie, in Scheibchen geschnitten
2 Frühlingszwiebeln, in Scheibchen geschnitten
1 EL reiner Ahornsirup
1 EL Weißweinessig
100 g Mayonnaise
40 g frische Korianderblätter
60 g Pekannusskerne, geröstet und klein gehackt

Zubereitungszeit 20 Minuten zzgl. 15 Minuten Ruhezeit
Kochzeit 6 Minuten
Personen 4

1 Alle Zutaten für die Würzmischung in einer kleinen Schüssel vermengen.

2 Den Lachs auf einen großen Teller legen und rundum mit der Würzmischung einreiben. 15 Minuten ruhen lassen, damit sich die Aromen entfalten.

3 Für den Rotkohlsalat Kohl, Sellerie, Frühlingszwiebeln, Ahornsirup, Essig, Mayonnaise mit 1 Esslöffel warmem Wasser vorsichtig in einer Schüssel vermengen. Koriander und Pekannusskerne noch beiseitestellen und erst kurz vor dem Servieren unterheben.

4 Den Lachs zum Braten leicht mit Olivenöl besprühen. Eine Grillplatte oder große beschichtete Pfanne stark erhitzen. Den Lachs auf der Hautseite 3 Minuten knusprig anbraten. Wenden und weitere 2–3 Minuten braten, je nach Dicke der Filets (siehe Tipp).

5 Korianderblätter und Pekannusskerne unter den Salat mischen und mit Limettenspalten zum Fisch servieren.

Pro Portion 2270 kJ, 542 kcal, 44 g Eiweiß, 35 g Fett (5 g gesättigte Fettsäuren), 21 g Kohlenhydrate (13 g Zucker), 10 g Ballaststoffe, 337 mg Natrium

TIPP Die Restwärme gart die Lachsfilets noch weiter, nachdem sie vom Herd genommen wurden. Um den Gargrad zu testen, mit der Spitze eines Messers die dickste Stelle einstechen und das Fleisch etwas auseinanderziehen. Wenn das Fleisch noch roh aussieht und sich nicht leicht teilen lässt, bei kleiner Hitze ein wenig nachgaren. Wenn es an der dicksten Stelle nur nehr etwas glasig aussieht, ist es genau richtig gegart.

KREUZKÜMMEL LAUT FORSCHUNGEN KÖNNTE KREUZKÜMMEL DIE BLUTZUCKER-REGULIERUNG UNTERSTÜTZEN UND DAMIT EXTREMWERTE VERHINDERN, WAS BEI DIABETES HILFREICH IST. DAZU SCHEINT ER DIE GESUNDE VERDAUUNGSFUNKTION ZU FÖRDERN.

Der Räucherpaprika erinnert an über offenem Feuer gekochtes Essen, Safran verleiht dem Reis goldenen Glanz. Ein wunderbares Gericht, um es mit Freunden zu teilen.

Meeresfrüchte-Paella

2 EL Olivenöl
1 große Zwiebel, sehr fein gehackt
3 Knoblauchzehen, zerstoßen
2 reife Tomaten, fein gehackt
1 große Prise Safranfäden
1,25 l salzreduzierte Hühnerbrühe oder Fischfond
1 rote Paprikaschote, gehackt
1 grüne Paprikaschote, gehackt
400 g mittelkörniger Reis
1 TL Räucherpaprika
1 TL Fenchelsamen
200 g Tintenfisch, in Ringe geschnitten
300 g festfleischiges Fischfilet, in 2 cm große Stücke geschnitten
500 g rohe Garnelen, geschält und Därme entfernt, mit Schwänzen
6 Miesmuscheln, geputzt
2 EL gehackte, frische glatte Petersilie
Zitronenspalten zum Servieren

Zubereitungszeit 30 Minuten
Kochzeit 45 Minuten
Personen 6

1. 1 Esslöffel Olivenöl auf mittlerer Temperatur in einer flachen, schweren Pfanne (28 cm ⌀) erhitzen. Zwiebel, Knoblauch und Tomaten 5 Minuten darin weichdünsten. Herausnehmen und beiseitestellen.

2. Den Safran mit der Brühe verrühren und 5 Minuten einweichen. Das restliche Öl in der Pfanne erhitzen und die Paprika 5 Minuten braten, bis sie weich sind. Gelegentlich umrühren. Reis, Räucherpaprik und Fenchelsamen zugeben und 1 Minute unter Rühren mitgaren.

3. Die Tomaten unter den Reis rühren. Die Brühe zugießen und kurz verrühren, sodass die Zutaten gleichmäßig vermengt sind. 30 Minuten köcheln lassen, bis der Reis die Brühe fast komplett aufgenommen hat. Die Pfanne auf der Platte hin und her schieben, damit der Reis gleichmäßig gart – beim Kochen nicht umrühren.

4. Die Meeresfrüchte auf den Reis legen und leicht hineindrücken (die Muscheln obenauf). Die Pfanne mit Deckel oder Aluminiumfolie verschließen und den Inhalt 5 Minuten weitergaren, bis die Meeresfrüchte nicht mehr glasig sind. Vom Herd nehmen und zugedeckt 5 Minuten ruhen lassen.

5. Mit Petersilie bestreuen und die Zitronenspalten dazu servieren.

Pro Portion 1788 kJ, 427 kcal, 35 g Eiweiß, 6 g Fett (<1 g gesättigte Fettsäuren), 58 g Kohlenhydrate (4 g Zucker), 2 g Ballaststoffe, 553 mg Natrium

TIPP Stellen Sie die Pfanne ggf. über zwei Kochplatten, wenn sie sehr groß ist. Gut aufpassen, dass nichts anbrennt!

FENCHELSAMEN HEBEN SIE BEI DER ZUBEREITUNG EIN PAAR FENCHELSAMEN AUF, UM SIE NACH DEM ESSEN ZU KAUEN – DAS ERFRISCHT DEN ATEM UND REGT DIE VERDAUUNG AN. WISSENSCHAFTLICHE UNTERSUCHUNGEN ZEIGEN, DASS DAS ÖL IN DEN SAMEN DER VERDAUUNG GUTTUT. ES HILFT, BLÄHUNGEN ZU BESEITIGEN UND ÜBELKEIT ZU LINDERN.

Austern mit Kräuter-Zitronen-Öl

10 g glatte Petersilienblätter
2 EL gehackter frischer Dill
1 EL frische Estragonblätter
2 TL fein abgeriebene Schale von 1 Bio-Zitrone
60 ml Olivenöl nativ extra
12 frische Austern, geöffnet, in der halben Schale
2 TL gehackter frischer Schnittlauch
frisch gemahlener schwarzer Pfeffer

Zubereitungszeit 10 Minuten zzgl. 30 Minuten Abtropfzeit
Kochzeit Keine **Personen** 4 als Vorspeise

1. Die Petersilie in einer kleinen, hitzefesten Schüssel mit kochendem Wasser übergießen. ½ Minute stehen lassen, abgießen und in eine Schüssel Eiswasser kippen. Abgießen und mit Küchenpapier trocken tupfen.
2. Petersilie, Dill, Estragon und Zitronenabrieb mit dem Öl in der Küchenmaschine gründlich zerkleinern. In ein feines Sieb über einer Schüssel abgießen. 30 Minuten abtropfen lassen. Mit einem Löffelrücken sanft ausdrücken.
3. Die Austern auf einer Servierplatte anrichten und mit etwas Kräuteröl beträufeln. Mit Schnittlauch bestreuen und mit frischem Pfeffer würzen. Sofort servieren.

Pro Portion 650 kJ, 155 kcal, 6 g Eiweiß, 15 g Fett (2 g gesättigte Fettsäuren), ‹1 g Kohlenhydrate (‹1 g Zucker), ‹1 g Ballaststoffe, 143 mg Natrium

TIPP Sie brauchen eventuell nicht das ganze Öl. Reste halten bis zu 3 Tage im Kühlschrank, als Salatdressing oder für Pellkartoffeln.

Austern mit Bloody-Mary-Dressing

60 ml salzarmer Tomatensaft
1 EL fein gehackte frische Kräuter wie Basilikum, Oregano, Thymian, Petersilie und Estragon
½ kleine reife Tomate, sehr fein gewürfelt
½ kleine Stange Sellerie, sehr fein gewürfelt
¼ kleine rote Zwiebel, sehr fein gewürfelt
¼ TL Worcestershiresauce
¼ TL Tabasco
frisch gemahlener schwarzer Pfeffer
1 EL Wodka (nach Geschmack)
12 große, frische Austern, geöffnet, in der halben Schale

Zubereitungszeit 20 Minuten **Kochzeit** 6 Minuten
Personen 4 als Vorspeise

1. Den Ofen auf 200 °C vorheizen. Tomatensaft und Kräuter in einer kleinen Schüssel verrühren und 10 Minuten ziehen lassen, dann abgießen.
2. Den Tomatensaft mit dem gehackten Gemüse, Saucen, Pfeffer und Wodka, falls verwendet, in einer kleinen Schüssel verrühren.
3. Die Austern in einer großen hitzefesten Form anrichten. Mit je 1 Teelöffel Dressing beträufeln. Einen Rost in einen großen Bräter oder in eine Auflaufform einhängen und die Austern daraufstellen.
4. Kochendes Wasser bis unter den Rost in die Form gießen. DIe Form mit den Austern mit Aluminiumfolie verschließen und unter dem Rand einschlagen, sodass sie möglichst dicht ist. Je nach Größe die Austern 3–6 Minuten im Ofen dämpfen. Die Folie abnehmen und die Austern sofort servieren.

Pro Portion 165 kJ, 39 kcal, 6 g Eiweiß, 1 g Fett (‹1 g gesättigte Fettsäuren), 2 g Kohlenhydrate (‹1 g Zucker), ‹1 g Ballaststoffe, 152 mg Natrium

ESTRAGON, FRÜHER AUCH ALS DRAGON BEKANNT, IST EINES DER ANTIOXIDANTIENREICHSTEN KRÄUTER, DAS MAN HEUTE KENNT. DAZU ENTHÄLT ER VIELE VITAMINE UND MINERALSTOFFE, VOR ALLEM EISEN. IN DER VOLKSMEDIZIN WIRD ER ZUR STIMULIERUNG VON VERDAUUNG UND APPETIT EINGESETZT.

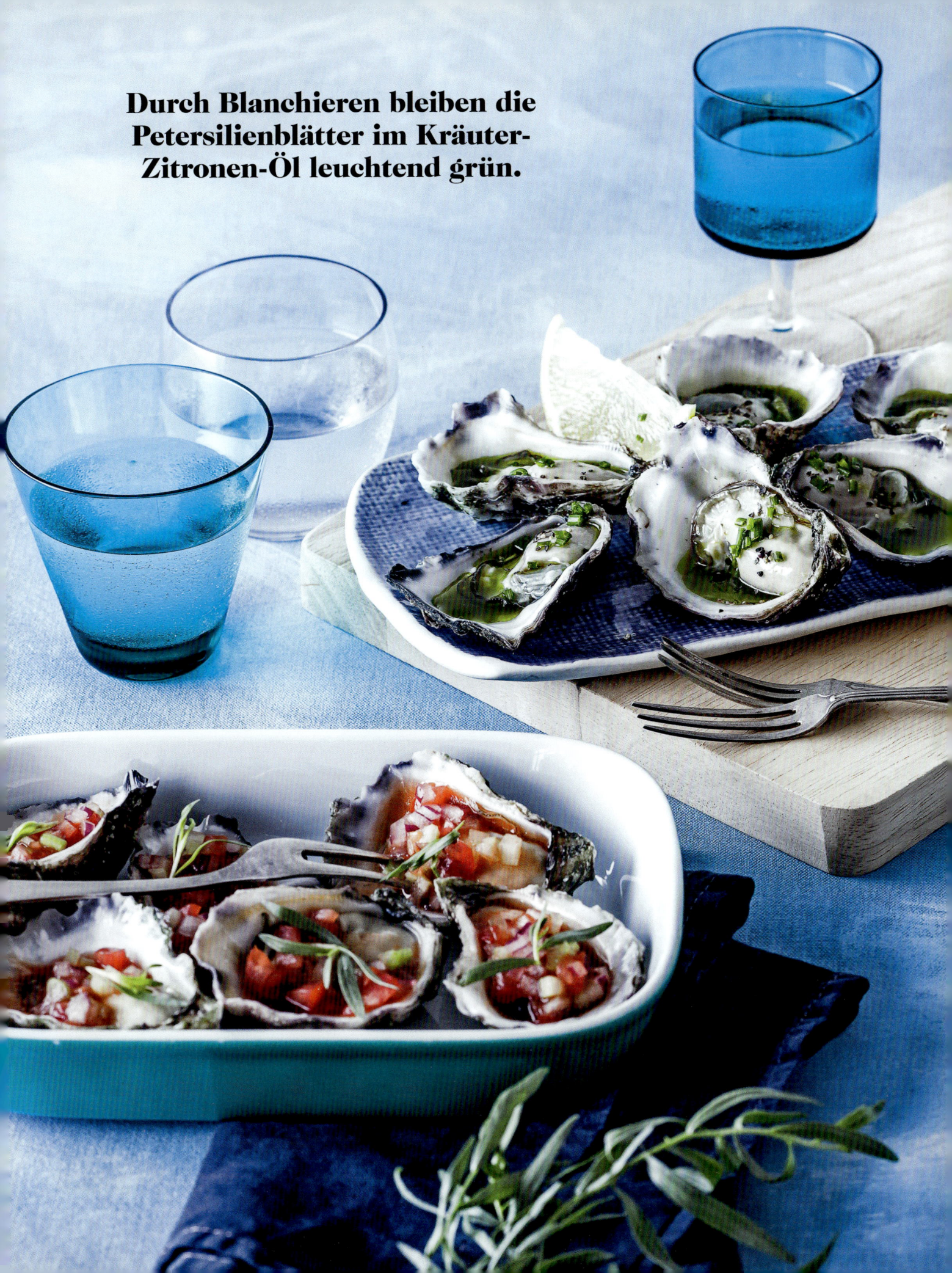

Durch Blanchieren bleiben die Petersilienblätter im Kräuter-Zitronen-Öl leuchtend grün.

FISCH & MEERESFRÜCHTE

Sie können diese Garnelen als Blickfang eines Thai-Salats servieren oder zu Drinks mit verschiedenen Häppchen. Reichen Sie süße Chilisauce zum Dippen dazu.

Kokos-Chili-Garnelen

50 g Kokosraspeln
1 Knoblauchzehe
2 kleine rote Bird's-Eye-Chilis, ohne Stiel
1 TL getrocknete Shrimps
1 EL gehackte Korianderwurzeln und/oder -stängel
1 EL gehackter frischer Ingwer
2 EL geriebener Palmzucker
1 EL Thai-Fischsauce
Saft von ½ Limette (ca. 2 EL)
16 große, rohe Garnelen (ca. 500 g), geschält und Därme entfernt, mit Schwänzen

Süßer Chili-Dip

85 g Orangenkonfitüre
2 EL süße Thai-Chilisauce
2 TL Zitronensaft

Zubereitungszeit 15 Minuten
Kochzeit 10 Minuten
Personen 4 als Vorspeisenhäppchen

1. Für den Chili-Dip Konfitüre und Chilisauce in einer kleinen, mikrowellenfesten Schüssel verrühren. Etwa 30 Sekunden in der Mikrowelle erhitzen, bis die Sauce Blasen schlägt. Den Zitronensaft einrühren.

2. In einer beschichteten Pfanne die Kokosraspeln unter Rühren goldgelb rösten (ca. 3 Minuten). Beiseitestellen. Einen Tischgrill oder offenen Grill sehr stark aufheizen.

3. Knoblauch, Chilis, getrocknete Shrimps, Koriander und Ingwer im Mörser oder in der Küchenmaschine zermahlen.

4. Die Mischung mit Palmzucker und Fischsauce in einen kleinen Topf füllen. Erhitzen, bis Blasen aufsteigen. 1 Minute weiterkochen. Abkühlen lassen und den Limettensaft unterrühren.

5. Die Garnelen rundum in der Sauce wenden. Langgestreckt und mit dem Bauch nach unten auf den Grill legen. Die restliche Chilimischung darüberträufeln. Nach 3–4 Minuten sollten die Garnelen gar sein.

6. Die Garnelen in den Kokosraspeln wenden und sofort servieren.

Pro Portion 963 kJ, 230 kcal, 14 g Eiweiß, 9 g Fett (7 g gesättigte Fettsäuren), 25 g Kohlenhydrate (20 g Zucker), 2 g Ballaststoffe, 838 mg Natrium

CHILIS KÖNNTEN BEIM ABNEHMEN HELFEN, DA SIE DEN STOFFWECHSEL HERAUFSETZEN UND FOLGLICH ENERGIE SCHNELLER VERBRANNT WIRD. IHRE SCHÄRFEKOMPONENTE, DAS CAPSAICIN, IST EIN WIRKSAMES, ÄUSSERLICH ANWENDBARES SCHMERZMITTEL, DA ES DIE NERVEN HEMMT, SCHMERZBOTSCHAFTEN ZU ÜBERTRAGEN. ES HILFT AUCH, ENTZÜNDUNGEN ZU LINDERN.

Dieses Gericht basiert auf dem griechischen Gericht Saganaki, gebackenem Schafskäse. Der zerkrümelte Feta erinnert daran und passt wunderbar zu den Garnelen mit Basilikum.

Saganaki-Garnelen

1 EL Olivenöl
1 kleine Zwiebel, fein gehackt
2 Knoblauchzehen, zerstoßen
125 ml Weißwein
1 Dose (400 g) stückige Tomaten
1 kg rohe Garnelen, geschält, Därme entfernt und Schwänze intakt
20 g frische Basilikumblätter, zerzupft, zzgl. ein paar Blätter zum Garnieren
frisch gemahlener schwarzer Pfeffer
60 g fettreduzierter Feta
Salatblättermix und Baguette zum Servieren

Zubereitungszeit 20 Minuten **Kochzeit** 15 Minuten **Personen** 4

1. Das Öl in einer Pfanne auf mittlerer Temperatur erhitzen. Die Zwiebel darin in ca. 4 Minuten weich dünsten. Den Knoblauch zugeben und 1 Minute mitgaren. Den Wein angießen und aufkochen. 2 Minuten kochen lassen, dann die Tomaten unterrühren und zum Köcheln bringen.

2. Die Garnelen in die Pfanne geben und ohne Deckel auf schwacher bis mittlerer Temperatur 5 Minuten garen. Das Basilikum unterziehen und die Garnelen nach Geschmack mit Pfeffer würzen.

3. Den Ofen- oder Tischgrill vorheizen. Die Garnelen auf 4 flache Auflaufförmchen (ca. 250 ml Inhalt) aufteilen und auf ein Backblech stellen. Den Feta darüber zerkrümeln und die Garnelen 1–2 Minuten überbacken, bis der Käse weich wird. Mit Basilikum garnieren und den Salat mit Baguette dazu reichen.

Pro Portion 963 kJ, 230 kcal, 31 g Eiweiß, 8 g Fett (2 g gesättigte Fettsäuren), 4 g Kohlenhydrate (4 g Zucker), 2 g Ballaststoffe, 675 mg Natrium

TIPP Sie können das Gericht auch im Ganzen in einer Pfanne mit hitzebeständigem Griff überbacken, um sich das Verteilen auf Portionsschälchen zu sparen.

BASILIKUMBLÄTTER SIND VITAMIN- UND MINERALSTOFFREICH. DAZU ENTHALTEN SIE WIRKSTARKE ANTIOXIDANTIEN. VOR ALLEM EISEN UND VITAMIN K LIEGEN REICHLICH VOR – BEIDES IST WICHTIG FÜR GESUNDES BLUT UND DEN ENERGIEHAUSHALT.

Dieses griechisch inspirierte Gericht verwendet eine landestypische Kräutermischung. Tintenfisch muss, wie in diesem Rezept, entweder ganz kurz gebraten oder sanft und lange geschmort werden, damit er zart wird.

Gefüllte Tintenfische

3 TL Olivenöl
3 Frühlingszwiebeln, in feine Ringe geschnitten
2 Knoblauchzehen, zerstoßen
100 g Langkornreis
250 ml salzreduzierte Gemüsebrühe
1½ EL Korinthen
2 TL fein abgeriebene Schale einer Bio-Zitrone
2 EL gehackte frische Petersilie
2 EL gehackter frischer Oregano
2 EL gehackter frischer Dill
frisch gemahlener schwarzer Pfeffer
8 küchenfertig vorbereitete Tintenfischtuben (ca. 700 g)
Olivenölspray

Griechischer Salat

1 kleine Salatgurke, gehackt
200 g Kirschtomaten
½ kleine rote Zwiebel, in dünne Scheiben geschnitten
100 g fettreduzierter Feta, gehackt
12 Kalamata-Oliven, halbiert
1 EL Olivenöl nativ extra
2 TL Weißweinessig
½ TL getrockneter Oregano

Zubereitungszeit 30 Minuten
Kochzeit 15 Minuten
Personen 4

1. Das Öl in einem mittelgroßen Topf erhitzen. Die Zwiebeln auf mittlerer Temperatur 2 Minuten darin anschwitzen, dann den Knoblauch zugeben und 1 Minute unter Rühren mitgaren. Den Reis unterrühren, sodass die Körner rundum mit Öl überzogen sind.

2. Die Brühe angießen und den Topfinhalt mit Deckel aufkochen. Die Temperatur senken und den Reis 10 Minuten köcheln lassen. Vom Herd nehmen und mit Deckel 5 Minuten ruhen lassen. Korinthen, Zitronenabrieb und Kräuter unter den Reis ziehen. In eine Schüssel umfüllen und mit Pfeffer würzen. Abkühlen lassen. Dabei gelegentlich umrühren, damit die Hitze entweichen kann.

3. Alle Zutaten für den Salat in einer Servierschüssel vermengen und beiseitestellen.

4. Die Tintenfischtuben mit dem Reis füllen. Die offenen Enden mit Zahnstochern verschließen. Eine Grillplatte oder -pfanne auf mittlere bis starke Temperatur bringen. Den Tintenfisch mit Olivenöl besprühen und rundum 5 Minuten braten, bis die Haut goldgelb ist. Mit dem Salat servieren.

Pro Portion 1883 kJ, 450 kcal, 37 g Eiweiß, 18 g Fett (5 g gesättigte Fettsäuren), 26 g Kohlenhydrate (4 g Zucker), 3 g Ballaststoffe, 774 mg Natrium

PETERSILIE, OREGANO UND DILL SIND BESONDERS AROMATISCHE KRÄUTER UND LIEFERN WICHTIGE NÄHRSTOFFE, DIE ZUR VERBESSERUNG DER GEHIRNFUNKTION BEITRAGEN. WIE GRÜNES BLATTGEMÜSE SIND AUCH SIE GROSSARTIGE QUELLEN FÜR ANTIOXIDANTIEN, DIE HELFEN, DAS GEHIRN VOR ZELLSCHÄDEN ZU BEWAHREN.

In Istanbul bieten Händler verschiedenste Meeresfrüchte-Delikatessen an – so auch diese Miesmuscheln mit pikanter Reisfüllung. Genießen Sie sie als Vorspeise, mit Salat als leichte Mahlzeit oder im Rahmen eines festlichen Büfetts.

Pikant gefüllte Miesmuscheln

1 Prise Safranfäden

375 ml salzreduzierte Gemüsebrühe, Fischfond oder Wasser

200 g Naturreis

1 EL Kreuzkümmelsamen

60 g gehobelte Mandeln oder Pinienkerne

150 g Erbsen

60 g Korinthen

1 TL Paprikapulver

frisch gemahlener schwarzer Pfeffer

500 g Miesmuscheln, gründlich gebürstet und Bärte entfernt

Zubereitungszeit 15 Minuten
Kochzeit 40 Minuten
Personen 6 als Vorspeise

1. Den Ofen auf 180 °C vorheizen. Den Safran auf einem Backblech ausbreiten und 1–2 Minuten im Ofen trocknen. Die Brühe in einen großen Topf gießen und den Safran hineinkrümeln. Den Reis zugeben und aufkochen. Mit Deckel ca. 30 Minuten köcheln lassen, bis der Reis die Brühe aufgenommen hat.

2. In der Zwischenzeit eine Pfanne erhitzen und die Kreuzkümmelsamen 1–2 Minuten trocken rösten, bis sie duften. Zum Reis geben und den Deckel wieder aufsetzen. Die Mandeln in derselben Pfanne in ca. 3–4 Minuten goldgelb rösten. Beiseitestellen.

3. Erbsen, Korinthen, Paprika und Pfeffer in den heißen Reis rühren. Etwas Wasser zugießen, falls der Reis zu trocken ist. Mit Deckel nochmals 5 Minuten erhitzen und die Erbsen garen. In eine Schüssel umfüllen und abkühlen lassen. Die Mandeln unterziehen.

4. Einen Finger breit Wasser in einen großen Topf füllen. Die Muscheln hineinkippen und mit Deckel erhitzen. Nach 2 Minuten alle bereits geöffneten Muscheln herausnehmen und auf einem Teller ablegen. Den Topf 1 weitere Minute (oder etwas länger) verschließen und öfters kräftig schütteln, damit sich die restlichen Muscheln ebenfalls öffnen.

5. Eine Schalenhälfte entfernen. Den Reis in die Muschelhälften füllen. Auf einer Servierplatte oder auf Portionstellern anrichten.

Pro Portion 1209 kJ, 289 kcal, 16 g Eiweiß, 9 g Fett (1 g gesättigte Fettsäuren), 36 g Kohlenhydrate (4 g Zucker), 4 g Ballaststoffe, 772 mg Natrium

SAFRAN SAFRANFÄDEN SIND DIE BLÜTENSTEMPEL EINER KROKUSSORTE. IHRE GELBE FARBE BEKOMMEN SIE VON ANTIOXIDATIVEN KAROTINOIDEN, DIE WOHL ENTZÜNDUNGSHEMMEND WIRKEN. SAFRAN IST IN DER VOLKSMEDIZIN AUCH ALS NATÜRLICHES ANTIDEPRESSIVUM BEKANNT.

Vor dem Kochen alle Exemplare entsorgen, die sich nicht schließen, wenn man darauf klopft. Muscheln, die sich durch das Kochen nicht von selbst öffnen, wegwerfen.

FISCH & MEERESFRÜCHTE

Mikrokräuter sind Kräutersprossen, die es bei guten Gemüsehändlern und in manchen Supermärkten gibt. Sie sehen hübsch und zart aus, können aber auch durch normal große, gehackte Kräuter ersetzt werden.

Jakobsmuscheln mit Mikrokräuter-Salat

KERBEL GEHÖRT WIE PETERSILIE ZU DEN DOLDENBLÜTLERN. ER IST WOHLTUEND FÜR EINEN GUTEN KREISLAUF UND GESUNDES BLUT, DA ER VIELE MINERALSTOFFE WIE CALCIUM, ZINK UND EISEN ENTHÄLT.

12 Jakobsmuscheln, in der halben Muschelschale
10 g Mikrokräuter, z. B. von Kerbel und Petersilie
2 Radieschen, in feine Streifen geschnitten
1 Frühlingszwiebel, in feine Scheibchen geschnitten
2 TL Olivenöl nativ extra
2 TL Zitronensaft
½ kleine Salatgurke, längs in Streifen gehobelt
2 TL Olivenöl

Zubereitungszeit 10 Minuten **Kochzeit** 2 Minuten **Personen** 4

1. Den Ofen auf 150 °C vorheizen. Die Jakobsmuscheln auslösen. Die Schalen in heißem Seifenwasser waschen und gründlich abspülen. Im Ofen trocknen und beiseitestellen.
2. Für den Salat Mikrokräuter, Radieschen, Frühlingszwiebel, Olivenöl und Zitronensaft in einer kleinen Schüssel vermengen. Die Gurkenstreifen auf die Muschelschalen verteilen.
3. Das Olivenöl in einer großen Pfanne auf starker Temperatur erhitzen. Die Jakobsmuscheln 1 Minute pro Seite braten, bis sie leicht golden und gerade durchgegart sind. Auf die Gurkenstreifen setzen. Den Salat daraufhäufen und sofort servieren.

Pro Portion 275 kJ, 66 kcal, 5 g Eiweiß, 5 g Fett (<1 g gesättigte Fettsäuren), <1 g Kohlenhydrate (<1 g Zucker), <1 g Ballaststoffe, 68 mg Natrium

TIPP Jakobsmuschel-Schalen sehen sehr dekorativ aus, sind aber kein Muss – das Rezept funktioniert auch ohne sie.

Dieses typisch südindische Curry ist süß und cremig, mit dem würzig-herzhaften Aroma von Curryblättern, Senfkörnern und Bockshornklee.

Cremiges Kokos-Curry mit Krebsfleisch

- 1 EL braune Senfkörner
- 1 EL Oliven- oder Rapsöl
- 2 TL Bockshornkleesamen
- 3 lange grüne Chilis, in feine Streifen geschnitten
- 1 kleines Stück frische Kurkuma (ca. 2 cm), fein gewürfelt
- 1 kleines Stück frischer Ingwer (ca. 2 cm), fein gewürfelt
- 3 asiatische, rote Schalotten (ca. 100 g), fein gehackt
- 10 frische Curryblätter (oder eingeweichte getrocknete Blätter)
- 2 große Tomaten (ca. 150 g), in 1 cm große Würfel geschnitten
- 250 ml Kokosmilch
- 400 g gekochtes Krebsfleisch aus der Dose
- 125 g frische Kokosraspeln
- Papadam-Brote zum Servieren

Zubereitungszeit 15 Minuten
Kochzeit 10 Minuten
Personen 4

1. Die Senfkörner in einer großen beschichteten Pfanne im heißen Öl anbraten, bis sie platzen. Die Bockshornkleesamen ½ Minute unterrühren, bis sie duften. Einige Chilistreifen zum Garnieren zurückbehalten. Restliche Chilistreifen, Kurkuma, Ingwer und Schalotten 2 Minuten pfannenrühren.
2. Curryblätter, Tomaten und Kokosmilch unterrühren und alles 5 Minuten zu einer Sauce einköcheln lassen.
3. In der Zwischenzeit Krebsfleisch und Kokosraspeln mit den Händen gründlich in einer Schüssel vermischen.
4. Die Sauce auf Portionsschalen aufteilen, ein wenig davon zum Garnieren aufbewahren. Das Krebsfleisch in die Schalen geben. Mit Sauce und Chilistreifen garnieren und mit Papadams servieren.

Pro Portion 1465 kJ, 350 kcal, 17 g Eiweiß, 28 g Fett (19 g gesättigte Fettsäuren), 10 g Kohlenhydrate (7 g Zucker), 6 g Ballaststoffe, 437 mg Natrium

TIPP Wenn Sie das Kokosfleisch nicht selbst raspeln wollen, kaufen Sie es tiefgekühlt im Asia-Markt.

CURRYBLÄTTER DER CURRYBAUM GEHÖRT ZUR *BERGERA*- ODER *MURRAYA*-GATTUNG IN DER FAMILIE DER RAUTENGEWÄCHSE. IN DER AYURVEDISCHEN MEDIZIN, DIE SEINE BLÄTTER, RINDE UND WURZELN VERWENDET, IST ER SEHR WICHTIG. SEINE ANTIOXIDANTIEN SOLLEN DIE LEBER VOR DEN AUSWIRKUNGEN VON GIFTEN ODER INFEKTIONEN UND DIE HERZGESUNDHEIT SCHÜTZEN.

Tee aus Indien und Sri Lanka wird in die ganze Welt exportiert.

Tausende Elefanten leben in den Wäldern des Subkontinents, viele davon in Reservaten.

Holi, Indiens Spektakel der Farben, ist ein ausgelassenes Frühlingsfest.

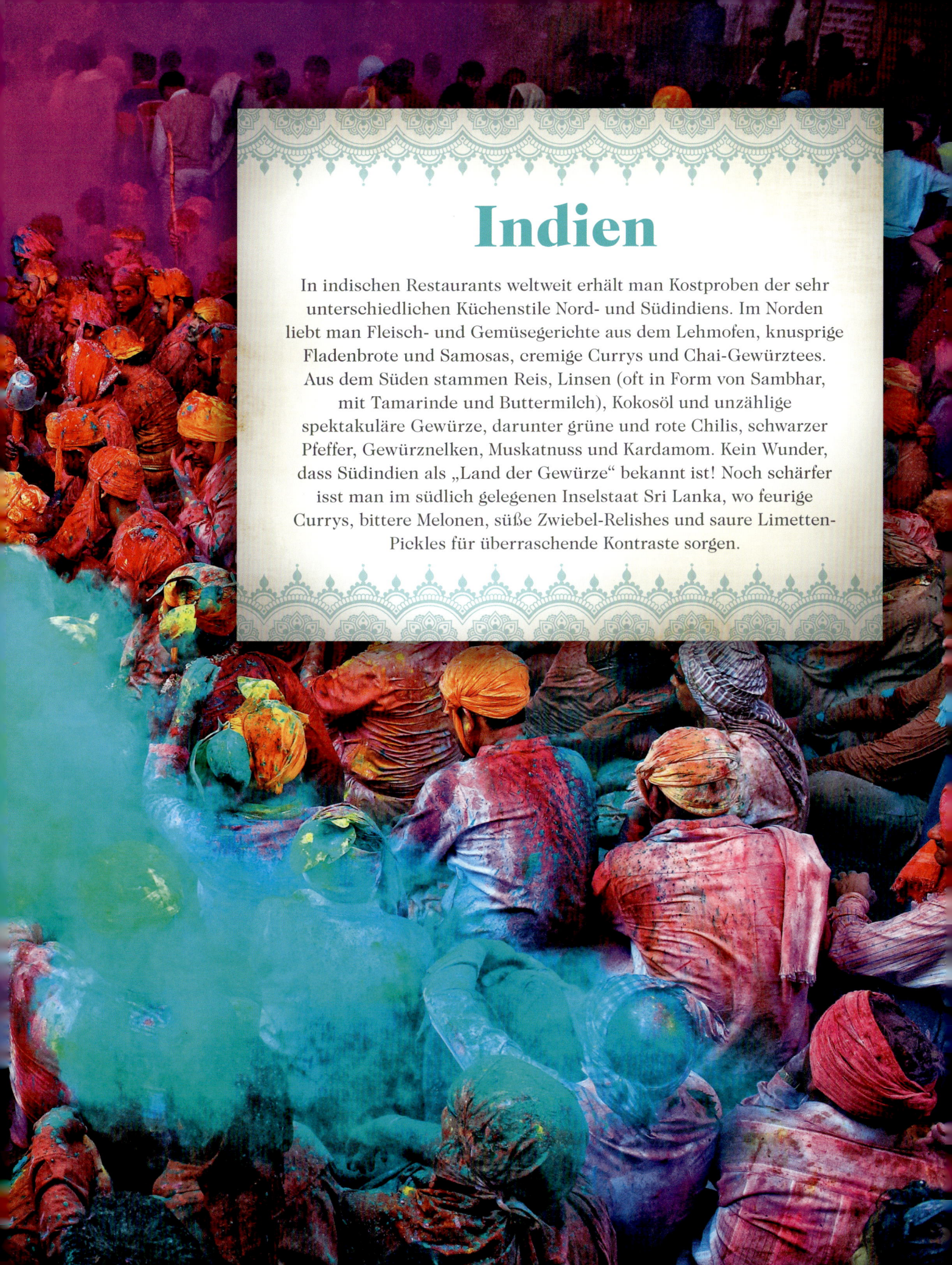

Indien

In indischen Restaurants weltweit erhält man Kostproben der sehr unterschiedlichen Küchenstile Nord- und Südindiens. Im Norden liebt man Fleisch- und Gemüsegerichte aus dem Lehmofen, knusprige Fladenbrote und Samosas, cremige Currys und Chai-Gewürztees. Aus dem Süden stammen Reis, Linsen (oft in Form von Sambhar, mit Tamarinde und Buttermilch), Kokosöl und unzählige spektakuläre Gewürze, darunter grüne und rote Chilis, schwarzer Pfeffer, Gewürznelken, Muskatnuss und Kardamom. Kein Wunder, dass Südindien als „Land der Gewürze" bekannt ist! Noch schärfer isst man im südlich gelegenen Inselstaat Sri Lanka, wo feurige Currys, bittere Melonen, süße Zwiebel-Relishes und saure Limetten-Pickles für überraschende Kontraste sorgen.

Desse
Ba

rts &
cken

Dieses Brot ist ein wunderbares Beispiel dafür, wie würzige Kräuter das Salz ersetzen können. Das Rezept ist zwar nicht sehr traditionell, unterstreicht aber die Vielseitigkeit von Kräutern beim Backen.

Kräuter-Käse-Brot

1 Beutel Trockenhefe
1 Prise Zucker
500 g Vollkornweizenmehl
2 EL gehackter frischer Schnittlauch
2 EL gehackte frische Oreganoblätter
2 EL gehackte frische Thymianblätter
75 g würziger Hartkäse, fein gerieben
Öl zum Einfetten

Zubereitungszeit 30 Minuten zzgl. 1 Stunde 25 Minuten Gehzeit
Backzeit 35 Minuten
Personen 12

1 Hefe und Zucker mit 375 ml lauwarmem Wasser in einem Krug oder einer Schüssel verrühren. 10 Minuten stehen lassen, bis die Hefe schäumt. Mehl und Kräuter in eine große Schüssel kippen, durchmischen und eine Mulde in die Mitte drücken.

2 Das Hefewasser in die Mulde gießen und das Mehl von außen nach innen einarbeiten. Dabei erst mit dem Holzkochlöffel, dann mit den Händen arbeiten, bis die Zutaten gleichmäßig vermengt sind. Auf die leicht bemehlte Arbeitsfläche kippen und in ca. 10 Minuten zu einem geschmeidigen, elastischen Teig kneten.

3 Den Teig in eine große, geölte Schüssel kippen und mit Frischhaltefolie abdecken. An einem zuggeschützten Ort 45 Minuten gehen lassen, bis sich das Teigvolumen verdoppelt hat.

4 Den Teig zusammenschlagen und nochmals kurz kneten. Zu einem 40 × 28 cm großen Rechteck ausrollen. Den Käse darauf verteilen. Von der kurzen Seite aufrollen und mit der Naht nach unten auf ein leicht geöltes Backblech legen. Mit einem sauberen Küchentuch abdecken und 30 Minuten an einen warmen Ort stellen, bis der Teig gegangen ist. Den Ofen auf 200 °C vorheizen.

5 Den Teig mit Wasser bestreichen und mit einem scharfen Messer diagonal einritzen. 35 Minuten backen, bis die Kruste goldbraun ist und das Brot beim Anklopfen auf der Unterseite hohl klingt.

Pro Portion 638 kJ, 152 kcal, 6 g Eiweiß, 2 g Fett (1 g gesättigte Fettsäuren), 26 g Kohlenhydrate (<1 g Zucker), 5 g Ballaststoffe, 31 mg Natrium

OREGANO STEHT NICHT NUR IM MITTELPUNKT EINER GESUNDEN MEDITERRANEN ERNÄHRUNG, SONDERN HAT AUCH EIN HERVORRAGENDES NÄHRSTOFFPROFIL, MIT REICHLICH MANGAN, EISEN, DEN VITAMINEN K, A UND C SOWIE FOLAT UND BALLASTSTOFFEN.

Mischen Sie Ihre gehackten Lieblingskräuter unter die Käsefüllung des Baguettes. Zerstoßener Knoblauch oder Röstzwiebeln schmecken ebenfalls gut.

Dieses schnelle Baguette überrascht mit einer Füllung aus Käse und herzhaftem Kümmel-Koriander-Aroma. Servieren Sie es warm zu Suppen, kalt beim Picknick oder als Pausensnack zum Mitnehmen.

Kümmel-Koriander-Baguette

- 2 Beutel Trockenhefe
- 500 g Weizenmehl oder Vollkornweizenmehl
- 1 EL Kümmelsamen
- 1 EL Korianderkörner
- 1 TL schwarze Pfefferkörner
- 100 g würziger Hartkäse, zerkrümelt oder gerieben

Zubereitungszeit 30 Minuten zzgl. 30 Minuten Gehzeit
Backzeit 30 Minuten
Personen 4–8

1. Die Hefe in einer großen Rührschüssel mit 1 Esslöffel Mehl in 250 ml lauwarmes Wasser einrühren. Stehen lassen, bis die Hefe zu schäumen beginnt.

2. In der Zwischenzeit Kümmel, Koriander und Pfeffer im Mörser grob zerkleinern, sodass sie teilweise noch stückig sind. Beiseitestellen.

3. Das restliche Mehl unter die Hefe kneten, bis ein lockerer, nicht zu fester Teig entsteht. Falls nötig, noch Wasser zugeben. Den Teig weiterkneten (ca. 10 Minuten), bis er geschmeidig ist. In den Gewürzen wälzen und diese gründlich einkneten.

4. Den Teig zu einem langen Rechteck ausrollen und den Käse auf der Mitte verteilen. Den Teig längs zu einem Baguette aufrollen und verwinden, mit dem Käse in der Mitte. An einem warmen Platz ca. 30 Minuten gehen lassen, bis er das doppelte Volumen erreicht hat. Den Ofen auf 220 °C vorheizen.

5. Den Teig mit einem scharfen Messer mehrmals quer einschneiden. In ca. 30 Minuten goldbraun backen. Das Baguette ist fertig, wenn es beim Klopfen auf der Unterseite hohl klingt.

Pro Portion 2182 kJ, 521 kcal, 23 g Eiweiß, 12 g Fett (6 g gesättigte Fettsäuren), 81 g Kohlenhydrate (1 g Zucker), 16 g Ballaststoffe, 176 mg Natrium

KÜMMELSAMEN HABEN, WIE IHRE VERWANDTEN FENCHEL UND KREUZKÜMMEL, EIN SÜSSES ANISAROMA. SIE WERDEN SEIT JEHER EINGESETZT, UM DEN MAGEN ZU BERUHIGEN UND ÜBELKEIT, VERDAUUNGSSTÖRUNGEN UND BLÄHUNGEN ZU LINDERN.

Dieses Maisbrot ist die ideale Begleitung zu Chili con Carne (Seite 85) oder Backhendl mit Salsa (Seite 146). Verwenden Sie groben Maisgrieß, keine Instant-Polenta..

Chili-Maisbrot

1 Ei
60 g Honig
250 g Buttermilch oder Joghurt
3 EL Rapsöl oder mildes Olivenöl
Kerne von 1 frischem Maiskolben (ca. 130 g)
200 g grober Maisgrieß
1 lange grüne Chilischote, entkernt und fein gehackt
1 lange rote Chilischote, entkernt und fein gehackt
100 g Weizenmehl
1 gestr. TL Backpulver

Zubereitungszeit 15 Minuten **Backzeit** 30 Minuten **Ergibt** 1 Laib Brot

1 Den Ofen auf 180 °C vorheizen. Eine flache quadratische Kastenform mit 20 × 20 cm Seitenlänge mit Backpapier auslegen.

2 Ei, Honig, Buttermilch bzw. Joghurt und Öl in einer großen Schüssel gründlich verquirlen. Mais, Grieß und Chili zugeben und ebenfalls gut vermengen. Dann kurz das Mehl untermischen.

3 Den Teig in die Form füllen und glatt streichen. 30 Minuten backen, bis an einem in der Mitte eingesteckten Holzstäbchen nichts mehr hängen bleibt. Das Brot 5 Minuten in der Form abkühlen lassen, dann auf ein Gitter stürzen. Warm servieren.

Pro Portion 713 kJ, 170 kcal, 4 g Eiweiß, 6 g Fett (<1 g gesättigte Fettsäuren), 25 g Kohlenhydrate (6 g Zucker), 1 g Ballaststoffe, 77 mg Natrium

CHILI UND MAIS ENTHALTEN REICHLICH LUTEIN UND ZEAXANTHIN, ZWEI ANTIOXIDANTIEN, DIE BESONDERS DEM AUGE NÜTZEN, INDEM SIE DAS RISIKO VON MAKULA-DEGENERATION UND AUGENKATARAKTEN SENKEN. DAZU HELFEN SIE, DAS HERZ-KREISLAUF-SYSTEM VOR SCHÄDEN ZU BEWAHREN.

Diese Brötchen aus Cornwall, dem Südwesten Englands, essen Sie am besten warm mit Clotted Cream, dem dicken britischen Rahm, und Marmelade.

Safran-Rosinen-Brötchen

1 Prise Safranfäden
125 ml Milch
1 Beutel Trockenhefe
50 g Butter
250 g Weizenmehl
100 g Rosinen oder Korinthen

Zubereitungszeit 15 Minuten zzgl. 1 Stunde Gehzeit
Backzeit 15 Minuten
Ergibt 16 kleine oder 8 große Brötchen

1. Den Ofen auf 180 °C vorheizen. Die Safranfäden auf einem Blech verteilen und 2 Minuten im Ofen trocknen.

2. Die Milch in einem kleinen Topf oder in der Mikrowelle erhitzen, bis sie dampft. Die Safranfäden hineinkrümeln, umrühren und ziehen lassen, bis die Milch nur noch lauwarm ist. Dann die Hefe einrühren.

3. In der Zwischenzeit die Butter mit den Fingern in das Mehl reiben, bis sie gut darin verteilt ist.

4. Die Hefe-Milch-Mischung in das Mehl gießen und alle Zutaten verkneten (falls nötig, noch Milch zugießen). Gründlich kneten, bis ein geschmeidiger Teig entsteht, und dabei die Rosinen einkneten, bis sie gleichmäßig verteilt sind.

5. Den Teig in 16 Stücke teilen (oder 8, für normal große Brötchen). Jedes Teigstück zu einer Kugel rollen, herausstehende Rosinen wieder in den Teig drücken, damit sie beim Backen nicht verbrennen. Die Brötchen mit 2 cm Abstand auf ein Backblech setzen. An einem warmen Ort gehen lassen, bis sie doppelt so groß sind (ca. 1 Stunde, je nach Raumtemperatur).

6. Den Ofen auf 220 °C vorheizen und die Brötchen 15 Minuten backen oder bis sie sich hohl anhören, wenn man an der Unterseite daraufklopft.

Pro Portion 363 kJ, 87 kcal, 2 g Eiweiß, 3 g Fett (2 g gesättigte Fettsäuren), 13 g Kohlenhydrate (<1 g Zucker), <1 g Ballaststoffe, 27 mg Natrium

SAFRAN IST IN DER VOLKSMEDIZIN ALS NATÜRLICHES ANTIDEPRESSIVUM BEKANNT. UNTERSUCHUNGEN WEISEN HEUTE DARAUF HIN, DASS SAFRANEXTRAKT IN DER DEPRESSIONSBEHANDLUNG GENAUSO EFFEKTIV WIE KONVENTIONELLE MEDIKAMENTE WIRKEN KÖNNTE. DAZU ENTHÄLT ER VIELE ENTZÜNDUNGSLINDERNDE ANTIOXIDANTIEN.

Pfeffernüsse genießt man während der Weihnachtszeit in Deutschland, Holland und Belgien. Ihr Name bezieht sich lediglich auf ihre Größe und Form, denn Nüsse enthalten sie nicht.

Pfeffernüsse

40 g Zuckerrübensirup
1 ½ EL flüssiger Honig
60 g Butter, gehackt
1 Ei
300 g Weizenmehl
100 g brauner Rohrzucker
1 TL weißer Pfeffer
1 TL gemahlener Zimt
½ TL gemahlene Gewürznelken
½ TL Ingwerpulver
½ TL gemahlener Kardamom
½ TL gemahlene Muskatnuss
½ TL Backnatron
1 EL Puderzucker zum Bestäuben (nach Geschmack)

Zubereitungszeit 20 Minuten zzgl. 1 Stunde Kühlzeit
Backzeit 10 Minuten
Ergibt 36 Stück

1 Zuckerrübensirup, Honig und Butter in einem kleinen Topf auf mittlerer Hitze zerlassen und vermischen. Zum Abkühlen beiseitestellen, dann das Ei unterrühren.

2 Mehl, Zucker, Gewürze und Backnatron in eine große Schüssel sieben. Die Sirupmischung mit einem Holzkochlöffel gründlich unterschlagen. Eine Kugel formen und den Teig nur kurz sanft kneten, bis er geschmeidig ist. In Frischhaltefolie gewickelt 1 Stunde in den Kühlschrank legen.

3 Den Ofen auf 160 °C vorheizen und 2 große Backbleche mit Backpapier auslegen. Den Teig zu Rollen mit 2 cm Durchmesser formen und diese in gut 1 cm dicke Scheiben schneiden. Zu Kugeln rollen. Auf die Bleche legen und 10 Minuten backen, bis die Pfeffernüsse etwas Farbe angenommen haben und an der Unterseite gebräunt sind. Auf Kuchengitter umlegen und komplett auskühlen lassen. Nach Geschmack leicht mit Puderzucker bestäuben.

Pro Stück 273 kJ, 65 kcal, 1 g Eiweiß, 2 g Fett (<1 g gesättigte Fettsäuren), 12 g Kohlenhydrate (6 g Zucker), <1 g Ballaststoffe, 23 mg Natrium

TIPP Pfeffernüsse sind weich und kuchenartig. In einem luftdichten Behälter halten sie mehrere Wochen. Wenn Sie den Teig am Vortag zubereiten und über Nacht liegen lassen, entfaltet sich das Gewürzaroma noch besser.

WEISSER PFEFFER TRADITIONELL VERWENDETE MAN PFEFFER, AUCH WEISSEN, UM ESSEN VOR DEM VERDERBEN ZU SCHÜTZEN. ER HAT ANTIBAKTERIELLE EIGENSCHAFTEN, HILFT, EINE NORMALE VERDAUUNG UND DARMTÄTIGKEIT ANZUREGEN, UND LINDERT VERDAUUNGSSTÖRUNGEN.

Sie können die Gewürze variieren, je nachdem, welche Sie zur Hand haben.

Spekulatius stammen aus den Niederlanden, Belgien und dem Rheinland. Traditionell bäckt man sie in hölzernen Formen (Modeln), um ihnen ihre typische Form zu geben. Ausgestochen schmecken sie ebenso gut.

Spekulatius

250 g Weizenmehl
½ TL Backnatron
2 TL gemahlener Zimt
½ TL gemahlene Muskatnuss
¼ TL gemahlener weißer Pfeffer
¼ TL Ingwerpulver
¼ TL gemahlener Kardamom
¼ TL gemahlener Sternanis (nach Geschmack)
100 g weiche Butter
100 g brauner Rohrzucker
1 Ei

Zubereitungszeit 20 Minuten **Backzeit** 15 Minuten **Ergibt** 40 Stück

1 Den Ofen auf 180 °C vorheizen und 2 Backbleche mit Backpapier auslegen. Die trockenen Zutaten in eine Schüssel sieben.

2 In einer zweiten Schüssel Butter und Zucker mit dem Handrührgerät hell und schaumig schlagen. Das Ei einarbeiten. Die trockenen Zutaten in die Schüssel kippen und mit einem Buttermesser erst hacken, dann leicht kneten, bis ein geschmeidiger Teig entsteht. Eine Kugel formen und halbieren.

3 Eine Teigportion auf einer leicht bemehlten Arbeitsfläche ½ cm dick ausrollen. Mit einer stern- oder schneeflockenförmigen Keksform Plätzchen ausstechen. Die Teigreste aufhäufen und nochmals ausrollen. Fertige Plätzchen auf die Backbleche legen und den restlichen Teig verarbeiten.

4 15 Minuten backen, bis die Spekulatius an der Unterseite leicht gebräunt sind. 5 Minuten auf den Blechen auskühlen, dann auf einem Gitter erkalten lassen.

Pro Stück 221 kJ, 53 kcal, ‹1 g Eiweiß, 2 g Fett (1 g gesättigte Fettsäuren), 7 g Kohlenhydrate (2 g Zucker), ‹1 g Ballaststoffe, 27 mg Natrium

TIPP Damit die Plätzchen gleichmäßig backen, das obere Blech nach der halben Backzeit nach unten, das untere nach oben setzen.

MUSKATNUSS VOR DEM 18. JAHRHUNDERT WURDE DIESES AROMATISCHE GEWÜRZ VOR ALLEM MEDIZINISCH VERWENDET. ES ENTHÄLT EUGENOL, DAS ZAHNSCHMERZEN LINDERN KANN UND HILFT, VERDAUUNGSPROBLEME WIE MAGENVERSTIMMUNGEN ZU KURIEREN. DIE SUBSTANZ MYRISTICIN IN DER NUSS KÖNNTE AUCH HELFEN, DEN GEIST WACHZUHALTEN.

Dieser einfache Kuchen ohne Mehl kombiniert Zitronenschale und -saft mit gemahlenen Korianderkörnern. Koriander wird nicht oft für Süßes verwendet, mit Zitrone geht er hier eine himmlische Verbindung ein.

Zitronen-Koriander-Kuchen

4 Eier, getrennt
110 g feinste Zuckerraffinade
1 EL fein abgeriebene Schale von 1 Bio-Zitrone
2 TL gemahlener Koriander
1 TL Backpulver
200 g gemahlene Mandeln
50 g Puderzucker, gesiebt
1 EL Zitronensaft

Zubereitungszeit 20 Minuten
Backzeit 30 Minuten
Personen 10

1 Den Ofen auf 180 °C vorheizen. Eine Kranzform mit 20 cm ⌀ gründlich einfetten. Aus Backpapier einen Ring ausschneiden und den Boden der Form damit auslegen.

2 Eigelbe, Zucker und Zitronenschale in einer Rührschüssel mit dem Handrührgerät oder in der Küchenmaschine in 2 Minuten zu einer hellen, cremigen Masse aufschlagen. Koriander und Backpulver darübersieben und mit den Mandeln unterziehen.

3 Das Eiweiß in einer sauberen Schüssel mit dem gesäuberten Rührbesen steif schlagen, bis sich weiche Spitzen bilden. Ca. ein Drittel unter die Eigelb-Mandel-Masse rühren, damit sie flüssiger wird, den restlichen Eischnee nur unterheben. In die vorbereitete Form löffeln. Den Teig 30 Minuten backen, bis er auf sanften Fingerdruck elastisch nachgibt.

4 5 Minuten in der Form auskühlen lassen. Mit einem Messer vom Rand lösen und auf ein Kuchengitter stürzen. Das Papier ablösen und den Kuchen auskühlen lassen.

5 Puderzucker und Zitronensaft in einer kleinen Schüssel verrühren, über den Kuchen träufeln und fest werden lassen.

Pro Portion 886 kJ, 212 kcal, 7 g Eiweiß, 13 g Fett (1 g gesättigte Fettsäuren), 17 g Kohlenhydrate (17 g Zucker), 2 g Ballaststoffe, 51 mg Natrium

KORIANDERKÖRNER HABEN ENTZÜNDUNGSHEMMENDE UND ANTIBAKTERIELLE WIRKUNG UND WERDEN WISSENSCHAFTLICH AUF IHR POTENZIAL IN DER ARTHRITISBEHANDLUNG UNTERSUCHT. TRADITIONELL WAREN SIE TEIL VON WÜRZMISCHUNGEN, DIE NAHRUNGSMITTEL VOR DEM VERDERBEN SCHÜTZEN SOLLTEN. SIE SOLLEN AUCH EINE NORMALE VERDAUUNG FÖRDERN.

Inspiriert von einem traditionellen deutschen Gewürzkuchen, sorgt der Ingwer hier für einen perfekten nachmittäglichen Stärkungsimbiss zu einer Tasse Tee.

Ingwer-Gewürzkuchen

125 g weiche Butter, gehackt, zzgl. etwas Butter zum Einfetten
100 g brauner Rohrzucker
2 Eier
125 ml milde Zuckerrohrmelasse zum Backen (ersatzweise 100 g Vollrohrzucker)
150 g Weizenmehl
75 g Weizenmehl
½ gestr. TL Backpulver
½ TL Backnatron
2 TL Ingwerpulver
1 TL gemahlener Zimt
¼ TL gemahlene Muskatnuss
¼ TL gemahlene Gewürznelken
125 ml Milch
2 TL Puderzucker
Joghurt oder Ricotta zum Servieren (nach Geschmack)

Zubereitungszeit 20 Minuten
Backzeit 35 Minuten
Personen 12

1. Den Ofen auf 180 °C vorheizen. Eine quadratische Kuchenform (20 × 20 cm) einfetten und den Boden mit Backpapier auslegen. An zwei gegenüberliegenden Seiten überstehen lassen.

2. Butter und Zucker in einer Schüssel mit dem Handrührgerät hell und cremig aufschlagen. Die Eier nacheinander gründlich unterarbeiten. Die Zuckerrohrmelasse unterrühren.

3. Die trockenen Zutaten in eine zweite Schüssel sieben. Mit einem großen Metalllöffel oder dem Gummischaber die Hälfte der trockenen Zutaten unterziehen, dann die Milch und anschließend die restlichen trockenen Zutaten. Den Teig in die Form löffeln und glatt streichen. 35 Minuten backen, bis der Kuchen in der Mitte auf sanften Druck elastisch nachgibt.

4. In der Form 10 Minuten abkühlen lassen, dann auf ein Kuchengitter heben und vorsichtig das Papier abziehen. Komplett auskühlen lassen. Leicht mit Puderzucker bestäuben und in Stücken servieren, auf Wunsch mit einem Klecks Joghurt oder Ricotta.

Pro Portion 977 kJ, 233 kcal, 4 g Eiweiß, 10 g Fett (6 g gesättigte Fettsäuren), 33 g Kohlenhydrate (19 g Zucker), <1 g Ballaststoffe, 90 mg Natrium

INGWER VERSUCHEN SIE IHN GEGEN MAGENVERSTIMMUNG. DIE WISSENSCHAFT ERFORSCHT DIE WURZEL ALS NATÜRLICHES MITTEL GEGEN ÜBELKEIT. AUCH BEI MORGENDLICHER ÜBELKEIT IN DER SCHWANGERSCHAFT KANN ER OHNE BEDENKEN EINGENOMMEN WERDEN.

Dieser altmodische Biskuitkuchen nach englischer Art ist sehr einfach, aber ungemein geschmackvoll. Sie könnten ihn auch mit Zitronen- oder Orangenschale verfeinern. Er ist perfekt zu einer Tasse Tee.

Mandelbiskuit mit Kümmel

150 g weiche Butter, gehackt, und etwas Butter zum Einfetten
115 g feinste Zuckerraffinade
3 Eier
60 g gemahlene Mandeln
3 TL Kümmelsamen
225 g Weizenmehl
½ Päckchen Backpulver
125 ml Milch

Zubereitungszeit 20 Minuten **Backzeit** 40 Minuten **Personen** 12

1. Den Ofen auf 180 °C vorheizen. Eine Kastenform (21 × 10 cm) einfetten und den Boden mit Backpapier auslegen, das über die langen Seiten hinaussteht.

2. Butter und Zucker mit dem Handrührgerät oder in der Küchenmaschine weiß und cremig aufschlagen. Die Eier einzeln einschlagen und gründlich unterarbeiten. Mandeln und 2 Teelöffel Kümmelsamen unterrühren.

3. Mit einem großen Metalllöffel oder dem Gummischaber die Hälfte der trockenen Zutaten unterziehen, dann die Milch und anschließend die restlichen trockenen Zutaten. Den Teig in die Form löffeln und glatt streichen. Mit dem restlichen Kümmel bestreuen. 40 Minuten backen, bis der Kuchen in der Mitte auf sanften Druck elastisch nachgibt.

4. In der Form 10 Minuten abkühlen lassen, dann auf ein Kuchengitter heben und vorsichtig das Papier abziehen. Komplett auskühlen lassen. Zum Servieren in Stücke aufschneiden.

Pro Portion 1039 kJ, 248 kcal, 5 g Eiweiß, 15 g Fett (8 g gesättigte Fettsäuren), 23 g Kohlenhydrate (10 g Zucker), 1 g Ballaststoffe, 153 mg Natrium

TIPP Für einen locker-zarten Kuchen das Mehl vorsichtig unterziehen und den Teig danach nicht mehr rühren.

ECHTER KÜMMEL
SEINE SAMEN KÖNNEN DEM KREISLAUFSYSTEM GUTES TUN, DA SIE „SCHLECHTES" LDL-CHOLESTERIN IM KÖRPER ZU REDUZIEREN SCHEINEN UND MIT VERSCHIEDENEN ANTIOXIDANTIEN ZELLEN UND BLUTGEFÄSSE VOR SCHÄDEN SCHÜTZEN.

Diese kleinen, süßen Cupcakes basieren auf einem iranischen Rezept für Yazdi-Küchlein. Kardamom und Rosenwasser sind klassische nahöstliche Aromen, die wunderbar harmonieren. Die Pistazien sind eine knusprige Abrundung.

Kardamom-Honig-Küchlein

150 g Weizenmehl
1 TL Backpulver
1 TL gemahlener Kardamom
2 Eier
115 g feinste Zuckerraffinade
125 ml Pflanzenöl
125 g Joghurt
1 EL gehackte Pistazien
1½ EL Honig
1 EL Rosenwasser

Zubereitungszeit 20 Minuten
Backzeit 20 Minuten
Ergibt 12 Stück

1. Den Ofen auf 180 °C vorheizen. Ein Muffinblech mit 12 Vertiefungen leicht einfetten. Mehl, Backpulver und Kardamom in eine Schüssel sieben.

2. Eier und Zucker in einer Rührschüssel vermengen und mit dem Handrührgerät in 3 Minuten weiß und cremig aufschlagen, bis sich das Volumen stark vergrößert hat. Öl und Joghurt unterrühren. Die Mehlmischung darübersieben und schnell unterheben.

3. Den Teig in die Formen füllen und mit Pistazien bestreuen. 15–20 Minuten backen, bis die Küchlein aufgegangen und goldbraun sind und auf sanften Druck elastisch nachgeben.

4. 5 Minuten in der Form abkühlen lassen, dann die Küchlein vorsichtig auslösen und auf ein Backgitter setzen. In der Zwischenzeit den Honig in der Mikrowelle oder in einem kleinen Topf erwärmen, bis er flüssig ist. Das Rosenwasser unterrühren und die warmen Küchlein damit bestreichen. Auskühlen lassen.

Pro Portion 844 kJ, 202 kcal, 3 g Eiweiß, 11 g Fett (2 g gesättigte Fettsäuren), 22 g Kohlenhydrate (13 g Zucker), ‹1 g Ballaststoffe, 37 mg Natrium

TIPP Sie können die Küchlein auch in Papierförmchen backen.

KARDAMOM HALTEN SIE HERZ UND BLUT MIT KARDAMOM GESUND: ER ENTHÄLT VIEL CALCIUM, MAGNESIUM UND KALIUM – ALLES MINERALSTOFFE, DIE WICHTIG SIND FÜR DIE HERZFUNKTION UND EINEN GESUNDEN BLUTDRUCK.

Chilis runden das Aroma warm ab, ohne übermäßig scharf zu sein. Servieren Sie den Kuchen zu Tee oder Kaffee, oder mit Eiskrem als Dessert.

Schokoladenkuchen mit Chili

100 g Butter, gehackt, zzgl. etwas Butter zum Einfetten
200 g dunkle Schokolade (80 % Kakaoanteil), gehackt
100 g brauner Rohrzucker
1 TL Vanilleextrakt
1 TL Chilipulver oder Chipotle-Chilipulver
100 g Walnusskerne, gemahlen
5 Eier, getrennt
frische Beeren zum Servieren

Zubereitungszeit 20 Minuten
Backzeit 40 Minuten
Personen 10

1 Den Ofen auf 180 °C vorheizen. Eine Springform (20 cm ⌀) seitlich einfetten und den Boden mit Backpapier auslegen.

2 Schokolade, Butter und Zucker in eine hitzefeste Schüssel füllen und über Wasserdampf (im Wasserbad) schmelzen, aber nicht heiß werden lassen. Öfter umrühren. Die Schüssel aus dem Topf nehmen. Vanille, Chili, Walnüsse und Eigelb unterrühren.

3 Das Eiweiß in einer großen, sauberen Schüssel mit dem Handrührgerät oder in der Küchenmaschine zu steifem Schnee schlagen. 1 großen Löffel davon unter die Schokomischung rühren, dann das restliche Eiweiß vorsichtig unterheben, bis man keine weißen Streifen mehr sieht.

4 Den Teig in die Form löffeln und 40 Minuten backen. Zum Abkühlen in der Form beiseitestellen. Den Rand mit einem Messer lösen und vorsichtig abnehmen. Den Kuchen in Tortenstücke schneiden und mit frischen Beeren servieren.

Pro Portion 1480 kJ, 353 kcal, 7 g Eiweiß, 30 g Fett (14 g gesättigte Fettsäuren), 13 g Kohlenhydrate (13 g Zucker), <1 g Ballaststoffe, 39 mg Natrium

TIPP Nach Geschmack können Sie auch gemahlene Haselnüsse oder Mandeln verwenden.

CHILI IHRE SCHARFE KOMPONENTE IST CAPSAICIN. MAN NUTZT DIE BRENNENDE WIRKUNG DIESER SUBSTANZ IN SCHMERZMITTELN, DA SIE DIE SCHMERZREZEPTOREN DES KÖRPERS BETÄUBT UND SO DAZU BEITRÄGT, CHRONISCHE SCHMERZEN ZU LINDERN.

Kuchen oder Dessert? Egal wie, Sie werden die verführerische Kombination von Kardamom und Schokolade in diesem üppigen Rezept lieben.

Kardamom ist in Indien zu Hause und gehört zur Ingwer-Familie. Er hat einen unverwechselbar aromatischen, süßlich-starken Geschmack und passt gut zu Kaffee, Tee und Schokolade.

Lava-Törtchen mit Kardamom

125 g dunkle Schokolade (80 % Kakaoanteil), gehackt
125 g Butter, gehackt
3 Eier
120 g kompakter, weicher brauner Rohrzucker
100 g Weizenmehl
2 g Backpulver (½ gestr. TL)
1 EL Kakaopulver
1 TL gemahlener Kardamom
frische Minzblätter zum Garnieren

Zubereitungszeit 15 Minuten **Backzeit** 15 Minuten **Personen** 6

1. Den Ofen auf 200 °C vorheizen. 6 ofenfeste Puddingförmchen (je 250 ml) einfetten.
2. Schokolade und Butter in einem kleinen Topf auf niedriger Temperatur aufsetzen. 2–3 Minuten erwärmen und cremig rühren. 10 Minuten abkühlen lassen.
3. Eier und Zucker in einer mittelgroßen Rührschüssel mit dem Handrührgerät cremig weiß und schaumig aufschlagen. In eine große Schüssel umfüllen. Vorsichtig die gesiebten Mehle mit Backpulver, Kakao und Kardamom und dann die Schokoladenmischung unterheben.
4. In die vorbereiteten Förmchen füllen. 12–15 Minuten backen, bis die Ränder fest, die Mitte aber noch flüssig ist. Sofort auf Teller stürzen. Mit Minze garnieren und sofort servieren.

Pro Portion 1924 kJ, 460 kcal, 7 g Eiweiß, 33 g Fett (20 g gesättigte Fettsäuren), 34 g Kohlenhydrate (21 g Zucker), <1 g Ballaststoffe, 248 mg Natrium

TIPP Das Dessert ist absichtlich etwas untergart, damit es in der Mitte noch weich und zähflüssig bleibt.

KARDAMOM WIRD SEIT LANGEM IM AYURVEDA (DER ALTEN INDISCHEN HEILKUNDE UND LEBENSLEHRE) UND IN DER TRADITIONELLEN CHINESISCHEN MEDIZIN VERWENDET. MAN GLAUBTE, ER LINDERE HALSENTZÜNDUNGEN, LUNGENKONGESTIONEN, MAGEN-DARM-STÖRUNGEN UND GALLENSTEINE. JÜNGSTE UNTERSUCHUNGEN HABEN ERGEBEN, DASS KARDAMOM HILFT, DAS IMMUNSYSTEM ZU SCHÜTZEN, HAUTKREBS ZU VERMEIDEN, UND DAZU DEN BLUTDRUCK SENKT.

Erfrischende Orangen harmonieren mit den warmen Gewürzen in diesem leckeren Dampfpudding. Süß und würzig rundet er ein winterliches Abendessen perfekt ab.

Gedämpfter Gewürzpudding

Öl für die Form
2 große Bio-Orangen
125 g weiche Butter, gehackt
110 g Puderzucker
2 Eier
225 g Weizenmehl
2 gestr. TL Backpulver
1 TL gemahlener Zimt
1 TL Ingwerpulver
½ TL gemahlene Muskatnuss
375 ml fettarme Vanillesauce (0,1 % Fett) zum Servieren

Zubereitungszeit 25 Minuten
Garzeit 2 Stunden
Personen 8

1. Eine Puddingform (1,25 l) leicht ölen und den Boden mit einem runden Stück Backpapier abdecken. Von einer der Orangen 2 Teelöffel Schale abreiben und beiseitestellen. Die restliche Schale entfernen. Die Frucht quer in ½ cm dicke Scheiben schneiden und Boden und unteren Rand der Form damit auslegen. Aus der zweiten Orange 125 ml Saft auspressen.

2. Butter und Zucker cremig-weiß aufschlagen. Die Eier einzeln einschlagen und unterarbeiten. Den Orangenabrieb unterrühren. Alle trockenen Zutaten in eine Schüssel sieben. Die Hälfte der trockenen Zutaten unter die Buttermischung heben, dann den Saft und danach die restlichen trockenen Zutaten. Vorsichtig in die Form füllen und die Oberfläche glatt streichen.

3. Ein Stück Aluminiumfolie und ein Stück Backpapier aufeinanderlegen. Eine 4 cm breite Falte einschlagen, damit der Pudding aufgehen kann. Mit Küchengarn an der Puddingform befestigen.

4. Einen Unterteller umgekehrt in einen großen Topf legen und die Form daraufstellen. So viel Wasser einfüllen, dass die Form zur Hälfte darin steht. Den Deckel aufsetzen und den Pudding 2 Stunden dämpfen. Falls nötig, kochendes Wasser nachgießen.

5. Den Pudding aus dem Topf heben. Folie und Papier entfernen und den Pudding vorsichtig stürzen. Das Papier abziehen. Den Pudding aufschneiden und mit Vanillesauce servieren.

Pro Portion 1251 kJ, 299 kcal, 5 g Eiweiß, 15 g Fett (9 g gesättigte Fettsäuren), 37 g Kohlenhydrate (17 g Zucker), 2 g Ballaststoffe, 215 mg Natrium

MUSKATNUSS KANN ALS MITTEL GEGEN HALITOSE (MUNDGERUCH) EINGESETZT WERDEN SOWIE GEGEN ÜBELKEIT, KOPFSCHMERZEN, DIARRHÖ UND FIEBER. GERIEBEN IST SIE EIN BELIEBTES GEWÜRZ FÜR DESSERTS, SAUCEN UND SUPPEN.

Äpfel und Zimt sind eine himmlische Kombination. Dieser einfache Kuchen ist im Nu zusammengerührt, für Nachmittagstees oder andere süße Gelegenheiten sowie mit Vanillecreme oder Eis als Dessert.

Apfel-Zimt-Teekuchen

60 g weiche Butter, gehackt
115 g feinste Zuckerraffinade
1 TL Vanilleextrakt
1 Ei
150 g Weizenmehl
1 gestr. TL Backpulver
125 ml Milch
1 roter Apfel, geviertelt, entkernt und in dünne Spalten geschnitten

Zum Bestreichen

20 g Butter, zerlassen
1 EL feinste Zuckerraffinade
1 TL gemahlener Zimt

Zubereitungszeit 20 Minuten
Backzeit 30 Minuten
Personen 8

1. Den Ofen auf 180 °C vorheizen. Den Rand einer Springform (20 cm ⌀) einfetten und den Boden mit Backpapier auslegen.

2. Butter, Zucker und Vanilleextrakt in einer Rührschüssel mit dem Handrührgerät cremig-weiß aufschlagen. Das Ei gründlich unterrühren. Mehl und Backpulver in eine zweite Schüssel sieben. Mit einem großen Metalllöffel erst die Hälfte der Mehlmischung unter die Buttermischung ziehen, dann die Milch und dann die zweite Hälfte.

3. Den Teig in die Form füllen und glatt streichen. Die Apfelspalten fächerförmig darauf verteilen. 30 Minuten backen, bis die Oberfläche goldgelb ist und der Teig in der Mitte auf sanften Druck elastisch nachgibt.

4. Den Kuchen aus dem Ofen nehmen und mit zerlassener Butter bestreichen. Zimt und Zucker mischen und darüberstreuen.

5. Den Kuchen in der Form 10 Minuten abkühlen lassen. Den Rand der Form abnehmen und den Kuchen zum Kaltwerden auf ein Gitter umsetzen.

Pro Portion 968 kJ, 231 kcal, 3 g Eiweiß, 10 g Fett (6 g gesättigte Fettsäuren), 32 g Kohlenhydrate (19 g Zucker), 1 g Ballaststoffe, 174 mg Natrium

TIPP Den Apfel nicht schälen, damit es hübscher aussieht.

ZIMT DIESER KUCHEN IST ZWAR SÜSS UND BUTTERREICH, DOCH BEEINFLUSST DIES DEN BLUTZUCKERSPIEGEL WOMÖGLICH NICHT SO STARK, WIE MAN DENKT. ZIMT HILFT, IHN NIEDRIG ZU HALTEN, UND APFEL HAT EBENFALLS EINEN NIEDRIGEN GLYKÄMISCHEN INDEX.

Lorbeerblätter sind seit Jahrhunderten fester Bestandteil der englischen Küche. In diesem Rezept aromatisieren sie einen im Ofen gegarten Vanillepudding.

Vanilletöpfchen mit Lorbeer

500 ml Milch
8 Lorbeerblätter, frisch oder getrocknet
3 Eier, Größe L
110 g Zucker

Zubereitungszeit 10 Minuten **Backzeit** 50 Minuten **Personen** 6

1. Die Milch mit dem Lorbeer in einem Topf auf niedriger Temperatur erhitzen. 10 Minuten simmern lassen, damit die Aromen durchziehen.
2. Den Ofen auf 150 °C vorheizen. Als Bain-Marie einen großen Bräter in den Ofen stellen und halb hoch mit Wasser füllen.
3. Eier und Zucker mit dem Handrührgerät oder Schneebesen in einer großen Schüssel schaumig schlagen. Langsam die Milch zugießen, dabei ständig weiterschlagen.
4. Die Masse in 6 Auflaufförmchen (je 125 ml Inhalt) oder in ofenfeste Tassen oder Schälchen füllen. Den Lorbeer unter fließendem Wasser abspülen und ein Blatt in jedes Förmchen stecken.
5. Die Förmchen vorsichtig ins Wasserbad stellen und 40 Minuten garen, bis der Pudding im Zentrum fest ist. Warm servieren oder über Nacht in den Kühlschrank stellen und kalt servieren. Das Kühlen verstärkt das Lorbeeraroma.

Pro Portion 669 kJ, 160 kcal, 7 g Eiweiß, 6 g Fett (3 g gesättigte Fettsäuren), 20 g Kohlenhydrate (19 g Zucker), 0 g Ballaststoffe, 74 mg Natrium

TIPP Obwohl Lorbeer für gewöhnlich mit Herzhaftem assoziiert wird, können Sie ihn auch für Kuchen und Vanillecremes verwenden. Sein subtiles Aroma erinnert an Muskatnuss und Zitrusfrüchte.

LORBEER WURDE IN DER ANTIKE ALS SYMBOL DER WEISHEIT VEREHRT. ER ENTHÄLT ZU TEILEN DIE GLEICHEN AROMATISCHEN VERBINDUNGEN WIE GEWÜRZNELKEN UND ZITRUSARTEN UND WIRKT STARK ANTIOXIDATIV UND ANTIBAKTERIELL.

Basilikum und schwarzer Pfeffer passen wunderbar zu Erdbeeren; Zitronenthymian verleiht Melone und Mango einen zitronigen Duft.

Erdbeer-Basilikum-Granita

2 EL feinste Zuckerraffinade
4 Basilikumstängel mit Blättern (je 15 cm), grob gehackt
½ TL schwarze Pfefferkörner
500 g Erdbeeren
kleine Basilikumblätter zum Garnieren

Zubereitungszeit 15 Minuten zzgl. 5 Stunden Gefrierzeit **Kochzeit** 2 Minuten **Personen** 6

1. Den Zucker mit 125 ml Wasser in einem kleinen Topf verrühren und auf niedriger Temperatur auflösen. Basilikum und Pfeffer zugeben und den Herd ausstellen. Abkühlen lassen und in eine Schüssel abseihen.
2. Die Erdbeeren vom Blütenansatz befreien, spülen und trocken tupfen. Im Standmixer oder der Küchenmaschine pürieren. Durch ein feines Sieb, das die Kerne zurückhält, ebenfalls in die Schüssel abseihen.
3. In einen flachen Plastik- oder Glasbehälter füllen und ca. 1½ Stunden tiefgefrieren, bis die Ränder fest werden. Gefrorenes mit einer Gabel abkratzen und gleichmäßig durchmischen. Wieder einfrieren und den Vorgang über 2–3 Stunden stündlich wiederholen. Die fertige Granita luftdicht abfüllen und bis zum Gebrauch gefroren lagern. Mit Basilikum garniert servieren.

Pro Portion 164 kJ, 39 kcal, 1 g Eiweiß, <1 g Fett (0 g gesättigte Fettsäuren), 8 g Kohlenhydrate (8 g Zucker), 2 g Ballaststoffe, 5 mg Natrium

TIPP Verwenden Sie einen flachen Behälter (25 × 15 cm) zum Einfrieren, in den Sie die Mischung ca. 2 cm hoch einfüllen können.

Melone und Mango mit Ingwer

½ Cantaloupe-Melone (ca. 800 g)
½ Honigmelone (ca. 650 g)
1 Stück Wassermelone (ca. 600 g)
2 Mangos, entsteint und Fruchtfleisch gewürfelt
1 EL Honig
2 EL fein gehackte frische Minzblätter
1 EL frische Zitronenthymianblätter
2 TL fein geriebener frischer Ingwer

Zubereitungszeit 10 Minuten **Kochzeit** keine **Personen** 8

1. Mit einem Melonenausstecher Kugeln (ohne Kerne) aus den Melonen ausstechen. In eine Schüssel füllen und die restlichen Zutaten zugeben.
2. Alles vorsichtig vermischen. 30 Minuten beiseitestellen, damit sich die Aromen mischen und sich Saft am Schüsselboden sammelt. Ein- bis zweimal sanft wenden.

Pro Portion 445 kJ, 106 kcal, 2 g Eiweiß, <1 g Fett (<1 g gesättigte Fettsäuren), 23 g Kohlenhydrate (23 g Zucker), 3 g Ballaststoffe, 48 mg Natrium

TIPP Würfeln Sie das Melonenfleisch, wenn Sie keinen Ausstecher haben.

ZITRONENTHYMIAN ALLE THYMIANSORTEN ENTHALTEN KONZENTRIERT DIE NÄHRSTOFFE GRÜNER GEMÜSEARTEN, WIE VITAMIN C UND E, ANTIOXIDANTIEN UND MINERALSTOFFE. ZITRONENTHYMIAN ENTHÄLT VERSCHIEDENE ÄTHERISCHE ÖLE; THYMOL, DAS ÖL, DAS ER VORRANGIG ENTHÄLT, SOLL DAS GEHIRN VOR ALTERSBEDINGTEN SCHÄDEN SCHÜTZEN.

Safran verleiht diesen Birnen eine wunderbar goldene Farbe und ergänzt sehr gut das Kardamomaroma. Dieses nahöstlich inspirierte Dessert ist ein schöner Abschluss jeder Mahlzeit.

Pochierte Birnen

2 EL Honig
5 Kardamomkapseln, zerquetscht
1 große Prise Safranfäden
4 feste reife Birnen, geschält
1½ EL Pistazien, fein gehackt
250 g fettarmer Vanillejoghurt

Zubereitungszeit 15 Minuten
Kochzeit 40 Minuten
Personen 4

1 Honig, Kardamom und Safran mit 1 l Wasser in einen mittelgroßen Topf füllen. Den Honig auf niedriger Temperatur auflösen. Die Temperatur erhöhen, bis die Mischung sprudelnd kocht.

2 Die Birnen einlegen und die Temperatur stark senken. Mit schräg gesetztem Deckel ca. 20 Minuten simmern lassen (je nach Reifegrad der Birnen), bis die Birnen weich sind, wenn man sie mit einem kleinen Messers anstickt. Öfter mit einem Holzkochlöffel wenden, damit sie gleichmäßig garen.

3 Mit einem Schaumlöffel aus der Pochierflüssigkeit heben und auf einem Teller beiseitestellen. Die Flüssigkeit aufkochen und ohne Deckel 15–20 Minuten einkochen, bis auf ca. 125 ml. Leicht abkühlen lassen. Die Birnen auf Portionsteller setzen, mit der Pochierflüssigkeit beträufeln und mit Pistazien bestreuen. Mit dem Joghurt servieren.

Pro Portion 887 kJ, 212 kcal, 5 g Eiweiß, 2 g Fett (<1 g gesättigte Fettsäuren), 44 g Kohlenhydrate (37 g Zucker), 4 g Ballaststoffe, 55 mg Natrium

TIPP Sie können jede beliebige Birnensorte verwenden. Wir wählten Boscs Flaschenbirne, wegen ihrer eleganten Form. Zum Quetschen der Kardamomkapseln eine große Messerschneide flach darauflegen und mit dem Handballen leicht daraufschlagen.

KARDAMOM WIRD IN DER TRADITIONELLEN INDISCHEN HEILKUNDE BEI VERDAUUNGSSTÖRUNGEN WIE ÜBELKEIT, SODBRENNEN UND BLÄHUNGEN EINGESETZT UND SOLL AUCH APHRODISIEREND WIRKEN. ER ENTHÄLT REICHLICH ANTIOXIDANTIEN UND MINERALSTOFFE WIE EISEN.

Dieser indische Reispudding erhält durch langes Kochen seinen herrlichen Geschmack. Sie können ihn sehr gut nebenbei zubereiten, da Sie nur hin und wieder umrühren müssen.

Kheer

1 Prise Safranfäden
1 l Milch
150 g Basmatireis
4 EL feinste Zuckerraffinade
5 Kardamomkapseln, zerquetscht
1 Zimtstange
3 Gewürznelken
25 g Sultaninen
30 g Pistazienkerne

Zubereitungszeit 10 Minuten **Kochzeit** 1 Stunde **Personen** 4

1 Den Ofen auf 180 °C vorheizen. Den Safran auf einem Backblech ausbreiten und 1–2 Minuten im Ofen trocknen.

2 Die Milch in einen großen Topf gießen und die Safranfäden hineinkrümeln. Reis, Zucker und Gewürze zugeben. Die Milch aufkochen und die Temperatur auf kleinste Stufe senken. 45 Minuten simmern lassen und regelmäßig umrühren.

3 Kardamom und Zimtstange entfernen. Die Sultaninen unterrühren und alles weitere 15 Minuten simmern lassen. Der Brei sollte nun dick und klumpig sein. Den Großteil der Pistazien unterziehen. 12 Kerne zum Garnieren aufheben.

4 Den Pudding etwas ruhen lassen. Die Pistazien hacken. Den Pudding auf vier Schälchen oder kleine Gläser aufteilen und mit den Pistazien bestreut servieren.

Pro Portion 1357 kJ, 324 kcal, 11 g Eiweiß, 14 g Fett (7 g gesättigte Fettsäuren), 40 g Kohlenhydrate (27 g Zucker), 2 g Ballaststoffe, 110 mg Natrium

TIPP Sie können den Pudding mit anderen Trockenfrüchten anstelle der Sultaninen variieren. Er wird weniger mächtig, wenn Sie fettarme Milch verwenden. Auch Naturreis ist möglich – kochen Sie ihn 10 Minuten in Wasser, bevor Sie mit dem Reispudding beginnen.

GEWÜRZNELKEN SIND REICH AN EUGENOL, EINEM ÄTHERISCHEN ÖL MIT SCHMERZLINDERNDER WIRKUNG. AUF EINER GEWÜRZNELKE HERUMZUBEISSEN IST SEIT JEHER EIN TRADITIONELLES MITTEL GEGEN ZAHNSCHMERZEN, DA ES DAS EUGENOL LÖST.

Earl-Grey-Tuiles

1 Beutel Earl-Grey-Tee
40 g Butter
1 EL Honig
1 Eiweiß, zu leichtem Schnee geschlagen
2 EL feinste Zuckerraffinade
35 g Weizenmehl

Zubereitungszeit 20 Minuten **Backzeit** 8 Minuten pro Blech (2 Stück) **Ergibt** 12 Stück

1 Den Ofen auf 170 °C vorheizen. Zwei Backbleche mit Backpapier auslegen.

2 Den Inhalt des Teebeutels in einen mittelgroßen Topf oder eine Mikrowellenschüssel geben. Butter und Honig dazugeben und auf kleiner Temperatur auf dem Herd in ca. 2 Minuten oder in der Mikrowelle zerlassen. Abkühlen lassen und das Eiweiß unterschlagen.

3 Zucker und Mehl unterrühren, bis sich alle Klümpchen aufgelöst haben. Der Teig ist ziemlich flüssig.

4 Je 2 runde Ausstechformen (8 cm ⌀) auf ein Blech stellen und jeweils 2 Teelöffel Teig einfüllen. Nicht mehr als 2 Formen auf ein Blech stellen.

5 Die beiden Bleche in den Ofen schieben und die Tuiles in ca. 8 Minuten hellgelb backen. Die warmen Plätzchen locker um den Stiel eines Holzkochlöffels wickeln. Mit dem restlichen Teig 4 weitere Bleche mit je 2 Tuiles backen.

Pro Portion 224 kJ, 54 kcal, <1 g Eiweiß, 3 g Fett (2 g gesättigte Fettsäuren), 7 g Kohlenhydrate (4 g Zucker), <1 g Ballaststoffe, 29 mg Natrium

TIPP Wenn Sie festere Tuiles lieber mögen, das Eiweiß weglassen. Dieser Teig ist dicker und lässt sich in Kreise ausstreichen. Die Plätzchen bei 200 °C hellbraun backen. Abgekühlt haben diese Tuiles eine karamellartige Konsistenz.

Panna Cotta

500 ml Vollmilch (3,8 % Fett)
3 Kardamomkapseln, gequetscht
1 Zimtstange (oder ¼ TL gemahlener Zimt)
1 Vanilleschote, längs aufgeschlitzt, Samen ausgekratzt (nach Geschmack)
75 g feinste Zuckerraffinade
3 TL weißes Gelatinepulver
300 g Crème fraîche
Zesten von 1 Bio-Orange
2 TL Honig
Minzblätter zum Garnieren

Zubereitungszeit 20 Minuten **Kochzeit** 5 Minuten zzgl. 4 Stunden Kühlzeit **Personen** 6

1 Milch, Kardamom, Zimt, Vanillemark, falls verwendet, und Zucker in einem Topf auf mittlerer Hitze erwärmen und den Zucker unter Rühren auflösen. Die Gelatine darüberstreuen und unter Rühren auflösen. Den Topf vom Herd nehmen. Etwas abkühlen lassen.

2 Die Crème fraîche gründlich unterrühren. Die Mischung in einen mittelgroßen Krug abseihen. Kardamom und Zimt entfernen. Auf Raumtemperatur abkühlen lassen.

3 Die Mischung auf 6 leicht geölte Becherformen (150 ml Inhalt) verteilen und mindestens 4 Stunden im Kühlschrank fest werden lassen.

4 Zum Stürzen die Böden der Becher kurz in heißes Wasser tauchen. Auf einen Teller stürzen und sanft schütteln, damit sich der Inhalt löst. Mit Orangenschale bestreuen, mit Honig beträufeln und mit Minze garnieren.

Pro Portion 1394 kJ, 333 kcal, 6 g Eiweiß, 26 g Fett (19 g gesättigte Fettsäuren), 20 g Kohlenhydrate (20 g Zucker), <1 g Ballaststoffe, 64 mg Natrium

TIPP Anstelle von Crème fraîche können Sie auch Joghurt verwenden, anstatt der Becherformen Auflaufförmchen oder Tassen.

TEE ENTHÄLT REICHLICH ANTIOXIDANTIEN. SEINEN UNVERKENNBAREN DUFT ERHÄLT EARL-GREY-TEE DURCH DAS ÖL DER BERGAMOTTE, EINER SPEZIELLEN, TROPISCHEN ZITRUSFRUCHT. BERGAMOTTE HAT EINEN ANTIDEPRESSIVEN, MILD STIMULIERENDEN EFFEKT, ZUSÄTZLICH ZU DER ERFRISCHUNG, DIE EINE TASSE EARL GREY OHNEHIN BIETET.

Knusprig-zarte Waffelröllchen setzen aromatische Kontraste zu cremigen Desserts. Versuchen Sie zur Abwechslung auch andere Teesorten.

Zitronenverbene können Sie in Gartencentern kaufen. Lassen Sie die Pflanze im Topf oder pflanzen Sie sie aus, wo sie buschig wachsen kann. Ihre Blätter können auch für Kräutertee verwendet werden.

Zitronenverbene-Passionsfrucht-Flammeri

375 ml fettreduzierte Kondensmilch
20 g frische Zitronenverbene-Blätter
120 g feinste Zuckerraffinade
1 EL Maisstärke
3 TL weißes Gelatinepulver
Fruchtfleisch und Saft von 2 Passionsfrüchten und etwas zum Servieren

Zubereitungszeit 20 Minuten zzgl. 1 Stunde Ziehzeit
Kochzeit 5 Minuten zzgl. 2 Stunden Kühlzeit
Personen 6

1 Kondensmilch mit Zitronenverbene in einem Topf auf mittlerer Temperatur zum Simmern bringen. Den Herd ausstellen und 1 Stunde ziehen lassen. Durch ein feines Sieb in eine Schüssel abseihen und die Blätter sanft ausdrücken.

2 Zucker und Maisstärke in einem Topf verrühren. Langsam die Milch zugießen und mit dem Schneebesen klumpenfrei einrühren. Auf schwacher bis mittlerer Temperatur aufsetzen und die Mischung rühren, bis sie kocht und andickt.

3 In der Zwischenzeit die Gelatine in 125 ml kaltes Wasser in einer kleinen Schüssel einrühren. 2–3 Minuten quellen lassen. Sanft in der Mikrowelle erwärmen (oder in einer flachen Schale mit heißem Wasser verrührt auf die Herdplatte stellen). Dabei mit einer Gabel rühren, bis die Gelatine aufgelöst ist. Etwas abkühlen lassen.

4 Die Milchmischung in eine große Schüssel umfüllen. Den Großteil des Passionsfrucht-Fruchtfleischs und Gelatine einrühren. Abkühlen lassen und gelegentlich umrühren. Ca. 1 Stunde kühlstellen, bis die Masse an den Rändern fest wird.

5 Mit dem Handrührgerät 10 Minuten kräftig schlagen, bis die Masse dick, hell und cremig wird. Auf 6 Gläser (je 125 ml Inhalt) aufteilen und 1 Stunde in den Kühlschrank stellen. Mit dem restlichen Passionsfrucht-Fruchtfleisch servieren.

Pro Portion 691 kJ, 165 kcal, 7 g Eiweiß, 1 g Fett (<1 g gesättigte Fettsäuren), 30 g Kohlenhydrate (27 g Zucker), <1 g Ballaststoffe, 72 mg Natrium

TIPP Milchmischung und Gelatine müssen beim Zusammengießen die gleiche Temperatur haben, damit die Gelatine nicht klumpt. Frische Zitronenmelisse oder Zitronenthymian sind ein guter Ersatz, falls Sie keine Zitronenverbene bekommen.

ZITRONENVERBENE, AUCH ALS ZITRONENDUFTSTRAUCH BEKANNT, ENTHÄLT CITRAL. SIE WIKT TRADITIONELL ENTSPANNEND UND BERUHIGEND, WAS SIE PERFEKT FÜR EIN SPÄTES ABENDESSEN MACHT.

Diese Halva auf Grießbasis stammt aus Nordindien. Man kennt das beliebte Dessert auf der ganzen Welt und in vielen Varianten. Servieren Sie es nach dem Abendessen oder als süße Nascherei zum Kaffee.

Halva mit Zimt, Cashews und Korinthen

50 g Butter
½ TL Fenchelsamen
30 g Mandelblättchen
30 g rohe Cashewkerne
90 g Hartweizengrieß
80 g brauner Rohrzucker
1 Zimtstange
2 EL Korinthen

Zubereitungszeit 10 Minuten
Kochzeit 15 Minuten
Personen 4

1. Butter, Fenchelsamen, Mandeln, Cashewkerne und Grieß in einem großen Topf erhitzen. Mit einem langen Löffel oder Küchenschaber 5–10 Minuten ständig rühren, damit sich alles gleichmäßig erwärmt. Dabei färben sich Grieß und Cashewkerne leicht golden.

2. In der Zwischenzeit 250 ml Wasser mit Zucker, Zimtstange und Korinthen in einem kleinen Topf aufkochen und 5 Minuten kochen.

3. Die Zimtstange entfernen und den kochenden Sirup vorsichtig und unter ständigem Weiterrühren unter die Grießmischung ziehen (es kann spritzen, wenn Sie den Sirup eingießen – rühren Sie deshalb mit einem langstieligen Löffel).

4. Die heiße Halva in 4 Serviergläser füllen und warm servieren.

Pro Portion 1392 kJ, 333 kcal, 5 g Eiweiß, 19 g Fett (8 g gesättigte Fettsäuren), 37 g Kohlenhydrate (20 g Zucker), 2 g Ballaststoffe, 8 mg Natrium

TIPP Sie können die Halva auch in eine Form drücken und abgekühlt in Rechtecke oder Rauten schneiden, mit einer blanchierten Mandel auf jedem Stück.

FENCHELSAMEN DIENEN TRADITIONELLERWEISE DER ATEMERFRISCHUNG: IN INDIEN KAUT MAN SIE – BISWEILEN MIT EINEM KNUSPRIG-SÜSSEN ÜBERZUG KANDIERT – NACH DEN MAHLZEITEN. DIE SAMEN SIND REICH AN MINERALSTOFFEN UND ENTHALTEN EIN ANISÖL MIT STARKEN ANTIOXIDATIVEN UND ANTIKARZINOGENEN EIGENSCHAFTEN.

Dulce de Leche, Manjar, Doce de Leite, Karamellaufstrich – egal, wie man diesen cremig gekochten Milchkaramell nennt, er ist in ganz Südamerika beliebt. Diese Karamellbällchen heißen Brigadeiros und kommen aus Brasilien.

Zimt-Chili-Brigadeiros

1 l Milch
125 g Zucker
1 TL Backnatron
Öl zum Bestreichen oder Einsprühen
3 EL Kakaopulver
10 g Butter
1 TL gemahlener Zimt
½ TL Chilipulver
100 g Schokostreusel (oder eine Mischung aus je 30 g Schokostreuseln, Kokosraspeln und zerstoßenen Nüssen)

Zubereitungszeit 5 Minuten
Kochzeit 2 Stunden 10 Minuten
Ergibt ca. 30 Stück

1. Milch, Zucker und Natron in einem Topf aufkochen. Auf sehr niedriger Temperatur 2 Stunden köcheln lassen, bis die Mischung dickflüssiger, klumpiger Vanillecreme ähnelt. Dabei regelmäßig umrühren.

2. Eine beschichtete Pfanne mit Öl einstreichen oder besprühen. Die Milchmischung zusammen mit Kakao, Butter und Gewürzen hineingeben und auf mittlerer Hitze cremig rühren. 10 Minuten ständig rühren, bis die Mischung so angedickt ist, dass beim Rühren der Pfannenboden sichtbar wird. Abkühlen lassen.

3. Die Schokostreusel auf einem großen Teller verteilen. Aus der abgekühlten Masse etwa kirschgroßen Bällchen formen und in den Streuseln wälzen. Vor dem Servieren im Kühlschrank vollständig abkühlen lassen.

Pro Portion 258 kJ, 62 kcal, 1 g Eiweiß, 3 g Fett (2 g gesättigte Fettsäuren), 8 g Kohlenhydrate (8 g Zucker), ‹1 g Ballaststoffe, 36 mg Natrium

TIPP Anstatt die Milch selbst dick zu kochen, können Sie auch 1 Dose (400 g) gesüßte Kondensmilch nehmen und das Rezept mit Schritt 2 beginnen. Dulce de Leche auf Kondensmilchbasis ist süßer und weniger raffiniert als selbst gemachte, geht aber viel schneller.

ZIMT GEWINNT MAN AUS DER GEMAHLENEN RINDE EINES BAUMS AUS DER LORBEERFAMILIE. EINES SEINER ÄTHERISCHEN ÖLE IST EUGENOL, DIE GLEICHE SCHMERZLINDERNDE SUBSTANZ, DIE AUCH IN GEWÜRZNELKEN VORKOMMT.

Kamille wird für gewöhnlich als Kräutertee zubereitet. Hier verleiht sie einer traditionellen englischen Zitronentarte mit Baiserhaube eine ganz neue Note.

Zitronen-Baiser-Tarte mit Kamille

- 2 Beutel Kamillentee
- 50 g Maisstärke
- 450 g feinste Zuckerraffinade
- 250 ml Zitronensaft
- 2 TL fein abgeriebene Bio-Zitronenschale
- 60 g Butter, gehackt
- 4 Eier, getrennt
- 1 TL Maisstärke

Teig
- 2 Beutel Kamillentee
- 250 g Weizenmehl
- 55 g feinste Zuckerraffinade
- 125 g kalte Butter, gehackt
- 1 Eigelb

Zubereitungszeit 25 Minuten zzgl. 2 Stunden 45 Minuten Abkühlzeit
Backzeit 30 Minuten zzgl. Kühlzeit
Personen 8

1 Für den Teig 125 ml Wasser zum Kochen bringen und in eine kleine hitzefeste Tasse gießen. 1 Teebeutel einhängen und 2 Minuten ziehen lassen, dann entfernen. 2 Esslöffel des Tees abschöpfen und entsorgen. Den restlichen Tee kalt stellen. Den Inhalt des zweiten Teebeutels mit Mehl, Zucker und Butter in der Küchenmaschine zu groben Krümeln verarbeiten. Eigelb und Tee kurz unterarbeiten, bis ein Teig entsteht. Auf der leicht bemehlten Arbeitsfläche kurz geschmeidig kneten. Eine Scheibe formen, in Frischhaltefolie wickeln und 30 Minuten kalt stellen.

2 Den Ofen auf 200 °C vorheizen. Eine Tarte-Springform mit gebördeltem Rand (23 cm ⌀) einfetten. Den Teig zwischen 2 Lagen Backpapier ausrollen, bis er groß genug ist, um Boden und Seiten der Form auszukleiden. Den Teig hineinlegen und den Rand zurechtschneiden. 15 Minuten kalt stellen. Den Teigboden mit Backpapier belegen und mit Backgewichten füllen. 10 Minuten vorbacken. Gewichte und Papier entfernen und weitere 10–12 Minuten backen, bis der Teig goldgelb ist. Abkühlen lassen.

3 In der Zwischenzeit 2 Kamillenteebeutel mit kochendem Wasser übergießen und 10 Minuten ziehen lassen. Die Beutel herausnehmen. Maisstärke und 250 g Zucker in einem Topf verrühren. Nach und nach Zitronensaft und Tee einrühren, bis die Mischung klumpenfrei ist. Auf mittlerer Hitze aufkochen und andicken. Die Temperatur reduzieren und Zitronenabrieb, Butter und Eigelb unterrühren. 2 Stunden kalt stellen. Dann auf den Teig streichen.

4 Den Ofen auf 220 °C vorheizen. Das Eiweiß in einer mittelgroßen Schüssel steif schlagen, bis sich Spitzen formen. Den restlichen Zucker einrieseln lassen und weiterrühren, bis der Zucker aufgelöst und die Mischung dick und glänzend ist. 1 Teelöffel Maisstärke unterrühren. Die Baisermasse auf die Zitronenfüllung streichen und im Ofen in 6–8 Minuten goldgelb überbacken.

Pro Portion 2480 kJ, 592 kcal, 7 g Eiweiß, 23 g Fett (14 g gesättigte Fettsäuren), 89 g Kohlenhydrate (63 g Zucker), 1 g Ballaststoffe, 202 mg Natrium

KAMILLE WIRKT BERUHIGEND. SEIT GENERATIONEN SETZT MAN SIE EIN, UM EINEN ENTSPANNTEN SCHLAF ZU FÖRDERN UND ENTZÜNDUNGEN, MUSKELKRÄMPFE UND HEUSCHNUPFEN ZU BEHANDELN.

Beruhigende Kamille verleiht der herben Zitrone in diesem klassischen Dessert eine florale Note und angenehme Zartheit.

In den USA isst man Kürbis, in Form des Pumpkin Pie, traditionell zu Thanksgiving, dem – nach Weihnachten – wichtigsten Familienfest der Amerikaner. Die hier verwendete Kokosmilch setzt eine feine Note.

Kürbis-Kokosnuss-Pie

75 g weicher brauner Rohrzucker
1 EL Maisstärke
2 Eier
160 ml Kokosmilch
325 g kaltes Kürbispüree
2 EL 100 % reiner Ahornsirup
½ TL gemahlener Zimt
¼ TL Ingwerpulver
¼ TL gemahlene Muskatnuss
1 Prise gemahlene Gewürznelken
10 g Kokosflocken, leicht geröstet

Teig
225 g Weizenmehl
55 g feinste Zuckerraffinade
125 g kalte Butter, gehackt
1 Eigelb
1 EL Eiswasser

Zubereitungszeit 20 Minuten zzgl. Kühlzeit
Backzeit 1 Stunde 15 Minuten zzgl. Kühlzeit
Personen 8

1. Für den Teig Mehl, Zucker und Butter in der Küchenmaschine zu Krümeln verarbeiten. Eigelb und Eiswasser kurz unterarbeiten, bis sich ein Teig formt. Auf der leicht bemehlten Arbeitsfläche rasch geschmeidig kneten. Eine Scheibe formen, in Frischhaltefolie wickeln und 30 Minuten in den Kühlschrank legen.

2. Den Ofen auf 200 °C vorheizen. Eine Pieform (20 cm ⌀) einfetten. Den Teig zwischen 2 Lagen Backpapier ausrollen, bis er für Boden und Seiten der Form groß genug ist. Den Teig hineinlegen und den Rand zurechtschneiden. 15 Minuten kalt stellen. Mit Backpapier belegen und mit Backgewichten (Backerbsen, Bohnen oder Reis) füllen. 10 Minuten vorbacken. Gewichte und Papier entfernen und in weiteren 10–12 Minuten goldgelb backen. Abkühlen lassen.

3. Die Ofentemperatur auf 180 °C senken. Zucker und Maisstärke in einer mittleren Schüssel vermengen. Eier, Kokosmilch, Kürbispüree, Sirup und Gewürze gründlich unterarbeiten. Die Füllung auf den Teigboden streichen und 45–50 Minuten backen, bis sie fest ist. Abkühlen lassen und 1 Stunde kalt stellen. Mit Kokosflocken betreut servieren.

Pro Portion 1625 kJ, 388 kcal, 7 g Eiweiß, 20 g Fett (14 g gesättigte Fettsäuren), 46 g Kohlenhydrate (23 g Zucker), 2 g Ballaststoffe, 138 mg Natrium

TIPP Sie brauchen ca. 500 g frischen Kürbis, um 325 g Püree zu erhalten. Süßkartoffeln sind ebenfalls geeignet.

MUSKATNUSS WIRD IN DER TRADITIONELLEN CHINESISCHEN MEDIZIN BEI ENTZÜNDUNGEN UND UNTERLEIBSSCHMERZEN EINGESETZT UND WIRKT DAZU BERUHIGEND.

Duftende Vanilleschoten haben ein intensives Aroma, das gut zu cremigen Desserts passt. Bei dieser glutenfreien Käsekuchen-Variante bilden geröstete Nüsse und Kokosraspeln den Boden. Ricotta macht die Füllung schön leicht.

Himbeer-Käsetorte mit Vanille

Boden
140 g trocken geröstete Mandeln
65 g Kokosraspeln
40 g Butter, zerlassen und abgekühlt
1 EL reiner Ahornsirup

Belag
750 g fester, fettreduzierter Ricotta, zerkrümelt
200 g saure Sahne
80 ml reiner Ahornsirup
4 Eier
1 Vanilleschote, aufgeschnitten und Kerne ausgekratzt
200 g Himbeeren, püriert

Zubereitungszeit 20 Minuten
Backzeit 1 Stunde zzgl. 4 Stunden 20 Minuten Kühlzeit
Personen 8

1 Den Ofen auf 160 °C vorheizen. Eine große Lage Backpapier über den Boden einer Springform (20 cm ⌀) legen, dann den Rand befestigen. Das überstehende Papier an den Seiten stehen lassen. Die Seiten der Springform leicht ölen. Die gesamte Form mit einer doppelten Lage Aluminiumfolie auskleiden, um sie wasserdicht zu machen.

2 Mandeln und Kokosraspeln in der Küchenmaschine grob hacken. Butter und Ahornsirup unterarbeiten. Die Masse in die Form kippen und fest andrücken. Mindestens 20 Minuten kalt stellen.

3 Für die Füllung Ricotta, saure Sahne und Ahornsirup in eine Schüssel füllen und mit dem Handrührgerät cremig aufschlagen. Eier und Vanille unterarbeiten. Die Creme in die Springform füllen. Das Himbeerpüree darübergießen und mit einer Gabel spiralförmig durch die Käsemasse ziehen.

4 Die Kuchenform in eine höhere Ofenform stellen und 3 cm hoch mit Wasser auffüllen. 1 Stunde backen, bis die Käsemasse gerade fest ist. Aus der Backform heben und abkühlen lassen. Vor dem Servieren 4 Stunden im Kühlschrank kalt stellen.

Pro Portion 1814 kJ, 433 kcal, 18 g Eiweiß, 33 g Fett (16 g gesättigte Fettsäuren), 17 g Kohlenhydrate (16 g Zucker), 4 g Ballaststoffe, 258 mg Natrium

VANILLE DIE SCHOTEN DIESER TROPISCHEN ORCHIDEE BERGEN DIE WINZIGEN SAMEN, DIE FÜR IHR SÜSSES AROMA BERÜHMT SIND. DIE MAYA VERWENDETEN SIE ALS ERSTE. SIE RÜHRTEN SIE IN IHRE KAKAOGETRÄNKE UND SCHRIEBEN IHNEN APHRODISIERENDE WIRKUNG ZU. VANILLE SCHEINT SICH POSITIV AUF DIE STIMMUNG AUSZUWIRKEN. SIE ENTHÄLT ABER AUCH MINERALSTOFFE UND B-VITAMINE.

Mesir Macunu ist ein türkisches Bonbon, oft mit Bergamotte, Zimt, Minze und Zitrone aromatisiert.

Mokkakännchen, traditionell aus Kupfer getrieben, warten im Großen Basar von Istanbul auf Käufer.

Der Nahe Osten

Zartes, mit Rosenwasser parfümiertes Gebäck. Lammfleisch, über Holzfeuer gegrillt, mit einer verführerischen Kruste aus Koriander, Kardamom und grünem Chili. Reis, Kichererbsen und sogar flache Pizzas, verfeinert mit unwiderstehlichen Würzmischungen wie libanesischem Zatar (aus Sesam, Sumach und Thymian): Die Küche des Nahen Ostens ist vielseitig, überraschend und aufregend. Ihre Aromen verdanken wir vor allem den traditionellen Würzmischungen, die berühmte Küchenchefs ebenso verwenden wie die Menschen am heimischen Herd. Paprika, Safran, Sumach, Kurkuma und Minze spielen Hauptrollen in Mischungen wie Baharat und der beliebten, scharfen Würzsauce Zhoug. Desserts sind sehr süß, aromatisiert mit Mischungen aus Honig, Rosenwasser, Kardamom und Muskatnuss.

Faszinierende Fliesenmosaike und Steinmetzarbeiten schmücken die Vakil-Moschee im iranischen Schiras.

Geträ
Würz-
misc

nke &

hungen

Kühle Sommer-Erfrischungen

Diese erfrischenden Getränke sorgen für Kühlung an heißen Tagen und verwöhnen die Geschmacksknospen.

Ginger Beer

Ginger Beer ist eine in England und den USA sehr beliebte Limonade, die auch hilft, Übelkeit zu bekämpfen.

frisch gepresster Saft von 1 Zitrone
2,5 cm frischer Ingwer, geschält und gerieben
1 TL Honig
2 Zweige Rosmarin oder Minze zum Servieren

Zitrone, Ingwer und Honig mit 500 ml Wasser im Standmixer auf hoher Stufe 1 Minute mixen. In 2 Gläser abfüllen, mit Rosmarin oder Minze garnieren und servieren. Für 2 Portionen.

Agua fresca mit Wassermelone und Minze

Dieser mexikanische Durststiller lässt sich auch mit Honigmelone herstellen. Die Minze macht ihn besonders kühlend, da sie die Schweißbildung anregt (eine Methode des Körpers, sich vor Überhitzung zu schützen).

700 g Wassermelone, entkernt und gewürfelt
16–20 Minzblätter zzgl. 4 Minzzweige zum Garnieren
50 g feinste Zuckerraffinade
frisch gepresster Saft von 2 Limetten

Das Melonenfleisch mit 60 ml Wasser im Standmixer glatt pürieren. Durch ein Sieb in eine Schüssel abseihen, dabei mit einem Löffel kräftig drücken, um die ganze Flüssigkeit zu gewinnen. Minze, Zucker und Limettensaft auf 4 Gläser verteilen und durchrühren. Mit Eiswürfeln auffüllen. Das Agua fresca darübergießen und umrühren. Mit Minze garniert servieren. Für 4 Portionen.

Kamillen-Eistee

Süß, beruhigend und raffiniert – ideal für einen heißen Sommertag. Kamille hat leicht entspannende Eigenschaften und hilft, Stress und Anspannung zu lösen.

4 TL getrocknete Kamille oder 2 Beutel Kamillentee
225 g Zucker
Saft von 6 Limetten
4 Limettenspalten und 4 Minzzweige zum Garnieren

Die Kamille in einer Teekanne mit 1 l kochendem Wasser übergießen. Mit Deckel 4–6 Minuten ziehen lassen. Abseihen (oder die Teebeutel herausnehmen) und abkühlen lassen. In der Zwischenzeit den Zucker in 250 ml Wasser in einem kleinen Topf aufkochen und auflösen. Abkühlen lassen. Tee, Sirup und Limettensaft verrühren. Über Eis und mit Limettenspalten und Minzzweigen garniert servieren. Für 4–6 Portionen.

Minz-Julep

Dieser altmodische Cocktail wird traditionell in Silberbechern mit gefrostetem Rand serviert. Anstelle des Whiskys verwenden wir Ginger-Ale. Zitronensaft und Minze liefern etwas Vitamin C.

1 TL Zucker
12 frische Minzblätter zzgl. ein paar Blätter zum Garnieren
zerstoßenes Eis
80 ml Ginger-Ale
2 EL Zitronensaft

Den Zucker und 1 Teelöffel Wasser in einen Becher füllen. Rühren, bis die Flüssigkeit klar ist. Die Minze dazugeben und leicht zerstoßen. Das Glas mit Eis auffüllen. Mit Ginger-Ale und Zitronensaft übergießen. Umrühren, bis die Außenseite des Bechers anläuft. Mit Minzblättern garniert servieren. Für 1 Portion.

Sodawasser mit Kräutern

Ersetzen Sie zuckerhaltige Softdrinks durch Kräuter-Mineralwasser.

- 12–15 frische Basilikumblätter
- 6 Erdbeeren, Stielansätze entfernt und in Scheiben geschnitten, zzgl. 6 weitere Beeren zum Garnieren
- 1,25 l gekühltes Mineralwasser mit Kohlensäure
- Eis zum Servieren

Basilikum und Erdbeerscheiben in einen Krug oder eine Kanne füllen. Mit Mineralwasser auffüllen und 10 Minuten ziehen lassen. Auf Eis servieren, mit einer Erdbeerscheibe am Glasrand. Für 6 Portionen.

Versuchen Sie auch diese Kombinationen:

- Frische Rosmarin- oder Thymianzweige (Ziehzeit auf 5 Minuten reduzieren und die Kräuter herausnehmen, damit der Geschmack nicht zu stark wird).
- Estragon mit Scheiben von rosa Grapefruit.
- Minze mit Granatapfelkernen oder fein aufgeschnittener Salatgurke oder grünem Apfel.

Würziger Aprikosen- oder Pfirsichnektar

Zaubern Sie aus Aprikosen- oder Pfirsichnektar mit Aromen wie Sternanis, Gewürznelken, Safran und Ingwer himmlische Erfrischungen. Gewürze wie diese werden seit jeher gegen Sodbrennen und andere Verdauungsprobleme eingesetzt.

- 1 Prise Safran
- 500 ml Aprikosen- oder Pfirsichsaft
- 500 ml Apfelsaft
- 2,5 cm frischer Ingwer, fein gehackt
- 5 Sternanisfrüchte
- 10 Gewürznelken

1 Esslöffel heißes Wasser in eine kleine Schüssel füllen und den Safran hineinkrümeln. Mindestens 5 Minuten ziehen lassen. Alle Zutaten in einem Krug verrühren. Mindestens 2 Stunden, besser über Nacht, in den Kühlschrank stellen. Abseihen und mit den Safranfäden garniert servieren. Für 4 Portionen.

Süßes Safran-Lassi

Süßes Lassi ist ein beliebtes traditionell indisches Getränk. Hier ist es mit Rosenwasser aromatisiert und mit Safran und Kardamom gewürzt, die seit jeher zur Verdauungsanregung und gegen Verdauungsprobleme verwendet werden.

- 1 kleine Prise Safranfäden zzgl. ein paar Fäden zum Garnieren
- 2–3 Kardamomkapseln
- 250 g Joghurt
- 60 ml kalte Milch
- 2 EL Zucker
- ½ EL Rosenwasser
- zerstoßene Pistazienkerne zum Garnieren (nach Geschmack)

1 Esslöffel heißes Wasser in eine kleine Schüssel füllen und den Safran hineinkrümeln. Mindestens 5 Minuten ziehen lassen. Den Kardamom im Mörser zerstoßen und die Kapselhüllen entsorgen. Den Joghurt in einer Schüssel oder im Krug mit dem Mixer oder Schneebesen durchrühren. Milch, Zucker, Rosenwasser, Kardamom und das Safranwasser gründlich unterschlagen. 1 Stunde in den Kühlschrank stellen und mehrmals mit dem Schneebesen durchrühren. Kalt mit Pistazien und Safranfäden garniert servieren. Für 1 Portion.

Türkischer Apfel-Eistee

Begeben Sie sich mit diesem klassischen, beliebten Eistee, der warm ebenso gut schmeckt, auf eine Reise in die Türkei. Zimt und Gewürznelken werden traditionell zur Linderung von Verdauungsproblemen wie Völlegefühl und Blähungen eingesetzt.

- 2 rote Äpfel
- 1 Orange
- 1 Zimtstange
- 2 Gewürznelken
- Honig zum Süßen (nach Geschmack)

Äpfel und Orange vierteln oder sechsteln, aber nicht schälen oder entkernen. Alle Zutaten außer dem Honig mit 1 Liter Waser in einem Topf aufkochen. Bei schwacher Temperatur 15–30 Minuten simmern lassen oder bis das Obst weich wird. In eine Schüssel abseihen und gut ausdrücken, um alle Flüssigkeit zu gewinnen. Im Kühlschrank kalt werden lassen und in kleinen Teegläsern servieren, nach Geschmack gesüßt. Für 4–6 Portionen.

Würzige Winter-Wärmer

Wenn es draußen kalt ist, wärmen diese wohltuenden Lieblingsgetränke Körper und Seele.

Heiße Schokolade nach Art der Azteken

Chilis stimulieren den Kreislauf und wärmen von innen, während Zimt bei Verdauungsproblemen hilft. Kakao bringt Antioxidantien, die zur Herzgesundheit beitragen.

> 250 ml Milch
> 150 g Sahne zzgl. etwas geschlagene Sahne
> 1 milde grüne Chili, gehackt
> ½ Vanilleschote, längs aufgeschlitzt
> 1 Zimtstange
> 1 Prise Salz
> 70 g Halbbitterschokolade, grob gehackt, zzgl. etwas geraspelte Schokolade zum Garnieren
> gemahlener Zimt und Chilipulver zum Garnieren

Milch, Sahne, Chili, Vanille, Zimt und Salz in einem kleinen Topf auf schwacher Hitze sanft zum Simmern bringen und ca. 2 Minuten köcheln lassen. Die Zimtstange entfernen. Die Schokolade zugeben und mit dem Schneebesen schlagen, bis sie geschmolzen ist. Vom Herd nehmen und 3–4 Minuten weiterschlagen. In 2 Tassen abseihen. Schlagsahne daraufhäufen und mit 1 Prise Zimt, Chilipulver und Schokoraspeln garnieren. Für 2 Portionen.

Goldene Milch

Dieses Getränk wird traditionell mit Kurkuma gewürzt, die man für ihre entgiftenden und entzündungshemmenden Eigenschaften schätzt.

> 250 ml Milch
> ¼–½ TL gemahlene Kurkuma
> ¼ TL gemahlener Zimt
> 1 TL Honig oder reiner Ahornsirup
> ½ TL frisch gemahlener schwarzer Pfeffer

Die Milch mit Kurkuma, Zimt und Honig bzw. Sirup auf mittlerer Temperatur erhitzen. Aufkochen und ständig rühren, damit die Gewürze nicht klumpen. Die Temperatur reduzieren und 2–3 Minuten simmern lassen. Vom Herd nehmen und 10 Minuten ziehen lassen. Vor dem Abseihen in eine Tasse oder ein hitzefestes Glas nochmals umrühren. Mit Pfeffer bestreut servieren. Für 1 Portion.

Chai Masala

Chai Masala kann aus den verschiedensten Gewürzen gekocht werden. Auf Kardamom, Ingwer, Zimt und Gewürznelken sollte man nicht verzichten, die anderen Gewürze können Sie variieren.

> 7 Kardamomkapseln
> 1 Zimtstange
> 1 TL Fenchelsamen
> 4 Gewürznelken
> 4 Pimentkörner
> ⅛ TL frisch gemahlener weißer oder schwarzer Pfeffer
> 2 Lorbeerblätter
> 2 Sternanisfrüchte
> 2,5 cm frischer Ingwer, geschält und in Scheiben geschnitten oder gerieben
> 375 ml Milch
> 2 TL Zucker (nach Geschmack)
> 2 TL Schwarzteeblätter oder 1 Beutel Schwarztee
> 4 TL Rosenwasser

Den Kardamom im Mörser oder der Gewürzmühle mahlen und mit den Hülsen beiseitestellen. 250 ml Wasser in einem Topf auf mittlerer Hitze aufsetzen.

Zimt, Fenchel, Gewürznelken und Piment im Mörser zerstoßen. In den Topf füllen und umrühren. Pfeffer, Lorbeer, Sternanis und Ingwer zugeben und sanft rühren. Aufkochen, vom Herd nehmen und 5 Minuten ziehen lassen. Milch und evtl. Zucker unterrühren und nochmals kurz aufkochen.

Den Topf vom Herd nehmen. Tee und Kardamom zugeben, umrühren und mit Deckel weitere 3–5 Minuten ziehen lassen. Das Rosenwasser unterrühren. Zum Servieren durch ein feines Sieb abseihen. Für 2 Portionen.

Chai Latte

Für eine Chai Latte, wie sie in Cafés serviert wird, bereiten Sie einen Chai Masala ohne Schwarztee zu und lassen ½ längs aufgeschlitzte Vanilleschote darin ziehen.

Indischer Ingwertee

Diesen Tee kennt man auch als Adrak Chai. Traditionell wird er süß und kräftig serviert. Ingwer ist bewährt gegen Übelkeit und Erbrechen. Dazu stimuliert er den Kreislauf, wärmt den Körper und fördert eine gesunde Verdauung.

- 2,5 cm frischer Ingwer, geschält und gerieben
- 2–3 TL Zucker
- 2 TL Schwarzteeblätter
- 200 ml Milch (nach Geschmack)

500 ml Wasser in einem Topf aufkochen. Den Ingwer zugeben und 6–7 Minuten sprudelnd kochen oder bis sich das Wasser gelblich färbt. Den Zucker 1–2 Minuten mitköcheln lassen. Die Teeblätter zugeben und 1–2 Minuten mitkochen oder bis das Wasser dunkelrot wird. Die Milch, falls verwendet, unterrühren und alles 1–2 Minuten weiterköcheln lassen. Zum Servieren abseihen. Für 2 Portionen.

Erkältungsgetränk mit Zitrone und Knoblauch

Mit reichlich Knoblauch, Ingwer, Cayennepfeffer und Vitamin-C-reichem Zitronensaft hat es dieses Gebräu wirklich in sich.

- 3–4 Knoblauchzehen
- 1 Bio-Zitrone
- 2,5 cm frischer Ingwer, geschält und fein gehackt
- ¼ TL Cayennepfeffer
- Honig oder reiner Ahornsirup (nach Geschmack)

Den Knoblauch schälen und mit der flachen Messerschneide zerdrücken. Mindestens 5 Minuten stehen lassen, um die medizinisch wirksamen Komponenten des Knoblauchs unter Lufteinfluss zu aktivieren. Die Zitrone ausdrücken, Schale und Fruchtfleisch beiseitestellen. 750 ml Wasser in einem Topf auf mittlerer Temperatur aufsetzen. Wenn es zu sieden beginnt, Knoblauch, Ingwer sowie Zitronensaft, -fleisch und -schale zugeben. Mindestens 15 Minuten simmern lassen. Den Cayennepfeffer unterrühren, abseihen und servieren. Nach Wunsch mit Honig süßen. Den Rest auf dem Herd stehen lassen und nach Bedarf wiedererwärmen. Für 3 Portionen.

Glühwein

An kalten Winterabenden ist nichts schöner, als in netter Gesellschaft mit einem Becher würzigem Glühwein am offenen Kamin zu sitzen. Wenn Sie keinen Alkohol mögen, nehmen Sie Apfelsaft und lassen Sie den Weinbrand weg.

- 1 Orange, in Scheiben geschnitten
- 1 Zitrone, in Scheiben geschnitten
- 1 Zimtstange
- 6–8 Gewürznelken
- 6 Scheiben frischer Ingwer oder ½–1 TL Ingwerpulver
- ¼ TL gemahlene Muskatnuss
- ½ EL brauner Rohrzucker
- 750 ml Rotwein
- 60 ml Weinbrand

Früchte, Gewürze und Zucker in einem Topf mit Wein, Weinbrand und 125 ml Wasser übergießen. Auf kleiner Temperatur aufsetzen und unter Rühren den Zucker auflösen. Langsam erhitzen, bis der Glühwein trinkbereit ist (mindestens 10–15 Minuten), aber nicht aufkochen. In hitzefeste Gläser oder Becher mit Henkeln abseihen, wahlweise mit Zitrone oder Orange aus dem Topf garniert. Für 4–6 Portionen.

Winterwärmer

Dieses Getränk basiert auf dem indonesischen Gewürztee Bandrek, der bei Halsentzündungen helfen soll. Kochen Sie nach Wunsch auch Gewürze wie Sternanis, Kardamom oder Koriander mit.

- 2,5 cm frischer Ingwer, geschält und gerieben
- 1 Stängel Zitronengras, geschält und küchenfertig geputzt
- 3 Zimtstangen
- 3 Gewürznelken
- 1 kleine frische Chili (nach Geschmack)
- 2 TL brauner Rohrzucker, Honig oder reiner Ahornsirup
- 125 ml Kokosmilch (nach Geschmack)

Ingwer, Zitronengras, Zimt, Gewürznelken und Chili mit 500 ml Wasser in einem Topf aufkochen. Die Temperatur reduzieren und mit Deckel 10–12 Minuten köcheln lassen. Den Zucker unterrühren und 1–2 Minuten weiterköcheln lassen. Gründlich abseihen und in Gläser abgießen. Die Kokosmilch, falls verwendet, unterrühren. Für 2 Portionen.

Kräutertees

Diese Kräuterteemischungen werden Ihnen richtig guttun und noch dazu großartig schmecken.

Thymian-Kräutertee mit Ingwer und Apfel

Thymian und Ingwer geben diesem Früchtetee eine erfrischend-würzige Note.

> 4 Zweige frischer Thymian
> 4 dünne Scheiben frischer Ingwer
> ½ roter Apfel, in 6 dünne Scheiben geschnitten
> Honig (nach Geschmack)

Die Thymianblättchen zerstoßen und mit Ingwer und Apfel in eine Teekanne füllen. Mit 500 ml kochendem Wasser aufgießen. Mit Deckel 2–3 Minuten ziehen lassen (falls länger, den Thymian entfernen, damit er nicht vorschmeckt). Abseihen und nach Geschmack süßen. Für 2 Portionen.

Orangen-Schwarztee mit Zimt und frischer Minze

Nur kurz überbrüht, hat dieser Tee einen leichten, lebendigen Geschmack – perfekt für eine nachmittägliche Stärkung.

> ½ Zimtstange
> 1 Zweig frische Minze
> 1 Scheibe Orange
> 1 Beutel Schwarztee (besser einen Tee ohne Aromen verwenden, wie English Breakfast, als blumige Sorten wie Earl Grey)
> Honig (nach Geschmack)

Zimt, Minze, Orange und den Teebeutel in einer Teekanne mit 250 ml kochendem Wasser übergießen und 2–3 Minuten ziehen lassen (nicht länger, Zimt und Schwarztee überlagern sonst die anderen Aromen). Abseihen und, nach Geschmack mit Honig gesüßt, servieren. Für 1 Portion.

Tee aus Orangenschalen und Estragon

Zitrusfrüchte und Estragon harmonieren immer – dieser zartaromatische Aufguss macht da keine Ausnahme.

> 4 Zesten einer Bio-Orange (oder Bio-Zitrone)
> 12–15 frische Estragonblätter

Mit einem Messer so viel Weißes wie möglich von der Orangenschale abkratzen. Die Estragonblätter zerstoßen und so ihr Aroma lösen. Schalen und Estragon in einer Teekanne mit 500 ml kochendem Wasser übergießen. Mit Deckel 10 Minuten ziehen lassen, abseihen und servieren. Für 2 Portionen.

Pfefferminztee mit Süßholz und Fenchel

Dieser Tee kombiniert drei Kräuter, die Verdauung und Magen beruhigen, und ist damit ideal nach schweren Mahlzeiten. Er hat von Natur aus eine gewisse Süße, kann aber nach Geschmack mit Honig nachgesüßt werden.

> 2 TL Fenchelsamen
> 2 TL loser Pfefferminztee oder 2 Teebeutel
> 2 TL lose Süßholzwurzel oder 2 Teebeutel
> Honig (nach Geschmack)

Die Fenchelsamen im Mörser grob zerstoßen, damit sich die ätherischen Öle lösen. Minze, Süßholz und Fenchel in einer Teekanne mit 500 ml kochendem Wasser übergießen und 5 Minuten ziehen lassen, dann abseihen und nach Geschmack mit Honig süßen. Für 2 Portionen

Belebender Morgentee

Verzichten Sie auf den Koffeinkick und starten Sie mit diesem energetisierenden Kräutertee in den Tag.

- 5 cm frisches Zitronengras, fein gehackt und gequetscht
- 1 Handvoll frische Zitronenverbene (inklusive Blätter und kleine Zweige, ohne holzige Stängel)
- ½ TL getrocknete Pfefferminze
- 1 EL Zitronensaft
- Honig (nach Geschmack)

Die Kräuter in einer Kanne mit 500 ml kochendem Wasser übergießen. Mit Deckel 3 Minuten ziehen lassen. Abseihen und mit Zitronensaft verrühren. Nach Geschmack mit Honig süßen. Für 2 Portionen.

Entspannender Abendtee

Beruhigende Kamille und entspannende Zitronenmelisse helfen, am Abend zu relaxen und bereiten auf eine erholsame Nachtruhe vor.

- 2 TL getrocknete Kamillenblüten oder 2 Teebeutel
- 2 TL getrocknete oder 1 Handvoll frische Zitronenmelisse
- Honig (nach Geschmack)

Die Kräuter in einer Teekanne mit 500 ml kochendem Wasser übergießen (frische Melisse vorher leicht zerstoßen). Mit Deckel 6–8 Minuten ziehen lassen. Abseihen und nach Geschmack mit Honig süßen. Für 2 Portionen.

Scharfer Ingwertee

- Saft von ½ Zitrone
- 1 Zimtstange
- 2,5 cm frischer Ingwer, geschält und gehackt
- 2 Gewürznelken
- 1 TL gemahlene Kurkuma
- 1 Prise Cayennepfeffer
- 2 TL Honig

Alle Zutaten außer den Honig mit 500 ml Wasser in einem Topf aufkochen. Die Temperatur reduzieren und 10 Minuten simmern lassen. Den Honig einrühren. Die ganzen Gewürze mit einem Sieblöffel entfernen. Abseihen und sehr heiß servieren. Für 2 Portionen.

Grüntee mit Krauser Minze und Limette

Grüntee ist am besten, wenn man ihn mit Wasser knapp unter dem Siedepunkt aufgießt. Hier heben Krause Minze und frischer Limettensaft seinen Geschmack.

- 1 TL lose Grünteeblätter oder 1 Teebeutel
- 1 TL getrocknete Krause Minze
- 500 ml Wasser, knapp unter dem Kochpunkt (80 °C ist ideal; oder eine Mischung aus 450 ml kochendem Wasser und 50 ml Leitungswasser)
- Saft von ½ Limette zzgl. 2 Scheiben zum Garnieren
- Honig (nach Geschmack)

Grüntee und Minze in einer Teekanne mit dem Wasser aufgießen. Mit Deckel 3 Minuten ziehen lassen. Limettensaft zugeben und abseihen. Mit Limette garnieren und nach Geschmack mit Honig servieren. Für 2 Portionen.

Erkältungstee

Dieser Tee enthält Ingwer gegen belegte Atemwege, Pfefferminze zur Fiebersenkung, Salbei gegen einen rauen Hals und Thymian und Süßholzwurzel zur Hustenlinderung.

- 6 Zweige frischer oder 1 TL getrockneter Thymian
- 6 frische Salbeiblätter oder 1 TL getrockneter Salbei
- 2 TL loser Pfefferminztee oder 2 Teebeutel
- 2 TL loser Süßholzwurzeltee oder 2 Teebeutel
- 2,5 cm frischer Ingwer, geschält und gerieben oder fein gehackt
- Honig (nach Geschmack)

Salbei und Thymian zerstoßen oder quetschen, wenn sie frisch sind. Alle Kräuter in einer Teekanne mit 500 ml kochendem Wasser übergießen. Mit Deckel 8–10 Minuten ziehen lassen. Abgießen und heiß, nach Geschmack mit Honig gesüßt, servieren. Für 2 Portionen.

Würzmischungen

Mischen Sie Ihre Gewürze selbst! So vermeiden Sie das Salz und die Konservierungsstoffe in Fertigmischungen.

Marokkanische Würzmischung

5 EL gemahlener Kreuzkümmel
5 EL gemahlener Koriander
1 EL gemahlener Zimt
1 EL gemahlener Piment
1 EL Paprikapulver
1 TL Ingwerpulver
½ TL gemahlene Muskatnuss
¼ TL gemahlene Kurkuma

Alle Zutaten in einer trockenen Schüssel vermengen. In einem luftdichten Behälter kühl und dunkel aufbewahrt, ist die Mischung 1–2 Monate haltbar. Nach Rezeptanleitung verwenden, z. B. für Pfannengeröstete Wachteln mit Couscous (S. 177). Ergibt 1 mittelgroßes Schraubglas.

Chinesisches 5-Gewürze-Pulver

1 TL Szechuan-Pfefferkörner
1 TL Fenchelsamen
1 TL Gewürznelken
6 Sternanisfrüchte
½ Zimtstange, zerstoßen

Alle Zutaten in eine elektrische Gewürzmühle füllen und fein vermahlen. In einem Schraubglas aufbewahren und z. B. für Mongolischen Lamm-Gemüse-Wok (S. 107) verwenden. Ergibt 3 Esslöffel.

Garam masala

1 EL gemahlener Kreuzkümmel
1½ TL gemahlener Koriander
1½ TL gemahlener Kardamom
1½ TL frisch gemahlener schwarzer Pfeffer
1 TL gemahlener Zimt
½ TL gemahlene Gewürznelken
½ TL gemahlene Muskatnuss

Alle Zutaten in einer Schüssel mischen. In einem luftdichten Behälter an einem kühlen, dunklen und trockenen Ort lagern. Ergibt 3 Esslöffel.

Baharat

2 TL Paprika
½ TL Korianderkörner
½ TL gemahlene Muskatnuss
½ TL Kreuzkümmelsamen
3 Gewürznelken
3 Pimentkörner
½ TL schwarze Pfefferkörner
3 Kardamomkapseln
½ TL gemahlener Zimt

Alle Gewürze in der Gewürzmühle oder mit dem Mörser fein vermahlen. Bei Verwendung einer Mühle die Kardamomschalen vor dem Mahlen entfernen. Im Mörser hingegen lockern sie sich beim Zerstoßen und lassen sich danach leicht auslesen. Für 4 Portionen.

Cajun-Würzmischung

1 EL Räucherpaprika
1 EL Knoblauchpulver
2 TL gemahlener Koriander
2 TL gemahlener Kreuzkümmel
2 TL getrockneter Oregano
2 TL getrockneter Thymian
1 TL Cayennepfeffer
frisch gemahlener schwarzer Pfeffer

Alle Zutaten in einer kleinen Schüssel vermengen. Für 4 Portionen.

Jamaikanische Jerk-Würzmischung

1 TL gemahlener Piment
½ TL Chilipulver
¼ TL gemahlener Zimt
¼ TL gemahlene Muskatnuss
1 Prise gemahlene Gewürznelken
1½ TL getrockneter Thymian

Alle Zutaten in einer kleinen Schüssel vermischen. Für 4 Portionen.

Dukkah

- 40 g Haselnüsse, geröstet
- 2 EL Sesam, geröstet
- 1 EL Korianderkörner, geröstet
- 1 EL Kreuzkümmelsamen, geröstet
- 1 TL schwarze Pfefferkörner

Nüsse, Samen und Gewürze in einer kleine Küchenmaschine oder Gewürzmühle grob vermahlen (oder mit dem Mörser arbeiten). Für 4 Portionen.

4-Gewürze-Mischung

- 1 EL weißer Pfeffer
- 1 EL gemahlene Muskatnuss
- 1 EL Ingwerpulver
- 1 Prise gemahlene Gewürznelken

Die Zutaten mischen und in einem luftdichten Behälter lagern. Die Mischung anstelle von weißem Pfeffer einsetzen. Ergibt 3 Esslöffel.

Fines Herbes

- 1 EL fein gehackter frischer Kerbel
- 1 EL fein gehackter frischer Schnittlauch
- 1 EL fein gehackter frischer Estragon
- 1 EL fein gehackte frische Petersilie

Die Zutaten vermengen und sofort verwenden. Sehr lecker zu Fisch, Eierspeisen und in Saucen. Ergibt 4 Esslöffel.

Ras el-Hanout

- 3 ganze Gewürznelken
- 1 TL Korianderkörner
- 1 TL Kreuzkümmelsamen
- 1 TL schwarze Pfefferkörner
- ½ TL Fenchelsamen
- ¼ TL Bockshornkleesamen
- ½ TL gemahlene Kurkuma
- ½ TL gemahlener Zimt
- ½ TL gemahlener Kardamom
- ½ TL scharfes Paprikapulver
- ¼ TL gemahlene Mazisblüte

Alle ganzen Gewürze in einer Pfanne auf mittlerer Temperatur 1–2 Minuten trocken rösten, bis sie duften. In eine Schüssel umfüllen und abkühlen lassen. Mit den gemahlenen Gewürzen in eine Gewürzmühle (oder den Mörser) füllen und zum Pulver vermahlen. Für 4 Portionen.

Mexikanische Würzmischung

- 1 EL Chilipulver
- 2 TL edelsüßes Paprikapulver
- 2 TL gemahlener Kreuzkümmel

Die Zutaten mischen und in einem luftdichten Behälter lagern. Als Ersatz für Chilipulver verwenden. Für ca. 2 Esslöffel.

Südstaaten-Würz-Rub

- 1 TL gemahlener Kreuzkümmel
- 1 TL gemahlener Koriander
- 1 TL Chilipulver
- 1 TL getrockneter Oregano
- 1 TL Zwiebelpulver
- ½ TL Knoblauchpulver
- ½ TL getrockneter Thymian

Alle Zutaten in einer kleinen Schüssel vermengen und in einem luftdichten Behälter lagern. Für 4 Portionen.

Zatar

- 1 EL getrockneter Thymian
- 1 EL Sesam
- 2 TL gemahlener Sumach

Die Zutaten zusammen in der Gewürzmühle oder im Mörser grob vermahlen. Für 4 Portionen.

Zhoug

- 80 ml Olivenöl nativ extra
- 2–3 Knoblauchzehen, gehackt
- 2–3 lange grüne Chilis (nach Geschmack), grob gehackt
- 2 TL gemahlener Kreuzkümmel
- 1 TL gemahlener Kardamom
- ½ TL gemahlene Gewürznelken
- ½ TL gemahlener schwarzer Pfeffer
- 40 g Korianderblätter, grob gehackt
- 40 g Petersilienblätter (glatt und kraus), grob gehackt

Alle Zutaten in der Küchenmaschine nur kurz zerkleinern, sodass die Mischung nicht zu fein wird. Für 6 Portionen.

Rubs und Marinaden

Ein einfaches Bratenstück wird mit Rub oder Marinade zu etwas Besonderem.

Cajun-Rub

2 EL Paprikapulver
1 EL getrocknete rote Chiliflocken
1 EL Selleriesalz
1 TL Piment
2 Knoblauchzehen
2 EL getrocknete Zwiebelflocken
2 EL getrockneter Oregano
2 EL getrockneter Thymian
1 TL Pfefferkörner

Alle Zutaten im Mörser fein zerstoßen. In einem luftdichten Behälter im Kühlschrank bis zu 1 Monat haltbar. Sehr gut zu Rindfleisch. Ergibt ca. 1 Schraubglas.

Mediterraner Rub

1 EL getrockneter Oregano
1 EL getrockneter Majoran
1 EL getrocknete Petersilie
1 EL getrocknetes Basilikum
½ TL Meersalz
½ TL schwarze Pfefferkörner
2 Knoblauchzehen, grob gehackt
1 EL fein abgeriebene Schale von 1 Bio-Zitrone

Alle Zutaten im Mörser fein zerstoßen. In einem luftdichten Behälter im Kühlschrank bis zu 1 Monat haltbar. Sehr gut zu Lammfleisch. Für ca. ½ Schraubglas.

Marokkanischer Rub

1 TL Safranfäden
1 TL Harissa
1 TL gemahlener Kardamom
4 Gewürznelken
1 TL Kreuzkümmelsamen
2 Knoblauchzehen
3 EL frische Minze
3 EL frische Korianderblätter

Alle Zutaten im Mörser fein zerstoßen. In einem luftdichten Behälter im Kühlschrank bis zu 1 Monat haltbar. Sehr gut zu Hähnchenfleisch. Für ca. ½ Schraubglas.

Scharfer Rub

2 EL weicher brauner Rohrzucker
2 EL gemahlener Kreuzkümmel
2 EL Chilipulver
1 TL Salz (nach Geschmack)
2 EL frisch gemahlener schwarzer Pfeffer
1 EL Cayennepfeffer
3 EL Paprikapulver

Alle Zutaten mischen und in einem luftdichten Behälter im Kühlschrank bis zu 1 Monat lagern. Sehr gut zu Schweinefleisch. Ergibt ca. ½ Schraubglas.

Chermoula

1 TL Kreuzkümmelsamen
10 g frische Korianderblätter
10 g frische glatte Petersilienblätter
2 Knoblauchzehen, grob gehackt
1 TL edelsüßes Paprikapulver
¼ TL Cayennepfeffer
1 EL Olivenöl
1 EL Zitronensaft

Die Kreuzkümmelsamen in einer Pfanne auf mittlerer Temperatur ca. 1 Minute trocken rösten, bis sie duften. Abkühlen lassen, dann in einer kleinen Küchenmaschine mit den Kräutern, Knoblauch und Gewürzen fein zerkleinern und vermischen (oder mit dem Mörser arbeiten). Öl und Zitronensaft zugießen und gut unterarbeiten. Sehr gut zu Fisch. Ergibt ca. ½ Schraubglas. Für 4 Portionen.

Piri Piri

20 g frische rote Bird's-Eye-Chilis
3 Knoblauchzehen, grob gehackt
3 TL edelsüßes Paprikapulver
2 EL Olivenöl
2 EL Zitronensaft

Die Chilis längs halbieren und mit der Spitze eines kleinen Küchenmessers die Kerne herauskratzen und entsorgen. Das Chilifleisch grob hacken. Mit Knoblauch, Paprika, Olivenöl und Zitronensaft in einer kleinen Küchenmaschine cremig pürieren. Sehr gut zu Hähnchenfleisch. Ergibt ca. ½ Schraubglas. Für 6–8 Portionen.

Pasten, Beizen und Saucen

Diese Mischungen können Sie beim Kochen zugeben oder zum fertigen Gericht reichen.

Chimichurri

- 1 Bund (75 g) frische glatte Petersilie, Blätter gehackt
- 1 Bund (25 g) frischer Oregano, Blätter gehackt
- 3 Knoblauchzehen, fein gehackt
- 60 ml Olivenöl nativ extra
- 1½ EL Weißweinessig
- 1 TL getrocknete rote Chiliflocken
- frisch gemahlener schwarzer Pfeffer, nach Geschmack

Alle Zutaten in einer kleinen Schüssel vermischen. Sehr gut für Steaks. Ergibt ca. ¾ Schraubglas. Für 4 Portionen.

Barbecuesauce

- 1 Zwiebel, fein gehackt
- 1 EL Olivenöl
- 1 Dose (400 g) stückige Tomaten
- 3 Knoblauchzehen, zerstoßen
- 1 EL brauner Rohrzucker oder Ahornsirup
- 3 EL brauner Malzessig
- 2 EL Worcestershiresauce
- 1 EL Tomatenmark

Die Zwiebeln in einem Topf in 4–5 Minuten auf niedriger Temperatur im Öl glasig dünsten. Die restlichen Zutaten unterrühren. Aufkochen und bei kleiner Temperatur 20 Minuten eindicken lassen. Leicht abkühlen lassen und kurz mit dem Stabmixer durcharbeiten. In einem luftdichten Behälter bis zu 1 Woche lagern. Zum Beizen von Fleisch beim Braten oder als Beilage, z.B. zu Sweet Pulled Beef (Seite 96). Ergibt 3 Schraubgläser.

Tomaten-Senf-Beize

- 1 Zwiebel, gehackt
- 3 EL Pflanzenöl
- 250 ml passierte Tomaten
- 2 EL Worcestershiresauce
- 2 EL Zucker
- 60 ml Apfelweinessig
- 2 EL Senf
- ½ TL frisch gemahlener schwarzer Pfeffer

Alle Zutaten mit 185 ml Wasser in einem nichtmetallischen Topf auf niedriger Temperatur aufsetzen. Ohne Deckel 20 Minuten köcheln lassen. Vom Herd nehmen und abkühlen lassen. Im Kühlschrank bis zu 1 Woche luftdicht abgefüllt lagern. Sehr gut zu Rind-, Hähnchen- oder Schweinefleisch. Ergibt 2½ Schraubgläser.

Rote Thai-Currypaste

- 8 getrocknete rote Chilis
- 2 frische kleine rote Chilis, entkernt
- 3 cm geschälter Ingwer
- 3 Knoblauchzehen, geschält
- 2 französische Schalotten, geschält
- 1 Stängel Zitronengras, nur den hellen Teil
- 4 Korianderwurzeln, gründlich gewaschen
- 2 TL gemahlener Kreuzkümmel
- 2 TL gemahlener Koriander
- 2 TL Garnelenpaste
- 2 EL Öl

Die getrockneten Chilis 10 Minuten in heißem Wasser einweichen und abtropfen lassen. Mit frischen Chilis, Ingwer, Knoblauch, Schalotten, Zitronengras, Koriander und gemahlenem Kreuzkümmel, Koriander, Garnelenpaste und Öl in der Küchenmaschine zu einer cremigen Paste verarbeiten. Im luftdichten Behälter im Kühlschrank bis zu 1 Woche lagern. 2 Esslöffel davon für das Thai-Entencurry (S. 173) verwenden. Ergibt ca. ½ Schraubglas.

Tomaten-Oregano-Sauce

- 1 EL Olivenöl
- 2 Knoblauchzehen, fein gehackt
- 1 Flasche (700 ml) passierte Tomaten
- 250 ml salzreduzierte Gemüsebrühe oder Wasser
- 2 EL gehackte frische Oreganoblätter

Das Öl in einem Topf auf mittlerer Temperatur erhitzen. Den Knoblauch ½ Minute darin anbraten. Tomatenpüree und Brühe bzw. Wasser angießen. Oregano unterziehen. Aufkochen und bei schwacher Temperatur ohne Deckel in 10–15 Minuten auf ca. zwei Drittel einkochen. Für Cannelloni mit Käsesauce (S. 82) verwenden. Ergibt ca. 3 Schraubgläser.

Register

4-Gewürze-Mischung 293

A
Agua fresca mit Wassermelone und Minze 286
Ahorn-Zimt-Glasur 117
Ananas
    Schweinefleisch mit Ananas-Reis-Salat 125
Anti-Erkältungs-Hühnersuppe 130
Äpfel
    Apfel-Zimt-Teekuchen 261
    Thymian-Kräutertee mit Ingwer und Apfel 290
    Türkischer Apfel-Eistee 287
Aprikosen
    Würziger Aprikosen- oder Pfirsichnektar 287
Asant-Pulver (Asafoetida)
    Tandoori-Fisch 201
Auberginen
    Kräuter-Polenta mit Ratatouille 53
    Thai-Entencurry 173
Austern
    Austern mit Bloody-Mary-Dressing 216
    Austern mit Kräuter-Zitronen-Öl 216
Avocado
    Kräuter-Avocado-Salat mit Sauerampfer und Petersilie 73

B
B'stilla *siehe* Marokkanische Pastete
Backhendl mit Salsa 146
Baharat 40, 292
Barbecuesauce 295
Barramundi
    Gegrillter Fisch mit Mango-Salsa 211
Basilikum
    Erdbeer-Basilikum-Granita 265
    Fisch mit Basilikumfüllung 186
    Inhaltsstoffe 20
    Kräuter-Brathähnchen mit Pesto-Pasta-Salat 149
    Saganaki-Garnelen 220
    Spinat-Kräuter-Pie 39
    Tomaten-Bocconcini-Salat mit Basilikumöl 64
    Belebender Morgentee 291
Birnen
    Pochierte Birnen 266

Blattsalat
    Carne asada 91
    Gegrillter Fisch mit Mango-Salsa 211
    Hähnchen-Fenchel-Salat 68
    Kräuter-Avocado-Salat mit Sauerampfer und Petersilie 73
    Kräuter-Burger 88
    Rindfleisch „Shanghai" mit Karotten und Kümmel 86
    Salat mit Grüne-Göttin-Dressing 35
Blauschimmelkäse
    Blauschimmelkäse-Pesto 44
    Spinatfettuccine mit Blauschimmelkäse 44
Blumenkohl
    Fisch in Chermoula-Marinade mit Blumenkohl 189
    Pikante Quinoa mit Blumenkohl 49
Bocconcini
    Tomaten-Bocconcini-Salat mit Basilikumöl 64
Bohnen
    Bohnen mit Speck, Schalotten und Räucherpaprika 59
    Geschmorte Rinderrippchen in Schwarze-Bohnen-Sauce 87
    Pfannengeröstete Wachteln mit Couscous 177
    Reis mit roten Bohnen 198
    Schweinekoteletts mit Rotkohl 118
    Schwertfischsteaks an Reis mit roten Bohnen 198
Bohnen mit Speck, Schalotten und Räucherpaprika 59
Bouillabaisse 182
Brasilianischer Fischeintopf 194
Brathähnchen mit Salbei-Zwiebel-Füllung 153
Brote und Teige
    Chili-Maisbrot 238
    Fladenbrot-Pizza 43
    Kräuter-Käse-Brot 234
    Kümmel-Koriander-Baguette 237
    Safran-Rosinen-Brötchen 241
    Zatar-Pizza 43
Brühe 169
Brunnenkressesalat mit Kerbel 30

C
Cajun-Rub 294
Cajun-Würzmischung 212, 292
Cannelloni mit Käsesauce 82
Carne asada 91

Cashewkerne
    Halva mit Zimt, Cashews und Korinthen 274
Cayennepfeffer 96
Chai Latte 288
Chai Masala 288
Chicken Wings mit Rosmarin und Knoblauch 157
Chili con Carne 85
Chili-Maisbrot 238
Chilis
    Abnehmen 219
    als Entzündungshemmer 20
    Carne asada 91
    Chili con Carne 85
    Chili-Maisbrot 238
    Chipotle-Chilis 91
    Fisch mit Zitronengras und Koriander 190
    Gemüse-Quinoa-Curry mit Kurkuma und Chili 50
    Jalapeño-Chilis 145, 170
    Kokos-Chili-Garnelen 219
    Kokos-Hähnchen mit Chili und Ingwer 145
    Kräuterfisch im Bananenblatt 190
    Piri-Piri-Brathähnchen 134
    Rindfleischspieße vom Grill 92
    Schokoladenkuchen mit Chili 254
    Steaks mit Chimichurri und Süßkartoffel-Wedges 95
    Süßer Chili-Dip 219
    Vietnamesische Schweinerippchen 121
    Zimt-Chili-Brigadeiros 275
Chimichurri 95, 295
Chinesisches 5-Gewürze-Pulver 292
Choo-Chee-Sauce 197
Chutney
    Tomaten-Chutney 54
Couscous
    Kräuter-Couscous 60
    Pfannengeröstete Wachteln mit Couscous 177
Cremiges Fisch-Kokos-Curry 205
Cremiges Kokos-Curry mit Krebsfleisch 228
Cremiges Lamm-Curry 112
Curryblätter
    Cremiges Fisch-Kokos-Curry 205
    Cremiges Kokos-Curry mit Krebsfleisch 228
Currys
    Cremiges Fisch-Kokos-Curry 205

Cremiges Kokos-Curry mit Krebsfleisch 228
Cremiges Lamm-Curry 112
Gemüse-Quinoa-Curry mit Kurkuma und Chili 50
Laksa 185
Lamm-Tagine 111
Rote Thai-Currypaste 295
Tandoori-Fisch 201
Thai-Entencurry 173

D

Desserts und Süßes
    Earl-Grey-Tuiles 270
    Erdbeer-Basilikum-Granita 265
    Gedämpfter Gewürzpudding 258
    Halva mit Zimt, Cashews und Korinthen 274
    Himbeer-Käsetorte mit Vanille 280
    Kheer 269
    Lava-Törtchen mit Kardamom 257
    Panna Cotta 270
    Vanilletöpfchen mit Lorbeer 262
    Zimt-Chili-Brigadeiros 275
    Zitronen-Baiser-Tarte mit Kamille 276
    Zitronenverbene-Passionsfrucht-Flammeri 273
Dill
    Gefüllte Tintenfische 223
    Thunfischsalat mit Zitrone, Petersilie und Dill 210
    Verwendung bei Verdauungsproblemen 21
Dips *siehe* Saucen, Dips und Dressings
Dressings *siehe* Saucen, Dips und Dressings
Dukkah 142, 293

E

Earl-Grey-Tuiles 270
Eier
    Gebackene Eier mit Tomaten und Baharat 40
    Kartoffel-Eier-Salat 67
    Omelett-Roulade mit Kräuterfüllung 36
    Vanilletöpfchen mit Lorbeer 262
    Zitronen-Baiser-Tarte mit Kamille 276
Eisenkraut *siehe* Zitronenverbene
Ente
    Entenbrust mit Honig-Ingwer-Glasur 174
    Thai-Entencurry 173
Entspannender Abendtee 291
Erbsen-Minze-Risotto mit Feta-Käse 34
Erdbeer-Basilikum-Granita 265
Erkältungstee 291
Estragon
    Austern mit Bloody-Mary-Dressing 216
    Hähnchen mit Estragonsauce 158
    Tee aus Orangenschalen und Estragon 290

F

Fenchel
    Austern mit Kräuter-Zitronen-Öl 216
    Bouillabaisse 182
    Hähnchen-Fenchel-Salat 68
    Halva mit Zimt, Cashews und Korinthen 274
    Pfefferminztee mit Süßholz und Fenchel 290
    Schweinekoteletts mit Rotkohl 118
    Verwendung bei Verdauungsproblemen 21
Feta-Käse
    Erbsen-Minze-Risotto mit Feta-Käse 34
    Griechischer Salat 223
Fines Herbes 293
Fisch
    Bouillabaisse 182
    Brasilianischer Fischeintopf 194
    Cremiges Fisch-Kokos-Curry 205
    Fisch in Chermoula-Marinade mit Blumenkohl 189
    Fisch in Orangensauce mit Zimt und Gewürznelken 202
    Fisch mit Basilikumfüllung 186
    Fisch mit Choo-Chee-Sauce 197
    Fisch mit Zitronengras und Koriander 190
    Gedämpfter Fisch mit Ingwerdressing 193
    Gegrillter Cajun-Fisch 212
    Gegrillter Fisch mit Mango-Salsa 211
    Kräuterfisch im Bananenblatt 190
    Lachs mit Ingwer und Sternanis 209
    Schwertfischsteaks an Reis mit roten Bohnen 198
    Tandoori-Fisch 201
    Thunfischsalat mit Zitrone, Petersilie und Dill 210
Fisch in Chermoula-Marinade mit Blumenkohl 189
Fisch mit Basilikumfüllung 186
Fladenbrot-Pizza 43
Frühlingszwiebeln
    Gedämpfter Fisch mit Ingwerdressing 193
    Gefüllte Tintenfische 223

G

Galgant
    Laksa 185
    Verwendung bei Erkältungen 20
Garam Masala 292
    Indische Hähnchenkeulen aus dem Backofen 144
    Kichererbsen-Patties 54
Garnelen
    Kokos-Chili-Garnelen 219
    Meeresfrüchte-Paella 215
    Saganaki-Garnelen 220
Gedämpfter Fisch mit Ingwerdressing 193
Gedämpftes Gemüse mit Salbei-Walnuss-Pilaw 57
Gegrillter Cajun-Fisch 212
Gegrillter Fisch mit Mango-Salsa 211
Gegrilltes Lamm mit Zhoug 104
Gemüse *siehe auch* grünes Gemüse
    Gedämpftes Gemüse mit Salbei-Walnuss-Pilaw 57
    Gemüse-Quinoa-Curry mit Kurkuma und Chili 50
    Geschmortes Lamm mit Ofengemüse 115
    Kräuter-Polenta mit Ratatouille 53
    Lamm aus dem Ofen mit Rosmarin-Gemüse 103
    Marokkanisches Gemüse mit Kräuter-Couscous 60
    Ofengemüse 115
    Pikante Gemüse-Samosas 33
Geschmorte Rinderrippchen in Schwarze-Bohnen-Sauce 87
Geschmortes Lamm mit Ofengemüse 115
Getränke *siehe auch* Tee
    Agua fresca mit Wassermelone und Minze 286
    Chai Latte 288
    Chai Masala 288
    Erkältungsgetränk mit Zitrone und Knoblauch 289
    Ginger Beer 286
    Glühwein 289
    Goldene Milch 288

Honig-Ingwer-Huhn mit grünem Wokgemüse 138
Kräuterfisch im Bananenblatt 190
Kräuterreis 145
Pochiertes Hähnchen nach Asia-Art mit Grüngemüse 169
Salat mit Grüne-Göttin-Dressing 35
Schweinefleisch mit Ananas-Reis-Salat 125

Heiße Schokolade nach Art der
  Azteken 288
Kamillen-Eistee 286
Minz-Julep 286
Sodawasser mit Kräutern 287
Süßes Safran-Lassi 287
Tee aus Orangenschalen und
  Estragon 290
Winterwärmer 289
Würziger Aprikosen- oder
  Pfirsichnektar 287
Gewürze
  lagern 12
  mahlen 15
  Mischungen 111, 292–295
  Vorteile für die Ernährung 18–19
Gewürznelken
  Eugenolgehalt 20
  Fisch in Orangensauce mit Zimt und
    Gewürznelken 202
  Kheer 269
  Schweinekoteletts mit Rotkohl 118
Glasierte Hirschsteaks 176
Glasnudeln
  Pho 78
  Scharfer Hähnchen-Nudel-Wok 150
Glühwein 289
Goldene Milch 288
Gremolata 100
Griechischer Salat 223
Grüne Salsa 146
Grünes Gemüse
  Grünes Wokgemüse 138
  Honig-Ingwer-Huhn mit grünem
    Wokgemüse 138
  Pochiertes Hähnchen nach Asia-Art
    mit Grüngemüse 169
  Salat mit Grüne-Göttin-Dressing 35
  Senfblätter nach Südstaatenart 72
Grünes Wokgemüse 138
Grüntee mit Krauser Minze und Limette
  291
Gurken
  Griechischer Salat 223
  Jakobsmuscheln mit Mikrokräuter-
    Salat 227

H

Hähnchen
  Anti-Erkältungs-Hühnersuppe 130
  B'stilla 133
  Backhendl mit Salsa 146
  Brathähnchen mit Salbei-Zwiebel-
    Füllung 153
  Chicken Wings mit Rosmarin und
    Knoblauch 157
  Hähnchen in Dukkah-Kruste 142
  Hähnchen mit Estragonsauce 158

Hähnchen-Fenchel-Salat 68
Hähnchenkeulen mit Thymianpilzen
  161
Hähnchenkeulen mit Zitronen-
  Rosmarin-Glasur 157
Honig-Ingwer-Huhn mit grünem
  Wokgemüse 138
Huhn mit Kümmelkrapfen 141
Indische Hähnchenkeulen aus dem
  Backofen 144
Ingwerhuhn 165
Involtini mit Kräuterfüllung 137
Kokos-Hähnchen mit Chili und
  Ingwer 145
Kräuter-Brathähnchen mit Pesto-
  Pasta-Salat 149
Kräuter-Grillhähnchen mit Zitronen-
  Joghurt-Sauce 166
Kräuterschnitzel mit
  Knoblauchpüree 154
Marokkanisch gewürzte
  Hähnchenbrüste 162
Marokkanische Pastete 133
Piri-Piri-Brathähnchen 134
Pochiertes Hähnchen nach Asia-Art
  mit Grüngemüse 169
Scharfer Hähnchen-Nudel-Wok 150
Szechuan-Hühnchen 165
Hähnchen in Dukkah-Kruste 142
Hähnchenkeulen mit Thymianpilzen
  161
Haselnüsse
  Heiße Schokolade nach Art der Azteken
    288
Himbeer-Käsetorte mit Vanille 280
Hirsch
  Glasierte Hirschsteaks 176
Honig
  Chili-Maisbrot 238
  Earl-Grey-Tuiles 270
  Entenbrust mit Honig-Ingwer-Glasur
    174
  Honig-Ingwer-Huhn mit grünem
    Wokgemüse 138
  Kardamom-Honig-Küchlein 253
  Panna Cotta 270
  Pfeffernüsse 242

I

Indische Hähnchenkeulen aus dem
  Backofen 144
Indischer Ingwertee 289
Indischer Reispudding *siehe* Kheer
Ingwer
  Cremiges Kokos-Curry mit
    Krebsfleisch 228
  Entenbrust mit Honig-Ingwer-Glasur
    174

Gedämpfter Fisch mit
  Ingwerdressing 193
Ginger Beer 286
Heilkräfte 7
Honig-Ingwer-Huhn mit grünem
  Wokgemüse 138
Indischer Ingwertee 289
Ingwer-Gewürzkuchen 249
Ingwerhuhn 165
Kokos-Hähnchen mit Chili und
  Ingwer 145
Lachs mit Ingwer und Sternanis
  209
Marokkanisch gewürzte
  Hähnchenbrüste 162
Melone und Mango mit Ingwer 265
Mongolischer Lamm-Gemüse-Wok
  107
Scharfer Hähnchen-Nudel-Wok 150
Scharfer Ingwertee 291
Thymian-Kräutertee mit Ingwer und
  Apfel 290
Verwendung bei Erkältungen 20

J

Jakobsmuscheln mit Mikrokräuter-Salat
  227
Jalapeño-Chilis
  Kokos-Hähnchen mit Chili und
    Ingwer 145
  Scharfe Truthahnburger 170
Jamaikanische Jerk-Würzmischung 125,
  292
Joghurt
  Fladenbrot-Pizza 43
  Indische Hähnchenkeulen aus dem
    Backofen 144
  Kräuter-Grillhähnchen mit Zitronen-
    Joghurt-Sauce 166
  Marokkanisch gewürzte
    Hähnchenbrüste 162
  Minzjoghurt 33
  Omelett-Roulade mit Kräuterfüllung
    36
  Süßes Safran-Lassi 287
  Thunfischsalat mit Zitrone, Petersilie
    und Dill 210
  Zatar-Pizza 43

K

Kaffirlimettenblätter
  Fisch mit Choo-Chee-Sauce 197
  Laksa 185
Kalb
  Kalbsgulasch 99
  Ossobuco mit Polenta und Gremolata
    100

Kamille
- Entspannende Wirkung 276
- Kamillen-Eistee 286
- Zitronen-Baiser-Tarte mit Kamille 276

Kardamom
- Ayurvedische Verwendung 20
- Cremiges Lamm-Curry 112
- Kardamom-Honig-Küchlein 253
- Kheer 269
- Lava-Törtchen mit Kardamom 257
- Pochierte Birnen 266

Karotten
- Glasierte Hirschsteaks 176
- Rindfleisch „Shanghai" mit Karotten und Kümmel 86

Kartoffeln
- Brathähnchen mit Salbei-Zwiebel-Füllung 153
- Fisch mit Basilikumfüllung 186
- Kalbsgulasch 99
- Kartoffel-Eier-Salat 67
- Kräuterschnitzel mit Knoblauchpüree 154
- Lamm aus dem Ofen mit Rosmarin-Gemüse 103
- Pikante Gemüse-Samosas 33
- Pikante Würzkartoffeln 144

Käse
- Blauschimmelkäse-Pesto 44
- Cannelloni mit Käsesauce 82
- Erbsen-Minze-Risotto mit Feta-Käse 34
- Griechischer Salat 223
- Käsesauce 82
- Kräuter-Käse-Brot 234
- Omelett-Roulade mit Kräuterfüllung 36
- Spinatfettuccine mit Blauschimmelkäse 44
- Tomaten-Bocconcini-Salat mit Basilikumöl 64
- Tomaten-Thymian-Tartes 30

Kekse und Plätzchen
- Pfeffernüsse 242
- Spekulatius 245

Kerbel
- Brunnenkressesalat mit Kerbel 30
- Jakobsmuscheln mit Mikrokräuter-Salat 227
- Omelett-Roulade mit Kräuterfüllung 36

Kheer 269

Kichererbsen
- Kichererbsen-Patties 54
- Rosmarin-Kichererbsen-Suppe 29
- Warmer Kichererbsensalat 71

Knoblauch
- Allicingehalt 21
- Chicken Wings mit Rosmarin und Knoblauch 157
- Erkältungsgetränk mit Zitrone und Knoblauch 289
- Heilkräfte 7
- Kräuterschnitzel mit Knoblauchpüree 154
- Lamm aus dem Ofen mit Rosmarin-Gemüse 103
- Portugiesischer Reis 58
- Spinatfettuccine mit Blauschimmelkäse 44

Kohl
- Rotkohl 118
- Rotkohlsalat 212
- Schweinekoteletts mit Rotkohl 118

Kohlrüben
- Glasierte Hirschsteaks 176

Kokosnuss
- Cremiges Fisch-Kokos-Curry 205
- Cremiges Kokos-Curry mit Krebsfleisch 228
- Fisch mit Choo-Chee-Sauce 197
- Kokos-Chili-Garnelen 219
- Kokos-Hähnchen mit Chili und Ingwer 145
- Kürbis-Kokosnuss-Pie 279

Korianderkörner
- Fisch in Chermoula-Marinade mit Blumenkohl 189
- Fisch mit Zitronengras und Koriander 190
- Hähnchen in Dukkah-Kruste 142
- Kümmel-Koriander-Baguette 237
- Marokkanisches Gemüse mit Kräuter-Couscous 60
- Portugiesischer Reis 58
- Thai-Entencurry 173
- Verwendung bei Verdauungsproblemen 21
- Zitronen-Koriander-Kuchen 246

Kräuter
- Lagerung 12
- selbst anbauen 13
- Sodawasser mit Kräutern 287
- Vorteile für die Ernährung 18–19
- Kräuter-Avocado-Salat mit Sauerampfer und Petersilie 73
- Kräuter-Brathähnchen mit Pesto-Pasta-Salat 149
- Kräuter-Burger 88
- Kräuter-Couscous 60
- Kräuter-Grillhähnchen mit Zitronen-Joghurt-Sauce 166
- Kräuter-Käse-Brot 234
- Kräuter-Polenta mit Ratatouille 53
- Kräuterfisch im Bananenblatt 190
- Kräuterreis 145

Kräuterschnitzel mit Knoblauchpüree 154

Krebsfleisch
- Cremiges Kokos-Curry mit Krebsfleisch 228

Kreuzkümmel
- Gegrillter Cajun-Fisch 212
- Hähnchen in Dukkah-Kruste 142
- Pikante Gemüse-Samosas 33
- Schweinefilet aus dem amerikanischen Südwesten 116
- Verwendung bei Verdauungsproblemen 21
- Warmer Kichererbsensalat 71

Kuchen und Gebäck
- Apfel-Zimt-Teekuchen 261
- Ingwer-Gewürzkuchen 249
- Kardamom-Honig-Küchlein 253
- Mandelbiskuit mit Kümmel 250
- Schokoladenkuchen mit Chili 254
- Zitronen-Koriander-Kuchen 246

Kümmel
- Inhaltsstoffe 21
- Kümmel-Koriander-Baguette 237
- Kümmelkrapfen 141
- Mandelbiskuit mit Kümmel 250
- Rindfleisch „Shanghai" mit Karotten und Kümmel 86

Kürbis
- Fladenbrot-Pizza 43
- Gemüse-Quinoa-Curry mit Kurkuma und Chili 50
- Kürbis-Gnocchi mit Salbeibutter 47
- Kürbis-Kokosnuss-Pie 279

Kurkuma
- als Entzündungshemmer 21
- Anti-Erkältungs-Hühnersuppe 130
- Cremiges Lamm-Curry 112
- Gemüse-Quinoa-Curry mit Kurkuma und Chili 50
- Goldene Milch 288

L

Lachs
- Gegrillter Cajun-Fisch 212
- Lachs mit Ingwer und Sternanis 209

Laksa 185

Laksa-Paste 185

Lamm
- Cremiges Lamm-Curry 112
- Gegrilltes Lamm mit Zhoug 104
- Geschmortes Lamm mit Ofengemüse 115
- Lamm aus dem Ofen mit Rosmarin-Gemüse 103
- Lamm-Tagine 111
- Lammkarree mit Kräuterkruste 108

Mongolischer Lamm-Gemüse-Wok 107
Rosmarin-Lammspieße 108
Zatar-Pizza 43
Limetten
Grüntee mit Krauser Minze und Limette 291
Linsen-Petersilien-Salat mit geschmorten Tomaten 63
Lorbeer
Bouillabaisse 182
Vanilletöpfchen mit Lorbeer 262

M

Mais
Chili-Maisbrot 238
Majoran 23, 82 *siehe auch* Oregano
Mandeln
Halva mit Zimt, Cashews und Korinthen 274
Himbeer-Käsetorte mit Vanille 280
Kürbis-Gnocchi mit Salbeibutter 47
Mandelbiskuit mit Kümmel 250
Pfannengeröstete Wachteln mit Couscous 177
Pikante Quinoa mit Blumenkohl 49
Zitronen-Koriander-Kuchen 246
Mangos
Mango-Salsa 211
Melone und Mango mit Ingwer 265
Marokkanisch gewürzte Hähnchenbrüste 162
Marokkanische Pastete 133
Marokkanische Würzmischung 292
Marokkanischer Rub 294
Marokkanisches Gemüse mit Kräuter-Couscous 60
Mediterraner Rub 294
Meeresfrüchte
Austern mit Bloody-Mary-Dressing 216
Austern mit Kräuter-Zitronen-Öl 216
Bouillabaisse 182
Cremiges Kokos-Curry mit Krebsfleisch 228
Gefüllte Tintenfische 223
Jakobsmuscheln mit Mikrokräuter-Salat 227
Kokos-Chili-Garnelen 219
Meeresfrüchte-Paella 215
Pikant gefüllte Miesmuscheln 224
Saganaki-Garnelen 220
Meeresfrüchte-Paella 215
Meerrettichcreme 81
Melone und Mango mit Ingwer 265
Mexikanische Marinade 91
Mexikanische Würzmischung 293

Minze
Agua fresca mit Wassermelone und Minze 286
Erbsen-Minze-Risotto mit Feta-Käse 34
Linsen-Petersilien-Salat mit geschmorten Tomaten 63
Minz-Julep 286
Minzjoghurt 33
Orangen-Schwarztee mit Zimt und frischer Minze 290
Schwertfischsteaks an Reis mit roten Bohnen 198
Spinat-Kräuter-Pie 39
Vorteile für die Gesundheit 21
Mongolischer Lamm-Gemüse-Wok 107
Moqueca de Peixe *siehe* Brasilianischer Fischeintopf
Muscheln
Muskatnuss
Gedämpfter Gewürzpudding 258
Kürbis-Kokosnuss-Pie 279
Myristicingehalt 22
Spekulatius 245

N

Nudeln *siehe* Pasta
Nüsse *siehe auch* Kokosnuss
Dukkah 142, 293
Gedämpftes Gemüse mit Salbei-Walnuss-Pilaw 57
Halva mit Zimt, Cashews und Korinthen 274
Himbeer-Käsetorte mit Vanille 280
Involtini mit Kräuterfüllung 137
Kürbis-Gnocchi mit Salbeibutter 47
Mandelbiskuit mit Kümmel 250
Pfannengeröstete Wachteln mit Couscous 177
Pikante Quinoa mit Blumenkohl 49
Rotkohlsalat 212
Salbei-Walnuss-Pilaw 57
Schokoladenkuchen mit Chili 254
Zitronen-Koriander-Kuchen 246

O

Ofenlachs mit Kräuterkruste 206
Orangen
Fisch in Orangensauce mit Zimt und Gewürznelken 202
Gedämpfter Gewürzpudding 258
Orangen-Safran-Vinaigrette 68
Orangen-Schwarztee mit Zimt und frischer Minze 290
Tee aus Orangenschalen und Estragon 290

Oregano
Gedämpftes Gemüse mit Salbei-Walnuss-Pilaw 57
Gefüllte Tintenfische 223
Kräuter-Burger 88
Kräuter-Käse-Brot 234
Spinat-Kräuter-Pie 39
Steaks mit Chimichurri und Süßkartoffel-Wedges 95
Thymolgehalt 22
Tomaten-Oregano-Sauce 295
Ossobuco mit Polenta und Gremolata 100

P

Panna Cotta 270
Paprikapulver
Backhendl mit Salsa 146
Bohnen mit Speck, Schalotten und Räucherpaprika 59
Huhn mit Kümmelkrapfen 141
Kalbsgulasch 99
Ofengemüse 115
Röstpaprikasuppe mit Räucherpaprika 26
Paprikaschoten
Brasilianischer Fischeintopf 194
Kräuter-Polenta mit Ratatouille 53
Meeresfrüchte-Paella 215
Pesto-Pasta-Salat 149
Quinoa-Kräuter-Salat 162
Röstpaprikasuppe mit Räucherpaprika 26
Warmer Kichererbsensalat 71
Passionsfrucht
Zitronenverbene-Passionsfrucht-Flammeri 273
Pasta
Cannelloni mit Käsesauce 82
Kräuter-Brathähnchen mit Pesto-Pasta-Salat 149
Pesto-Pasta-Salat 149
Spinatfettuccine mit Blauschimmelkäse 44
Pastinaken
Geschmortes Lamm mit Ofengemüse 115
Marokkanisches Gemüse mit Kräuter-Couscous 60
Perlgraupen
Anti-Erkältungs-Hühnersuppe 130
Pesto-Pasta-Salat 149
Petersilie
Austern mit Kräuter-Zitronen-Öl 216
Gefüllte Tintenfische 223
Gegrilltes Lamm mit Zhoug 104
Inhaltsstoffe 22

Kräuter-Avocado-Salat mit Sauerampfer und Petersilie 73
Ofenlachs mit Kräuterkruste 206
Ossobuco mit Polenta und Gremolata 100
Petersilien-Tahini-Dressing 57
Pikante Quinoa mit Blumenkohl 49
Salat mit Grüne-Göttin-Dressing 35
Taboulé 142
Thunfischsalat mit Zitrone, Petersilie und Dill 210
Zucchinisalat mit Quinoa und Minze 64

Pfannengeröstete Wachteln mit Couscous 177

Pfeffer
als Währung 8
grüner Pfeffer 81
Pfeffernüsse 242
schwarzer Pfeffer 20
Szechuan-Pfeffer 107, 165
weißer Pfeffer 72, 242

Pfefferminze
Grüntee mit Krauser Minze und Limette 291

Pfefferminztee mit Süßholz und Fenchel 290

Pfeffernüsse 242

Pfirsiche
Würziger Aprikosen- oder Pfirsichnektar 287

Pho 78

Pies, Pasteten und Tartes
B'stilla 133
Kürbis-Kokosnuss-Pie 279
Marokkanische Pastete 133
Pikante Gemüse-Samosas 33
Spinat-Kräuter-Pie 39
Tomaten-Thymian-Tartes 30
Tourtière 122
Zitronen-Baiser-Tarte mit Kamille 276
Pikant gefüllte Miesmuscheln 224

Pilze
Hähnchenkeulen mit Thymianpilzen 161

Piment
Eugenolgehalt 22
Gebackene Eier mit Tomaten und Baharat 40
Geschmortes Lamm mit Ofengemüse 115
Glasierte Hirschsteaks 176
Jamaikanische Jerk-Würzmischung 125
Pikanter Würzreis 48

Piri Piri 134, 294

Piri-Piri-Brathähnchen 134
Pistazien
Involtini mit Kräuterfüllung 137
Pizza *siehe* Brote und Teige
Pochierte Birnen 266
Pochiertes Hähnchen nach Asia-Art mit Grüngemüse 169
Polenta
Kräuter-Polenta mit Ratatouille 53
Ossobuco mit Polenta und Gremolata 100
Polenta 100
Portugiesischer Reis 58
Poulet au Vinaigre *siehe* Hähnchen mit Estragonsauce

Q
Quinoa
Gemüse-Quinoa-Curry mit Kurkuma und Chili 50
Linsen-Petersilien-Salat mit geschmorten Tomaten 63
Pikante Quinoa mit Blumenkohl 49
Quinoa-Kräuter-Salat 162
Salbei-Walnuss-Pilaw 57

R
Radieschen
Hähnchen-Fenchel-Salat 68
Ras el-Hanout 111, 293
Reis
Erbsen-Minze-Risotto mit Feta-Käse 34
Gefüllte Tintenfische 223
Kheer 269
Kräuterreis 145
Meeresfrüchte-Paella 215
Mongolischer Lamm-Gemüse-Wok 107
Pikant gefüllte Miesmuscheln 224
Pikanter Würzreis 48
Pochiertes Hähnchen nach Asia-Art mit Grüngemüse 169
Portugiesischer Reis 58
Reis mit roten Bohnen 198
Rindfleisch „Shanghai" mit Karotten und Kümmel 86
Schweinefleisch mit Ananas-Reis-Salat 125
Schwertfischsteaks an Reis mit roten Bohnen 198
Reis mit roten Bohnen 198
Rind
Cannelloni mit Käsesauce 82
Carne asada 91
Chili con Carne 85

Geschmorte Rinderrippchen in Schwarze-Bohnen-Sauce 87
Kräuter-Burger 88
Pho 78
Rinderbrühe 78
Rindfleisch „Shanghai" mit Karotten und Kümmel 86
Rindfleischspieße vom Grill 92
Roastbeef mit grünem Pfeffer 81
Steaks mit Chimichurri und Süßkartoffel-Wedges 95
Sweet Pulled Beef 96
Rindfleisch „Shanghai" mit Karotten und Kümmel 86
Rindfleischspieße vom Grill 92
Roastbeef mit grünem Pfeffer 81
Rosmarin
Chicken Wings mit Rosmarin und Knoblauch 157
Hähnchenkeulen mit Zitronen-Rosmarin-Glasur 157
Lamm aus dem Ofen mit Rosmarin-Gemüse 103
Rosmarin-Kichererbsen-Suppe 29
Rosmarin-Lammspieße 108
Vorteile für die Gesundheit 22
Röstpaprikasuppe mit Räucherpaprika 26
Rote Thai-Currypaste 295
Rotkohl 118
Rotkohlsalat 212
Rouille 182
Rubs und Marinaden 294

S
Safran
Kheer 269
Marokkanische Pastete 133
Orangen-Safran-Vinaigrette 68
Pikant gefüllte Miesmuscheln 224
Pochierte Birnen 266
Preis 18
Safran-Rosinen-Brötchen 241
Süßes Safran-Lassi 287
Safran-Rosinen-Brötchen 241
Saganaki-Garnelen 220
Salat mit Grüne-Göttin-Dressing 35
Salate
Brunnenkressesalat mit Kerbel 30
Griechischer Salat 223
Hähnchen-Fenchel-Salat 68
Jakobsmuscheln mit Mikrokräuter-Salat 227
Kartoffel-Eier-Salat 67
Kräuter-Avocado-Salat mit Sauerampfer und Petersilie 73
Kräuter-Brathähnchen mit Pesto-Pasta-Salat 149

Linsen-Petersilien-Salat mit geschmorten Tomaten 63
Pesto-Pasta-Salat 149
Quinoa-Kräuter-Salat 162
Rotkohlsalat 212
Salat mit Grüne-Göttin-Dressing 35
Salat mit Senf-Schnittlauch-Dressing 158
Schweinefleisch mit Ananas-Reis-Salat 125
Thunfischsalat mit Zitrone, Petersilie und Dill 210
Tomaten-Bocconcini-Salat mit Basilikumöl 64
Warmer Kichererbsensalat 71
Zucchinisalat mit Quinoa und Minze 64

Salbei
Brathähnchen mit Salbei-Zwiebel-Füllung 153
Gedämpftes Gemüse mit Salbei-Walnuss-Pilaw 57
Involtini mit Kräuterfüllung 137
Kartoffel-Eier-Salat 67
Kürbis-Gnocchi mit Salbeibutter 47
Salbei-Walnuss-Pilaw 57
Salbei-Zwiebel-Füllung 153
Thujongehalt 23

Salsa 91
Grüne Salsa 146

Saucen, Dips und Dressings *siehe auch* Currys
Austern mit Bloody-Mary-Dressing 216
Baharat 40
Barbecuesauce 295
Blauschimmelkäse-Pesto 44
Brühe 169
Choo-Chee-Sauce 197
Dukkah 142, 293
Gedämpfter Fisch mit Ingwerdressing 193
Geschmorte Rinderrippchen in Schwarze-Bohnen-Sauce 87
Grüne Salsa 146
Hähnchen mit Estragonsauce 158
Käsesauce 82
Kräuter-Grillhähnchen mit Zitronen-Joghurt-Sauce 166
Kürbis-Gnocchi mit Salbeibutter 47
Mango-Salsa 211
Meerrettichcreme 81
Mexikanische Marinade 91
Orangen-Safran-Vinaigrette 68
Petersilien-Tahini-Dressing 57
Piri Piri 134, 294
Rouille 182
Salat mit Grüne-Göttin-Dressing 35

Salat mit Senf-Schnittlauch-Dressing 158
Salsa 91
Süßer Chili-Dip 219
Tomaten-Oregano-Sauce 295
Wasabi-Mayonnaise 170

Sauerampfer
Kräuter-Avocado-Salat mit Sauerampfer und Petersilie 73

Schalotten
Allicingehalt 21
Bohnen mit Speck, Schalotten und Räucherpaprika 59
Brunnenkressesalat mit Kerbel 30
Hähnchen mit Estragonsauce 158

Schnittlauch
Allicingehalt 154, 166
Antioxidative Eigenschaften 21
Salat mit Senf-Schnittlauch-Dressing 158

Schokolade
Heiße Schokolade nach Art der Azteken 288
Lava-Törtchen mit Kardamom 257
Schokoladenkuchen mit Chili 254
Zimt-Chili-Brigadeiros 275
Schokoladenkuchen mit Chili 254

Schwarzer Pfeffer
Chicken Wings mit Rosmarin und Knoblauch 157
Inhaltsstoffe 23

Schwein
Schweinebraten mit Ahorn-Zimt-Glasur 117
Schweinefilet aus dem amerikanischen Südwesten 116
Schweinefleisch mit Ananas-Reis-Salat 125
Schweinekoteletts mit Rotkohl 118
Tourtière 122
Vietnamesische Schweinerippchen 121

Schweinebraten mit Ahorn-Zimt-Glasur 117
Schweinefilet aus dem amerikanischen Südwesten 116
Schweinefleisch mit Ananas-Reis-Salat 125
Schwertfischsteaks an Reis mit roten Bohnen 198

Senf
Cremiges Fisch-Kokos-Curry 205
Ofenlachs mit Kräuterkruste 206
Seleniumgehalt 23
Tomaten-Senf-Beize 295
Senfblätter nach Südstaatenart 72
Senfkörner 144
Sesam 142
Sodawasser mit Kräutern 287

Spanakopita *siehe* Spinat-Kräuter-Pie
Speck
Bohnen mit Speck, Schalotten und Räucherpaprika 59
Spekulatius 245
Spinat
Salat mit Grüne-Göttin-Dressing 35
Salat mit Senf-Schnittlauch-Dressing 158
Spinat-Kräuter-Pie 39
Spinatfettuccine mit Blauschimmelkäse 44
Thunfischsalat mit Zitrone, Petersilie und Dill 210
Steaks mit Chimichurri und Süßkartoffel-Wedges 95
Sternanis
Entenbrust mit Honig-Ingwer-Glasur 174
Geschmorte Rinderrippchen in Schwarze-Bohnen-Sauce 87
Lachs mit Ingwer und Sternanis 209
Pho 78
Pochiertes Hähnchen nach Asia-Art mit Grüngemüse 169
Vietnamesische Schweinerippchen 121
Südstaaten-Würz-Rub 116, 293
Sumach
Marokkanisch gewürzte Hähnchenbrüste 162
Suppen und Eintöpfe *siehe auch* Currys
Anti-Erkältungs-Hühnersuppe 130
Bouillabaisse 182
Brasilianischer Fischeintopf 194
Huhn mit Kümmelkrapfen 141
Kalbsgulasch 99
Pho 78
Rinderbrühe 78
Rosmarin-Kichererbsen-Suppe 29
Röstpaprikasuppe mit Räucherpaprika 26
Süßer Chili-Dip 219
Süßes Safran-Lassi 287
Süßholz
Pfefferminztee mit Süßholz und Fenchel 290
Süßkartoffeln
Lamm-Tagine 111
Marokkanisches Gemüse mit Kräuter-Couscous 60
Schweinebraten mit Ahorn-Zimt-Glasur 117
Schweinekoteletts mit Rotkohl 117
Steaks mit Chimichurri und Süßkartoffel-Wedges 95
Sweet Pulled Beef 96

Szechuan-Hühnchen 165
Szechuan-Pfeffer
    Ingwerhuhn 165
    Mongolischer Lamm-Gemüse-Wok 107
    Szechuan-Hühnchen 165

T
Taboulé 142
Tandoori-Fisch 201
Tee
    Belebender Morgentee 291
    Chai Latte 288
    Chai Masala 288
    Earl-Grey-Tuiles 270
    Entspannender Abendtee 291
    Erkältungstee 291
    Grüntee mit Krauser Minze und Limette 291
    Indischer Ingwertee 289
    Kamillen-Eistee 286
    Kräuter für Tee 13
    Kräutertees 290–291
    Orangen-Schwarztee mit Zimt und frischer Minze 290
    Pfefferminztee mit Süßholz und Fenchel 290
    Scharfer Ingwertee 291
    Thymian-Kräutertee mit Ingwer und Apfel 290
    Türkischer Apfel-Eistee 287
    Vorteile für die Ernährung 270
Thai-Entencurry 173
Thunfischsalat mit Zitrone, Petersilie und Dill 210
Thymian
    Gedämpftes Gemüse mit Salbei-Walnuss-Pilaw 57
    Geschmortes Lamm mit Ofengemüse 115
    Hähnchenkeulen mit Thymianpilzen 161
    Kräuter-Polenta mit Ratatouille 53
    Spinat-Kräuter-Pie 39
    Thymian-Kräutertee mit Ingwer und Apfel 290
    Thymolgehalt 22
    Tomaten-Thymian-Tartes 30
Tintenfisch
    Gefüllte Tintenfische 223
Tomaten
    Chili con Carne 85
    Cremiges Lamm-Curry 112
    Gebackene Eier mit Tomaten und Baharat 40
    Griechischer Salat 223
    Pesto-Pasta-Salat 149
    Rosmarin-Kichererbsen-Suppe 29
    Röstpaprikasuppe mit Räucherpaprika 26
    Saganaki-Garnelen 220
    Sweet Pulled Beef 96
    Taboulé 142
    Tomaten-Bocconcini-Salat mit Basilikumöl 64
    Tomaten-Chutney 54
    Tomaten-Oregano-Sauce 295
    Tomaten-Senf-Beize 295
    Tomaten-Thymian-Tartes 30
    Warmer Kichererbsensalat 71
    Zucchinisalat mit Quinoa und Minze 64
Tomaten-Bocconcini-Salat mit Basilikumöl 64
Tomaten-Chutney 54
Tomaten-Oregano-Sauce 295
Tomaten-Senf-Beize 295
Tomaten-Thymian-Tartes 30
Tourtière 122
Trockenfrüchte
    Safran-Rosinen-Brötchen 241
Truthahn
    Scharfe Truthahnburger 170
Türkischer Apfel-Eistee 287

V
Vanille
    Himbeer-Käsetorte mit Vanille 280
Vietnamesische Minze 78
Vietnamesische Nudelsuppe *siehe* Pho
Vietnamesische Schweinerippchen 121

W
Wacholderbeeren 176
Wachteln
    Pfannengeröstete Wachteln mit Couscous 177
Walnüsse
    Gedämpftes Gemüse mit Salbei-Walnuss-Pilaw 57
    Salbei-Walnuss-Pilaw 57
    Schokoladenkuchen mit Chili 254
Warmer Kichererbsensalat 71
Wasabi-Mayonnaise 170
Weißer Pfeffer
    Pfeffernüsse 242
    Senfblätter nach Südstaatenart 72
Winterwärmer 289

Z
Zatar 43, 293
Zhoug 104, 293
Ziegenkäse
    Tomaten-Thymian-Tartes 30
Zimt
    Ahorn-Zimt-Glasur 117
    Apfel-Zimt-Teekuchen 261
    Fisch in Orangensauce mit Zimt und Gewürznelken 202
    Vorteile für die Gesundheit 23
    Halva mit Zimt, Cashews und Korinthen 274
    Marokkanische Pastete 133
    Orangen-Schwarztee mit Zimt und frischer Minze 290
    Schweinebraten mit Ahorn-Zimt-Glasur 117
    Zimt-Chili-Brigadeiros 275
Zimt-Chili-Brigadeiros 275
Zitronen
    Austern mit Kräuter-Zitronen-Öl 216
    Erkältungsgetränk mit Zitrone und Knoblauch 289
    Fisch mit Basilikumfüllung 186
    Geschmortes Lamm mit Ofengemüse 115
    Hähnchenkeulen mit Zitronen-Rosmarin-Glasur 157
    Kräuter-Grillhähnchen mit Zitronen-Joghurt-Sauce 166
    Thunfischsalat mit Zitrone, Petersilie und Dill 210
    Zitronen-Baiser-Tarte mit Kamille 276
    Zitronen-Koriander-Kuchen 246
Zitronen-Baiser-Tarte mit Kamille 276
Zitronen-Koriander-Kuchen 246
Zitronengras
    Fisch mit Zitronengras und Koriander 190
    gegen Fieber 23
    Rindfleischspieße vom Grill 92
    Scharfer Hähnchen-Nudel-Wok 150
    Zitronen-Baiser-Tarte mit Kamille 276
Zitronenmyrte
    Gegrillter Fisch mit Mango-Salsa 211
Zitronenthymian 265
Zitronenverbene-Passionsfrucht-Flammeri 273
Zucchinisalat mit Quinoa und Minze 64
Zwiebeln
    Anti-Erkältungs-Hühnersuppe 130
    Brathähnchen mit Salbei-Zwiebel-Füllung 153
    Geschmortes Lamm mit Ofengemüse 115
    Marokkanische Pastete 133
    Meeresfrüchte-Paella 215
    Salbei-Zwiebel-Füllung 153
    Tourtière 122

Titel der australischen Originalausgabe
Cooking with Herbs & Spices

Deutsche Ausgabe
Übersetzung: Martina Walter für bookwise, München
Producing: bookwise medienproduktion GmbH, München

Reader's Digest
Redaktion: Falko Spiller
Grafik: Peter Waitschies
Bildredaktion: Sabine Schlumberger
Prepress: Frank Bodenheimer

Redaktionsdirektor: Michael Kallinger
Chefredakteurin Buch: Dr. Renate Mangold
Art Director: Susanne Hauser

Produktion
arvato distribution: Thomas Kurz

Druckvorstufe
BORN London Limited

Druck und Binden
Neografia, Martin

© der australischen Originalausgabe
2016 Reader's Digest (Australia) Pty Limited
© 2018 Reader's Digest Deutschland, Schweiz, Österreich
Verlag Das Beste GmbH, Stuttgart, Zürich, Wien

Das Werk einschließlich aller seiner Teile ist urheberrechtlich geschützt. Jede Verwendung außerhalb der engen Grenzen des Urheberrechtsgesetzes ist ohne Zustimmung des Verlags unzulässig und strafbar. Das gilt insbesondere für Vervielfältigungen, Übersetzungen, Mikroverfilmungen und die Verarbeitung in elektronischen Systemen.

Hinweis: Die in diesem Buch enthaltenen medizinischen Informationen sind kein Ersatz für eine ärztliche Diagnose und Behandlung. Der Verlag empfiehlt allen Patienten mit Krankheits- bzw. Schmerzsymptomen, sich an einen Arzt zu wenden. Das vorliegende Buch ist sorgfältig erarbeitet worden. Dennoch erfolgen alle Angaben ohne Gewähr. Weder Autoren noch Verlag übernehmen eine Haftung für eventuelle Nachteile oder Schäden, die aus den im Buch enthaltenen praktischen Hinweisen resultieren.

AU 0965/IC
Printed in Slovakia
ISBN 978-3-95619-241-8

Besuchen Sie uns im Internet:
readersdigest-verlag.de | readersdigest-verlag.ch | readersdigest-verlag.at

Bildnachweis
Fotos und Illustrationen © Reader's Digest, außer:
6 Bridgeman Art Library; 8 Bridgeman Art Library; 9 Getty Images; 10 links Shutterstock, rechts Getty Images; 10–11 iStockphoto; 74 links & rechts Getty Images; 74–75 Getty Images; 126 links & rechts iStockphoto; 126–127 Getty Images; 178 links & rechts Getty Images, 178–179 Getty Images; 230 links & rechts Getty Images; 230–231 Getty Images; 282 links iStockphoto, rechts Getty Images; 282–283 Getty Images; Strichzeichnungen 11, 127, 178, 231, 282 iStockphoto; 74 Shutterstock.